海淀教育名校名家丛书

丛书主编　张卫光　尹丽君

陪伴儿童成长

刘畅与中关村第一小学

刘畅 等 _著

北京师范大学出版集团

BEIJING NORMAL UNIVERSITY PUBLISHING GROUP

北京师范大学出版社

图书在版编目(CIP)数据

陪伴儿童成长：刘畅与中关村第一小学 / 刘畅等著.—北京：北京师范大学出版社,2014.6
（海淀教育名校名家丛书）
ISBN 978-7-303-14836-3

Ⅰ. ①陪⋯ Ⅱ. ①刘⋯ Ⅲ. ①中关村第一小学—办学经验 Ⅳ. ①G629.281

中国版本图书馆 CIP 数据核字（2014）第 078269 号

营 销 中 心 电 话　010-58802181　58805532
北师大出版社高等教育分社网　http://gaojiao.bnup.com
电 子 信 箱　gaojiao@bnupg.com

PEIBAN ERTONG CHENGZHANG

出版发行：北京师范大学出版社　www.bnup.com
　　　　　北京新街口外大街 19 号
　　　　　邮政编码：100875
印　　刷：保定市中画美凯印刷有限公司
经　　销：全国新华书店
开　　本：170 mm×240 mm
印　　张：19
字　　数：262 千字
版　　次：2014 年 6 月第 1 版
印　　次：2014 年 6 月第 1 次印刷
定　　价：57.00 元

策划编辑：齐　琳　　责任编辑：齐　琳
美术编辑：王齐云　　装帧设计：北京轻舟教育咨询有限公司
责任校对：李　菡　　责任印制：陈　涛

成长中的教育家

顾明远题

《海淀教育名校名家》丛书

主　　　编：张卫光　尹丽君

副 主 编：王建忠　乔　键　甘丽平　王　方　张彦祥

执行副主编：陈　岩

编　　　委：（按姓氏笔画排序）

于　文　尹　超　冯　华　刘彭芝　李希贵

刘可钦　刘　畅　刘　燕　陈　姗　汪志广

宋　清　郑瑞芳　郑佳珍　郭　涵　胡剑光

秦书华　窦桂梅

本 册 作 者：刘　畅　等

总　序

《国家中长期教育改革和发展规划纲要(2010-2020年)》中明确提出："鼓励教师和校长在实践中大胆探索，创新教育思想、教育模式和教育方法，形成教学特色和办学风格，造就一批教育家，倡导教育家办学。大力表彰和宣传模范教师的先进事迹。"

为贯彻实施党的十八大精神，"办让人民满意的教育"，更好地总结、积淀、提升海淀区名校名家办学的先进理念，北京市海淀区教育工委、北京师范大学出版社以海淀区名校、名校长教育教学改革成果及教育管理理念为基础，精心建设海淀区"名校名家"精品文库，就是现在呈现于读者眼前的这套《海淀教育名校名家》丛书。

这些学校，有的是著名大学的附属学校，有的是从延安过来的有着光荣革命传统的学校。但学校不是有一个什么名分就能成为名校的，这些名校有着悠久的历史传统，在历任校长、师生的共同耕耘下，办出特色、办出成绩，创造了新鲜的经验，在全国乃至国际上享有良好声誉，这才成为现在的所谓名校。在创造名校的过程中，校长无疑起到了不可替代的作用。作为优秀校长，他们用先进理念和管理才能，带领全校教师，为一个共同愿景而努力。本套丛书正是聚焦这样一批名校长，近距离观察他们是如何在教育海洋中破浪前进的。

　　这些校长个性迥异、各有经历、办学思路也不尽相同，但共同的是在各自的学校创造了一段教育的传奇。他们是所在名校的灵魂，他们的言传身教，时时刻刻引领着教师和学生的发展。这些校长共有的特质是专业知识扎实，具有深厚的人文底蕴。他们具有灼热的教育情怀和教育激情；他们富有童心并热爱儿童；他们淡泊明志、宁静致远，以教书育人来体现他们的人生价值。

　　这套丛书并没有展现波澜壮阔的历史、恢宏博大的叙事，也没有解读深奥莫测的理论、长篇累牍的范例，而是讲述这些名校长们在日常管理和教学方面的一件件小事，通过短篇故事形式，娓娓道来，让读者去品味和欣赏。

　　在这套丛书里，我还看到了海淀教育趋于成形的大器，海淀教育秉承"红色传统、金色品牌、绿色发展"的三色理念，坚持党的教育方针，以优秀传统为基础，以现代教育观念为先导，引领时代风气之先，坚持鲜明的价值追求，增强改革创新的意识，提升可持续发展的能力，从而涌现出一批各具特色的教育品牌。

　　解读海淀教育，形成海淀教育大印象，让海淀基础教育名校名家载入中国教育发展的史册。

　　是为序。

邢成志

2014 年 3 月 27 日

目录 陪伴儿童成长
刘畅与中关村第一小学

第二章　让课程成为儿童个性成长的"绿地" / 57 /

引　言

陪伴儿童成长

已近盛夏，灼热的阳光下是校园里大片大片鲜艳的葵花，灿烂的金黄中勃发着盎然的生机。暖暖的午后，我坐在办公室里再一次翻看书稿，孩子们或研究学习，或自由辩论，或快乐玩耍的情景，似一部色彩浓郁的胶片电影，静静地掠过我的眼前，耳边似乎还回荡着他们丝丝缕缕的笑声，温暖而快乐。在这夏日葱茏的草木清香中，在这蓬勃盎然的校园生活气息里，总有一种情景最让我感动，那就是陪伴。

是的，陪伴。

记得几年前的一个下午，学校迎来了一个特殊的孩子，一个被医生诊断为孤独症伴智力边缘的小男孩。他一入校就显示出了与众不同：平素总是沉浸在自己的世界里，会在突然之间激动起来，把书本、铅笔盒等东西扔到半空中；前一天学的生字第二天几乎全部忘记；无法与正常孩子交往，一言不合就会大打出手。医生说他的智力会随着年岁渐长而下降。但每一个生命都有被平等对待的诉求和渴望，教育的路上没有选择，也没有放弃，只有陪伴！我们的老师耐心地陪在他身边，用孩子可以接受的方式教他；牵着他的小手在沙盘里触摸一个个字符；与他一起游戏，一起绘画，一起在纸上呈现那些跃动着的画面。在老师们耐心而有智慧的陪伴中，这个特殊的孩子愉快地度过了人生中最重要的六年，带着温暖的笑容顺利地升入中学。

教育是陪伴。

当学生们面对失败灰心沮丧时，会有教师温馨、热情的臂膀拥抱；当学生们想一吐心中块垒时，会有教师用心地倾听；当学生们在攀爬的路上遇阻，教师会及时伸出强大的手臂向上托举；当学生们想要表达与众不同的观点时，能感受到教师鼓励、赞赏的目光；当学生的心智在研究性学习中自由舒展时，离不开教师智慧的留白与信任的放手；当学生们体验和品尝着求知的快乐、感悟与收获着成功的喜悦时，离不开教师一路上相扶相伴的支撑。在生命成长的路上，孩子们的一颦一笑、一言一行、一举手一投足，都透着教师所给予的阳光般的正能量。

然而，在教育改革的道路上，仍有许多困扰纠缠着我们。

比如，对于每一个孩子，无论你有多爱他，他有多信赖你，他总是希望有自由的空间和自主的活动。而我们总是以爱的名义、以管理者的身份，跟学生"寸步不离、亲密无间"。殊不知，当我们一厢情愿满腔热忱地"教育"学生们时，却在不期然间泯灭了他们心中最为宝贵的灵性。

比如，我们鼓励孩子大胆说出自己的意见，注重在学校公共生活中凸显儿童的话语权。然而，当学生表达出太多的"不一致"时，我们又本能地想把那些恣意横生的枝权剪掉，担忧自由与规则之间的尺度拿捏得是否合适。

比如，大多数时候我们仍然习惯于以师长的生活经验和知识权威，对学生的学习和生活指手画脚，却在不经意间遇到了后喻文化时代师生之间知识倒挂的尴尬，孩子的自主学习能力和获取信息的方式早已超过了我们的认知。

比如，我们总爱以大班额、评价制度等为借口，自觉不自觉地用相对统一的模式培养同质化或类质性的学生，我们更多地把精力聚焦于那些所谓聪明的、守规矩和优秀的学生，却忽视了每一个生命都有不同的绽放方式，忽视了"反复""不听话""无常性""犯错"等也是教育百花园中生动丰富的生命本真形态。

所以，我们应该重新认识作为教育对象的那一个个迥然不同的个体，重新审视适应不同个体成长的教育规律，重新思考面对不同个体需求时的教师角色定位。

世界上没有完全相同的两片树叶，也没有完全相同的两个孩子。每一个孩子的珍贵，就在于他是原创的、独一无二的，而不是别人的复制品，这种个体的独特性是一个人成长与幸福的立足点。要想培养出具有创造力和创新精神的人，就必须珍视这种源自儿童自然天性的独特性，让每个孩子在学校公共生活中找到他自己，实现他自己。因此，教育的真正意义是构建一个适应孩子快乐成长的学校公共生活空间，并提供适合每个孩子成长的教育，让每个儿童都能成为他自己。

作为教育工作者的我们，应当从传统教育的圆心位置抽身隐退，从原来的管理者、指挥者变为儿童成长的支持者和服务者，把儿童放在圆中央，发现并珍视每个孩子的独特价值，陪伴并等待每一个独特生命的悄然绽放。

陪伴儿童成长，就像园丁侍弄庄稼，耕耘好土地，适时施肥、浇水、除草、杀虫，悉心呵护每一棵幼苗，陪伴庄稼经历春天和煦的风、夏天淅沥的雨，体验秋天满满的收获。我们把懵懂的儿童迎进校园，就像农民握在手心将要播撒下的一粒粒种子，带着暖意，怀着希望。我们把学校优质教育资源转化为适应不同个体成长的土壤，让每一粒种子发芽、开花、结果，把每一个个体培养得更加茁壮、健康，让每一个个体绽放出生命独有的光芒，这才是教育的魅力所在。

陪伴有度。成长是每个生命体的本能追求。成长的过程是自我发生、自我体验、自我校正的过程，这个过程是任何力量都无法替代的。如果说教育的前提是尊重，那么首先应该尊重的就是儿童自我发展的权利。教育者要创造条件，引导、激发、鼓励儿童参与建构自己成长所需的各种课程之中，引导儿童从自然和社会中获取个人自由发展的经验，使学生在拥有更多选择和发展的机会中成长。

陪伴有方。陪伴并不意味着无所作为的等待和袖手旁观的淡漠，当我们学会珍视儿童的自然天性，把儿童看作生命发展的主体，尊重儿童作为生命个体存在的独特价值时，才能够不因一时的不顺利而感到急躁，不因一事的挫折而包办代替。我们应该是夜航中的灯塔，指引他们方向；我们应该是雨夜中的火堆，给予他们温暖；我们应该是他们疲累时一双支撑的手杖，干渴时一汪清澈的甘泉。

陪伴有心。当教师真正成为学生成长的知心人与同伴，才能够更加读懂儿童、理解儿童、贴近儿童，教师的专业发展才能充满着智慧的光芒与阳光的温度，学生也才会更加愿意亲近老师，师生之间才能息息相通、心心相印，才能在心领神会间走向共同成长。

在儿童未来的成长之路上，现实中的各种人生问题，从童年长成青年、进入成年、寻找伴侣、追寻生活的意义及面对问题时的各种困顿情绪，如恐惧、死亡、绝望……既无法回避，也无法转移。陪伴儿童成长的真意就在于以一种切近儿童生命的形式，自然而然地把儿童引向真善美与假恶丑的冲突交织，引向对人类永恒价值的思考，对人类基本价值的尊重与认同，从而在潜移默化中锻造儿童的精神品格。

每思于此，我脑海中就会再一次浮现美国女科学家芭芭拉·麦克林（Barbara McClintock）81岁获诺贝尔生理医学奖时所说的一番话："我是一朵秋天里的雏菊，我相信，不是每一朵花都能在春天里开放。"是的，每一朵花盛开的时令不同，每一个生命成长的速度各异，面对如何在学校教育中为不同生长速度的儿童提供更适合的教育这一教育的根本性的问题，我们应该做的，就是做儿童成长的陪伴者，珍视儿童作为独立生命体的价值存在，引导儿童实现自我意识的觉醒和成长，进而获得个体人格的充分舒展。

中关村一小一向秉持和践行"自我发展、主动适应、自我超越"的办学理念和"做最好的我"的核心价值选择，始终坚持以丰润学生精神成长为核心来重构学校教育场域内的学生话语权，让学生成为学校教育的主语；以构建多元可选的课程体系，满足不同发展阶段儿童的课程需求，让课程成为学生个性成长的"绿地"；以师生的创意改造课堂，让课堂成为孩子生命绽放的地方；以关注不同层次学生的学业成就为旨归拓展教师专业发展之路，倡导一名好老师就是一门好课程；以基于学生自由和解放的深度思考来继续实施管理变革，寻找效率背后的密钥。这也正是本书所要呈现给大家的，以学生的视角构建学校公共生活，陪伴学生守候生命之树的璀璨花开。当每一个生命都能绽放属于自己的芬芳，当每一个孩子都能成为独特的自己，我们的教育，将收获怎样的海阔天空！

　　盛夏的晚晴天，太阳的光芒依旧，碎金子似地从百叶窗的缝隙里漏泻下来，洒落得人满身满脸，葵园在光影明灭间有一种岁月悠悠的古朴与宁静。我对着阳光摊开掌心，温暖洒满了双手。

第一章

希望摇篮 汪佩晨 11岁

雅致憩园 王雪涵 10岁

办学理念 伍璐琪 11岁

让儿童成为教育的主语

中关村第一小学2012年双胞胎学生全家福

中关村第一小学2012年10月生日全家福

中关村第一小学2012年少数民族学生全家福

人只有作为某种活动的发出者才是主语。教师是教育教学活动的策划者、设计者和组织者，但是真正"发出"教育需求、在学习过程中主动体验并建构知识的却是学生。只有学生自身萌生了求知与发展的生命诉求，才能产生教育的种种实践；教育只有顺应、满足学生的需求，才能对学生的心灵有所影响，因此学生不仅是学习求知的主体，更是教育这一宏大叙事中的主语，是学校一切教育教学活动得以发生与持续的根源和主因。

作为教育工作者的我们，应当做儿童成长的陪伴者，把儿童看作自我生命发展的主体，发现和开掘儿童生命最初始的也是最绚烂的光芒，不断引导儿童去探寻自身作为生命个体存在的独立价值，真正让儿童成为教育的主语。

/ 一 / 从"做客"到"做主"

现代社会的发展给人们提供了越来越多自主发展的空间、可供选择的生活和工作方式，以及自由发展的权利。培养学生的主人翁意识和责任感，使学生从被管理的"客人"逐渐转变为参与学校发展的"主人"，最重要的莫过于给学生提供切实的自我展示的机会和自由挥洒的空间，让学生在自主成长中明确责任，成为学校真正的主人。

不让一个孩子当观众

在一次三年级的家长座谈会上，不少家长都谈到近日孩子身上发生的明显变化，孩子们回家后一写完作业就开始琢磨如何利用废旧纸张制作结实的纸船。旧报纸、废纸箱，甚至旧书等都成了孩子实验的材料，有时夜里十点多了还在跟同学打电话讨论纸船的结构和选材，一副小发明家的样子。

原来，在学校即将举办的科技节活动中，三年级的孩子们承接了"纸船水中竞速"的小发明，每个班的同学要共同制作一艘至少能够承载一名同学重量的纸船，要求只能使用废旧的纸质材料和适量的胶条，并在科技节当天由一名同学坐在纸船中，划过老师们在学校小操场上特意准备的15米长的"清清小河"，以纸船的结实程度和划行速度作为班级"较量"标准。这下孩子们可高兴坏了，积极开动脑筋和同学们研究起来。事实上，除了晚上和周末，课间、午休乃至放学后，都能看到孩子们围在一起商量、讨论的情景。

这是我们在节日课程中提出的"不让一个孩子当观众"的目标和理念带来的结果。在传统的节日活动中，舞台上的主角常常是部分我们惯常认为的优秀的孩子，广大的普通学生只是作为群众演员，甚至是观众来出席一场场"优秀"的盛宴，在无形中将自己定义为局外人，节日活动本身所承载的那些关于秩序、规范、态度等教育意义被削弱、抵制甚至消失。学校教育的宗旨是让每个孩子都能健康成长与发展，学校的节日活动也应当以学生为圆心，不选择、不放弃每一个孩子，不让一个孩子当观众，引导每一个孩子都能参与其中，并乐在其中。

因此，除了三年级的"纸船水中竞速"，我们还可以看到四年级的"创意机器人比赛"、五年级的"水火箭留空竞赛"、六年级的"DI无懈可击承重比赛"，这些小发明均由班上每一位同学共同制作完成。集体项目结束之后，还有"56个挑战小屋"的选择项目供孩子们以个人为单位参加。"鸭子快逃""光盘飞行器""橡皮泥船承重测试""白蚁危机"等由学生自己设计、开发的56个富有趣味的科技游戏吸引得同学们迫不及待地一一尝试，2000多名学生在操场上往来穿梭，热闹非凡。还有同学志愿做小裁判，活动中的学生参与率达到了100%。2013年，孩子们创意设计的"挑战小屋"达到了81个。

事实上，为了真正实现"不让一个孩子当观众"，学校早在放暑假的时候就布置了一项作业，鼓励同学们为科技节设计挑战项目的小创意，学生们对科技节的项目早就有了期待；每月27日的"挑战王日"，定期进行趣味科技挑战项目，也让学生对挑战比赛有了足够的了解与热爱。这些都为科技节的成功举办奠定了基础。

这样一个小小的改变，竟带来了许多意想不到的效果。走在学校的路上，你会随时听到同学们在讨论如何使用牙签建造大桥、如何使一张纸实现最大延伸、如何建一座令人惊奇的超市等；科学课上，许多同学因为自己的科技小创意被采纳而深受鼓舞，以至于下课铃声响了仍然拉着老师讨论如何使自己设计的项目更完善；美术课上，孩子们结合美术课上学到的线条、结构、平衡等知识，为自己的创意项目增添了艺术的美感；音乐课上，有的孩子还很用心地为自己的小发明配上了或激越或舒缓的音乐。

在整个节日活动期间，学习与研究的激情弥漫在校园里，学生身上迸发出的这样一种由内而外的主动学习、积极研究和自主成长的精神，让我们震撼，更让我们反思。由此，我们认识到：节日活动也是一门课程，是学生进行研究性学习与实践的课程，既要让每一个学生都获得入场券，也不让任何一个孩子当观众，让他们都能感受到作为主角的积极情感体验。

因此，在体育节课程中，我们减少了有体能限制的竞技比赛的项目，增加了不同身体状况的学生都能够参与的趣味活动；在艺术节课程中，我们不再以特长学生的单独表演为主，改为让每一个孩子都扮演自己喜欢的童话人物之类的体验环节；在读书节课程中，我们不再以口齿伶俐的孩子的集中汇报为主，而是引导学生同伴之间分享自己最喜欢的一本书；在英语节课程中，我们不再让大部分孩子坐观口语流利的孩子们的表演，而是营造浓郁逼真的英语场景和氛围，引导孩子们大声用英语交流，分享最喜欢的英语歌，进行简单的英语写作等。

在迈向成长的道路上，很多时候，只要孩子们参与了，体验了，高兴了，教育就已经实实在在地发生了，教育的目的也已经基本达成。这才是教育的最本真、最朴素的含义。

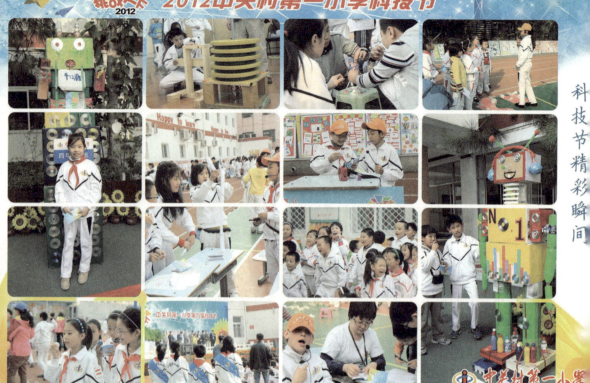

挑战天天 2012

2012中关村第一小学科技节

科技节精彩瞬间

ZHONGGUANCUN NO.1 PRIMARY SCHOOL

挑战天天 2013

2013中关村第一小学科技节

科技节精彩瞬间

中关村第一小学

ZHONGGUANCUN NO.1 PRIMARY SCHOOL

把校园最显著的地方留给孩子们

最初，在选择能够表征学校精神的花儿时，校长和干部们费过一番思量，美丽的玫瑰、素雅的玉兰都是不错的选择。但是，学校还是决定将选择的权利交给学生，让他们来决定自己心中的"一小之花"。于是学校采取访谈的形式，与孩子们聊天，询问他们喜欢的花朵，结果很多孩子都把目光投向了向日葵。是啊，向日葵大大的花盘不正像孩子们灿烂的笑脸吗？"更无柳絮因风起，惟有葵花向日倾"，孩子们从这向往光明之花中看到了自己，也看到了自己因今日的努力而不断充实的美好未来。而后，学校采纳了学生的建议，葵花从此"进驻"一小。

事实上，葵花的品质也与学校"做最好的我"的核心价值理念有着内在的契合。向日葵永远仰望着太阳的热度与光芒，对阳光不懈的追求成就了它与众不同的美丽，而一小的小小少年们也用热切的目光不断追寻着知识的真谛和人生的价值，每天都在积极进取，追求卓越；向日葵在焜黄之后的秋日结出颗粒饱满的果实，我们的学生也在不断的自我超越中收获着一个个成功，这不正与学校"做最好的我"的内涵相契合吗？

从此，葵花便作为中关村一小校园文化精神的代表，"开满"了整个校园。一进入校门，一朵朵盛开的向日葵便盈然入目，使人油然而生一种对未来的信心和希望。继让学生选择他们喜爱的花儿后，学校又决定把校园最显著的墙壁位置也交给学生，让同学们拿起手中的画笔，去描绘他们心中的向日葵。

于是，校长找到美术组田老师，询问能否开设一门特色美术课程，让更多的学生参与进来，把他们心中的向日葵画在校园里。田老师欣然同意。听到这样的消息，学生们欢呼雀跃，能在学校最显著的位置留下属于自己的印记，真是太棒了！

这次大规模、体验式的美术课程给了老师和孩子们不一样的课程感受。学生以班级为单位，拿着画笔和颜料依次来到走廊上，把自己对葵花的理解描画在墙壁之上。他们有的画花盘，有的画花瓣，有的画叶子，有的画花蕊，还有的给向日葵涂上自己喜欢的灿烂的颜色。美术兴趣小组的同学也加入了进来，为葵花涂上了自己的一笔。在整个课程中，老师们都惊喜地看到，孩子是那么认真，那么富有创造力。清新饱满的绿叶映衬着朝气蓬勃的金黄色花盘，在阳光下骄傲地绽放着。普通的葵花在孩子们的画笔下变得那么的意蕴生动、俯仰生姿，成为学生们心中的自豪，承载着孩子们最美好的憧憬。

就这样，孩子们在美术老师的带领下，画出了基于他们视线高度的葵花墙。"青青园中葵，朝露待日晞"，——那面向朝阳的、充满热情的金黄的葵花，象征着孩子们的生命世界是那么的热情洋溢、朝气蓬勃。

不知不觉中，承载着学校文化精神和教育理念的向日葵在学生们心中生了根、发了芽。采纳学生的意见，把校园最显著的位置留给学生，让他们在这方天地里尽情挥洒。渐渐地，向日葵开遍了校园，长满了墙壁，点缀在了每间教室的窗台上，更盛开在学生的心中，而向日葵精神也潜移默化地融入孩子们的日常言行，润物细无声地浸润着孩子的心灵。

凝聚 5000 个"小设计师"灵感的"心愿卡"

从学校 60 周年校庆的筹备工作开始之初，我们就有一个愿望，要让这次校庆成为全校师生共同的庆典，让校庆成为凝聚师生共同愿景、深化学校办

学理念的一次盛会。因此，我们放弃了艺术公司精心设计的、颇具时尚感的心愿卡的图样，而是发动学生设计自己的心愿卡，希望他们能够有机会表达对"做最好的我"这一办学理念的理解，让学生插上想象的翅膀，去畅想明天的"最好的我"，描绘自己的人生理想。

我们将心愿卡的设计融入美术实践课程之中，由此一年级至六年级的美术课上都多了一项内容：为学校 60 周年校庆设计"明天最好的我"心愿卡。满载着对未来美好的期望，上千张承载着孩子们想象和愿望的卡片在"小设计师们"的笔下诞生了，有的笔画幼稚却不乏童趣，有的画面简洁却寓意深刻。最后，在全体师生共同讨论的基础上，一年级的白馨悦、范嘉懿，二年级的李晓松，四年级的刘姝均、史若萌，五年级的曹亦舟，六年级的周蔚惟、董紫焜 8 位同学的设计方案脱颖而出，成为校庆当天"心愿卡"的最终方案。

彩蝶翩翩、绿染葵园、扶摇直上、硕果累累……透过一张小小的心愿卡，中关村一小独特的风景和人文底蕴被生动地展现出来。李晓松同学这样解释自己的设计："学校给我的感觉就像是一个花园，很漂亮，所以我用了很多亮丽的颜色，画了很多漂亮的花儿、草儿，还有小蝴蝶在花丛中飞来飞去地跳舞。"

周蔚惟同学画了一对展翅飞翔的小朋友，她认为："许多事物都是有限的，然而宇宙无穷无尽，谁也不知道有多远。所以我画了两个长着翅膀的小朋友正在空中飞翔，这是我们朝着自己的目标尽情地飞翔。"

从一张到多张，不是简单的数量累加，而是5000个"小设计师"的个性思考和智慧的结晶。可以想象，当孩子们拿到自己或者伙伴设计的心愿卡时，他们的心和这张卡是零距离的。因为，这些图案是他们自己的语言；当家长们填写这张卡时，他们的心会为孩子们的成长而震撼；当嘉宾们填写这张卡时，他们会从这张卡上看到一代代人的未来和希望。

校庆前一周，学生和老师们将自己填写的"心愿卡"陆续投放到校门口的心愿箱里。校庆当天，与会嘉宾和家长们也将自己的心愿卡投进心愿箱。晶莹透明的心愿箱变得沉甸甸的，它承载着许许多多人对于未来10年的祝福和期许。

四年级（5）班的松松同学写道："10年后，我想当北京市市长。"

教英语的陆老师的心愿是："做一个宽容大度、善解人意，有创新精神的教师！让每个学生都能实现自我！"

航天英雄杨利伟写道："祝同学们努力学习，快乐成长！"

著名作曲家阎肃老师对学生们的祝福是："10年后成为一个对祖国，对人民有贡献的人！"

校庆当天，校长和所有参加60周年校庆的人有一个共同的约定：我们会在10年后一起打开"心愿箱"，共同回顾10年前许下的心愿，分享每个人的成长和进步。可以想象，当10年后的学生们再次开启这个心愿箱，阅读自己的心愿卡时，他们看到的不仅是心愿卡上美丽的图案，不仅是那时的自己畅想的"最好的我"，更是当年在一小度过的那段青葱的岁月和岁月中那个快乐而充实的自己。

未来，我们的学生可能天南海北，可能跨洲越洋，然而我们相信，无论他们身在何处，都不会忘记在绚烂美丽的童年里那张承载着梦想和期许的小小心愿卡，不会忘记书写在葵园影壁上的"做最好的我"的五个大字，更不会忘记他们曾因这五个大字默默许下的那些人生豪言。

心愿卡

未来十年中你想做些什么？十年后，你想成为什么样的人？把你的想法写下来。

十年后，我正在上大学。我希望我能用骄人成绩来回报我的母校，用美好的笑容来为人民服务。

四.(2) 蔡伊童

我希望，这十年里我要好好学习，天天向上。我要不断进步，将来做一个对社会有用的人。我也希望我们的国家越来越强，发明更多的工具让人们使用。

天奇
三年级三班 关怀民 8岁

wǒ yào hǎo hǎo
xué xí zuò yì míng
yōu xiù de xué shēng.

中关村一小学宿部五(5)刘皓苑
未来十年中，我想做：考上一所最好的中学，大学，踏踏实实的学习，争取去外国留学。
十年后，我想做一个：诚实、守信，干什么事都敢作敢当的人。

中关村第一小学

ZHONGGUANCUN NO.1 PRIMARY SCHOOL

心愿卡

未来十年中你想做些什么？十年后,你想成为什么样的人？把你的想法写下来。

中关村第一小学

ZHONGGUANCUN NO.1 PRIMARY SCHOOL

心愿卡

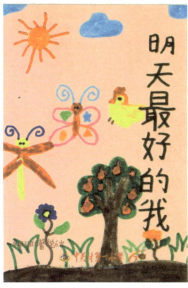

校史馆：记录孩子们自己的故事

校史馆是学校的编年史，因陈列学校发展历史、展示学校办学过程和不同时代学校面貌而显得庄严和厚重。同时，校史馆也是学校发展过程中积淀的优良传统与校园文化集中展现的平台和场所。然而，我们想说的是，儿童是教育的主语，也是学校教育教学的主体。校史馆更应该是学生的天地，应当记录学生成长中的点滴足迹。

作为学校与祖国共同发展的 65 年历史的见证，中关村一小的校史馆里面陈列着许多照片，从黑白到彩色，记录着一小从初创时的筚路蓝缕发展到今日辉煌的发展历史与重要节点：孩子们获得的各级各类赛事奖杯、校长与胡锦涛的握手合影等，生动而形象地展示着学校多年来取得的骄人成绩。因为放置着如此珍贵的老照片和沉甸甸的荣誉，校史馆大多时间都被锁着，只有在重大节日或有客人来访时才会开放，由此成为学生心目中一个神秘的所在。每当经过校史馆时，总会有学生透过玻璃门向里面张望。这一幕使我们心生触动。

在干部例会上，我们针对这些话题展开了研讨：校史馆究竟是谁的校史馆？如何发挥校史馆的教育功能？"学生是学校的主人"，这句话在教育界再熟悉不过了，但是我们真的完全做到了吗？反思现状，学生们进不了校史馆，也就无缘了解自己学校的历史，而缺乏历史深度的了解只能是浮泛的、表面的，无法让学生获知学校文化精神的内质，更何谈做学校的主人？学校是属于孩子们的，校史馆应该是学生的校史馆。把校史馆还给孩子！

从此，校史馆的"锁"不见了。除了专门排出时间表，让每个班以班级为单位轮流参观之外，学校还鼓励学生个人在课间、午休或者放学后到校史馆参观，了解学校的昨天与今天。慢慢地，校史馆也不再只是证书和奖杯的汇集之地，而成为学生才识与智慧展示的舞台。学生们在艺术节中做的手工剪纸、菜单式自主选择课程上制作的情趣铁艺、校本课程中的面塑、科技节上孩子们用废旧物品做的机器人、航模与机器人模型等大量学生的作品，也在校史馆中有了自己的一席之地。

为了将校史馆真正变成孩子们参与学校管理、自我提高的实践大课堂，学校把为来访客人解说校史的工作也交给学生，从学生中招募并培训了一批中英文小讲解员。孩子们对这份讲解员的工作很有成就感。

五年级（8）班的怡鹭同学说："以前我特别羡慕博物馆里那些当解说员的叔叔阿姨们。现在我当了校史馆的解说员，不但锻炼了语言表达能力，而且还学会了在公众场合与他人沟通呢。"

六年级（9）班的昭仪同学说："校史馆讲解员是一个比较特殊的身份，代表的不是一个人，而是整个学校的形象。讲解员要做好主持和引导，不同的接待对象要采用不同的解说方式。自从我当了学校校史馆的解说员，不但比以前更加自信了，而且也在许多贵宾面前展示了自己。"

六年级（1）班的亦青同学说："我当校史馆解说员，知道了好多我们中关村一小的历史，了解了学校优秀的文化，更深地理解了'做最好的我'这一学校核心价值选择。别看我哥哥也是在这毕业的，他可没我知道得多。"

在此基础上，我们继续延伸拓展，让更多孩子都有机会去做学校的讲解员，成为学校文化的传播者。于是，学校的"文化小使者"诞生了，他们带着自己对学校文化的理解，接待了韩国前总统李寿成先生、美国中小学校长考察团、英国中小学生互访团、新加坡教师代表团等客人，向他们讲解以"葵园36景"为代表的校园特色文化，受到广泛的好评。

孩子在学校生活六年，要让他留下属于自己的故事。校史馆，就是记录学生故事的地方。从参观校史馆，到用自己的作品为校史馆增光添彩，从校史馆讲解员到文化小使者的实践活动，那些留在校史馆的印记，将会串成故事，成为孩子们记忆里最为珍贵的财富。

活跃在校园里的志愿者

有一次，主楼一层楼道的暖气漏水了，漫了一地。下课时，许多同学出教室都必须路过这段漏水地段，有的不清楚状况被溅了一裤子水，有的险些滑倒，还有的站在那看着暖气管子议论着不知怎样才好。六年级的瑞文同学看到这突如其来的事情后，并没有慌张，先是通知了打扫卫生的阿姨去处理这满地积水，之后就一直站在漏水的暖气旁边，提醒路过的同学和老师，一直等到上课铃响才离开。

这位瑞文同学是学校的楼道管理志愿者。事实上，像他这样的志愿者在学校里还有很多。从 2009 年第一批校园志愿者产生到现在，目前已有 59%的同学自愿加入各种志愿服务小队。学生们成为积极的服务者是学校德育建设一步步水到渠成的结果。

这些志愿者是怎么出现的？一直以来，在许多学校，课间学生追跑打闹、大声喧哗都是令人头痛的问题，一小曾经也不例外。为此，学校出台各种规章制度，倡导和实施"三个学会"，效果不错。不过，"三个学会"还属于学校"主动"倡导学生，如何让学生更加具有主动性呢？

大队部适时在贴吧里提出"如何保持课间安静"的问题，在孩子们中间征求意见和建议。不到三天，贴吧里就贴满了孩子们的各种小纸条，不少孩子主动请缨，表示愿意承担维护校园秩序的任务。

孩子们的热情和责任心令我们为之一振。德育处和大队部抓住这个时机，在全校开展了"校园志愿者"招募活动，孩子们踊跃参与，纷纷报名自己愿意负责的项目。除此之外，学生们还非常有创意地"开发"了志愿者的新类别。学校根据学生们的反馈设立了进校礼貌志愿者、课间减音志愿者、楼道慢行志愿者、课间操志愿者、图书管理志愿者、校园美化志愿者、节能环保志愿者等十余种志愿者职位。在此基础上，学校组织引导学生自行设计实施方案，自己组织管理队伍，实施具体管理。

校园志愿者活动实施之后，老师和同学们慢慢发现，校园渐渐有了改变，无论是课间活动，还是上操、放学，都能看到身着蓝绶带的孩子的身影。他们在清晨向进校的师生送去第一声问候，督促学生楼道内轻声慢步、靠右行走。地上的废纸有更多的人主动捡了，践踏草地的行为有更多的人主动制止了，学校在这些志愿者的维护下比以前更加有序了。因为这些职务是学生自己申请甚至是"创造"的，学生做起来自然兴致高、主动性强。

随着志愿者活动的深入开展，志愿者精神逐渐深入人心。我们以"服务他人、分享快乐"为宗旨，整合各项志愿者服务活动，成立了葵园志愿者协会，协会下设四个小联盟：轻声慢步志愿者联盟、校园文化志愿者联盟、文化小使者联盟、英文小向导联盟。这是学生自我管理、自我教育趋向成熟的标志。

葵园志愿者活动方案

活动目标	通过搭建志愿者服务平台，引导学生学会自我管理、自主成长	
活动口号	服务他人、分享快乐	
活动内容	轻声慢步志愿者联盟	负责检查楼道轻声慢步、大课间做操等情况
	校园文化志愿者联盟	负责学校文化的宣传及讲解活动
	文化小使者联盟	负责接待中国客人，向到访客人介绍学校情况
	英文小向导联盟	负责接待外国客人，向外国客人介绍学校情况
活动实施	自主申报、自主管理	

我们常常将"学生是学校的主人""学生是主体"这样的话挂在口头，然而要真正实现学生的主人与主体地位，并不是一件容易的事情。让学生参与到班级和校园的管理中来，这是一个实践证明行之有效的探索。让学生成为学校的管理者，学生就会活跃起来，变成积极的服务者。

任何管理说到底都是对人的管理，而任何对人的管理都必须建立在个人自我管理的基础上。自我管理是一切管理的根基，离开了这个根本，一切管理都会流于肤浅。在教育领域中同样如此。斯宾塞在《教育论》中曾经指出："教育的目的应该是养成一个能够自治的人，而不是一个让别人来管理的人。"在学校教育中，学生的自我管理对培养学生主体意识、服务意识，增强责任感和自信心具有十分积极的意义。我们正是希望通过志愿者平台的搭建，引导学生逐步走上自我管理、自我发展的良性轨道。

为孩子开辟一个小花园

随着城市化进程的加快，我们的周围渐渐矗立起了一幢幢高楼大厦，在钢筋水泥建筑中长大的孩子与大自然的接触只能局限于路边那一抹窄窄的绿化带和周末偶尔的郊游。嘈杂的声音、拥挤的人群、混浊的空气，再加上绿色的日趋减少，生活在这样的灰色世界中，孩子们那纤细敏感的心难免会变得枯燥而粗糙。因此，学校想方设法寻找合适的场所，为孩子们营造一个亲近泥土、感受绿色的空间。

　　操场西夹道原来是学校废弃物品存放处，放满了报废的桌椅杂物，时间一长，学生们也往夹道里扔垃圾。在2009年的学生调查问卷中，这里被列为学生不喜欢的地方之一。经过研究，我们发现可以把这个狭长的夹墙地带改造成一个小花园。2010年初春，学校对这里进行了改造：处理掉无用的杂物，拆掉原本的石灰地面，铺上泥土，种上了花草。不过百日，改造之后的西夹道渐渐绿意葱茏起来，不少孩子会在课间时分到这里来找找小蚂蚁，观察含苞待放的花骨朵。

　　但时间一长，因为疏于打理，小花园渐渐显得有些败落。

　　适逢北京市开展"美境行动"，科技主任带着自愿申报的"美境行动"小组成员，把目光集中在了这块并不引人注目的夹墙地带。孩子们自发组成了行动组、种植组、美术组、美工组四个小组，开始用自己的行动重建小花园。行动组带上铲子、扫帚、垃圾筐等工具来到"小花园"，清理废弃的垃圾，拔掉丛生的杂草，翻松板结的泥土；种植小组的同学热心地选择适宜栽种的花草，商议在合适的季节过来栽种；美术小组的同学给空白的围墙上涂上明净的天空蓝、翩翩起舞的蝴蝶、蜻蜓等；美工小组的同学设计了造型可爱的卡通小凳，以便来观赏的同学小憩于此。

到了能种植的季节，孩子们分工协作，或挖土刨坑，或植下种子，或平整土地，或浇水灌溉，或摆放花盆，干得有条不紊、热火朝天。细心的同学们还精心制作了各种展板，介绍所种植物的名称、生长特性，并提醒参观者注意保护植物。四年级种植小组的逸风同学还把在植物园工作的姥姥请到了小花园来指导工作。

在孩子们努力的基础上，学校将近三十多平方米的小花园划分为25块区域，并号召各班进行为期一年的承包。不到一周，小花园就被各班陆续认领完毕，孩子们还为各自的自留地取了颇为个性的名字，三年级（2）班的"鲟鲟植物坊"、六年级（4）班的"雨林木风"、五年级（9）班的"飞艇乐园"、一年级（4）班的"开心花园"等，个性十足的小花园自留地传递着孩子们建设小花园的热情和信心。现在的小花园，虽几经风雨，却仍然干净整洁，攀满墙体的爬山虎、青翠欲滴的天葵、清雅淡紫的二月兰、灿然绽放的向日葵，郁郁葱葱地长满了小花园的各个角落。

在2012年的学生调研问卷中，小花园实现了自己的华丽转身，一跃成为学生最喜欢的地方之一。这美丽的小花园，给孩子们提供了一个亲近自然、感受生命成长的空间，不仅让孩子们实践了所学的自然科学知识，更锻炼了他们动手动脑的能力。孩子们可以自由自在地在这里玩耍、嬉戏，结识新朋友，还可以在这里观察植物生长，丰富自然科学知识，小花园已成为全校学生成长的乐土。

/ 二 / 从 "听话" 到 "对话"

"听话"，在很长一段时期内既被视为学生应有的道德，又被作为一种道德教育的方式而存在着。在传统价值观念中，"听话"是社会对人的正面评价标准之一，似乎成为一种理所当然的价值取向。但国内外众多的教育实践证明，"听话"式教育带来的是没有主见、缺乏变通，甚至是不辨黑白的成长，容易扼杀儿童天真、好奇、勤思、多问的天性，严重阻碍学生自主意识和创新思维的培养。从一味让学生"听话"到教育场域中多元主体之间的"对话"，赋予学生想说话、敢说话、说真话的权利和机会，才能从真正意义上实现对儿童自主、自觉、自由的主体性本质的认可，这是儿童作为教育的主语在生活实践中的具体体现。

校园铃声：传递孩子自己的声音

铃声是学校每日生活中不可或缺的元素。随着时代的变迁，校园铃声也在不断衍变，从手摇铜铃到人工敲钟再到电铃，最后被各种乐曲取代，这是学校适应时代发展和学生需求对校园铃声做出的改进。铃声与学生的校园生活息息相关，学生每日伴着它进入教室，上课、下课、做操，放学……然而，倘若日复一日地接受重复的声音信

六（6）班 冯宇 癸园广播站

息，则难免让人产生厌倦。因此，让铃声成为孩子们喜欢的声音，是让孩子喜欢校园生活的重要一步。

中关村一小使用古诗铃声已经 6 年了，改为现在由学生自己诵读古诗的铃声，还要从 2012 年的学生座谈会说起。

那次座谈会讨论的主题是围绕课间铃声听取同学们的意见。同学们纷纷对铃声的内容提出了自己的看法，一部分同学认为："可以多放些流行歌曲，听起来轻松愉快，我们都喜欢。"另一部分同学提出："学校倡导建立书香校园，我们就应该多播放民族音乐嘛。"还有一部分同学提议："我们生活在首都这个国际化城市里，我们班里就有来自不同国家的外籍学生，所以应该播放世界名曲，陶冶性情。"听着孩子们的议论，我们暗自为学生对校园广播站有如此丰富的建议兴奋不已。

这时候，五年级的小新同学突然想到了什么："我还有一个建议，同学们刚才说的那些都很好，可是没有我们自己的声音，我们能不能播放咱们学校自己的作品？咱们学校有合唱队，可以把他们唱的歌曲录下来当成铃声播放啊？"听到这个建议，许多学生都眼前一亮，三年级的冉冉也有了想法："还可以用我们学生自己朗诵的古诗词作为铃声！"这时孩子们的思路一下子打

开了，有的同学建议面向全校同学招募声音好的同学录制古诗词，课间铃声就是我们的"一小好声音"，有的孩子提议把合唱队演唱的中外歌曲录音当成铃声，还有的同学连时间都考虑到了："古诗放在上课之前，热闹的曲子可以放在午休后，舒畅的曲子放在放学时。"学生提案很快提交到了德育处，学校非常重视，按照同学们的意见逐一进行落实。

事实上，铃声作为学校上下课的有声符号，亦承载着丰富的教育意蕴。它不仅仅起到一个提示的作用，还承担着在不同情况下向听者传递信息的功能。中关村一小对校园铃声做出的改变正暗合了不同信息传递的功能：

六(5)班　白宜灵　校园铃声

每次上课之前，学生自己朗诵的诗词铃声便会回响在走廊里，带动同学们快速进入上课状态；午休时，校园里又会响起本校合唱团演唱的欢快乐曲，大家在音乐中充分释放活力；放学时，婉转舒畅的曲子响起，学生们可以带着愉悦的心情回家。

铃声事小，但小事中蕴含着可贵的教育契机。学校不失时机地捕捉到了这一契机，并使之切实转化为激发学生自主建议并改变现状的主人翁意识。让孩子发出自己的声音，尊重学生的主体地位，我们的校园才能变成学生们喜欢的乐园。

葵园广播站古诗词朗诵内容

登鹳雀楼
唐·王之涣

白日依山尽，黄河入海流。
欲穷千里目，更上一层楼。

春 晓
唐·孟浩然

春眠不觉晓，处处闻啼鸟。
夜来风雨声，花落知多少？

鹿 柴
唐·王维

空山不见人，但闻人语响。
返景入深林，复照青苔上。

咏 鹅
唐·骆宾王

鹅，鹅，鹅，曲项向天歌。
白毛浮绿水，红掌拨清波。

风
唐·李峤

解落三秋叶，能开二月花。
过江千尺浪，入竹万竿斜。

长 歌 行
汉乐府

百川东到海，何时复西归？
少壮不努力，老大徒伤悲！

回乡偶书
唐·贺知章

少小离家老大回，乡音未改鬓毛衰。
儿童相见不相识，笑问客从何处来。

咏 柳
唐·贺知章

碧玉妆成一树高，万条垂下绿丝绦。
不知细叶谁裁出，二月春风似剪刀。

敕 勒 歌
北朝民歌

敕勒川，阴山下。天似穹庐，笼盖四野。
天苍苍，野茫茫。风吹草低见牛羊。

江 南
汉乐府

江南可采莲，莲叶何田田，鱼戏莲叶间。
鱼戏莲叶东，鱼戏莲叶西，鱼戏莲叶南，鱼戏莲叶北。

静 夜 思
唐·李白

床前明月光，疑是地上霜。
举头望明月，低头思故乡。

古朗月行
唐·李白

小时不识月，呼作白玉盘。
又疑瑶台镜，飞在青云端。

凉 州 词
唐·王翰

葡萄美酒夜光杯，欲饮琵琶马上催。
醉卧沙场君莫笑，古来征战几人回？

出 塞
唐·王昌龄

秦时明月汉时关，万里长征人未还。
但使龙城飞将在，不教胡马度阴山。

芙蓉楼送辛渐
唐·王昌龄

寒雨连江夜入吴，平明送客楚山孤。
洛阳亲友如相问，一片冰心在玉壶。

凉 州 词
唐·王之涣

黄河远上白云间，一片孤城万仞山。
羌笛何须怨杨柳，春风不度玉门关。

送元二使安西
唐·王维

渭城朝雨浥轻尘，客舍青青柳色新。
劝君更尽一杯酒，西出阳关无故人。

九月九日忆山东兄弟
唐·王维

独在异乡为异客，每逢佳节倍思亲。
遥知兄弟登高处，遍插茱萸少一人。

倾听让"无色"变得色彩斑斓

午后，阳光正好。倘若此时来到学校主楼的顶层散步，便会惊喜地发现另一片小天地，那是建在顶楼平台上的三个特色主题活动区——流光溢彩的花的海洋、形态各异的昆虫世界、神秘幽静的海底世界。此时，刚刚吃完午饭的孩子总会在顶楼的三个平台上快乐地玩着游戏。他们或三五成群地一起玩着跳房子，或静静地面对着平台的各种彩绘临摹写生，或结伴坐在一个安静的角落里聊天谈心，调皮的孩子还会模仿各式各样的昆虫做游戏，周围的同学总是乐得哈哈大笑。

然而，原来的顶楼平台并不似现在这么生机盎然，光秃秃的青色石砖，灰白冰冷的水泥地板，一眼望去，只觉得四周环境苍白黯淡，课间到平台上游戏的孩子更是寥寥无几。在 2009 年学生调研问卷中，顶楼平台被孩子们列入了不喜欢的学校地方之一。什么样的校园环境才能吸引孩子们的眼球？我们访谈了六年级的学生，很多孩子建议："画上一些美丽的图画吧，可以画动物、风景、花草、动漫人物什么的。"

我们引导孩子进一步思考："顶楼平台的墙壁有限，要选出你们最喜欢的。"最终孩子们选定了海底世界、花的海洋和草趣之间三个主题，以描绘种类各异的鱼类、造型不同的花草、生动有趣的昆虫为主。细究原因，就很容易理解，孩子们生活在内陆城市，远离海边，对大海有着新奇之感，所以想画海底世界；孩子们想画花草，大概是因为孩子们每天生活在钢筋水泥之中，渴望课间的时候看看绿色，缓解一下眼部疲劳；很多孩子喜欢昆虫，昆虫的生命成长历程不正是孩子们生命成长拔节的过程吗？

在学生选定主题之后，我们决定将"施工"的过程作为一种课程，让孩子们用自己的彩笔画出最喜欢的海底、花草和昆虫。"美术课到学校的顶楼平台去上！"孩子们一听欢呼起来，眼睛里满是抑制不住的兴奋，有的孩子说："我们喜欢这样的美术课，多给我们在室外锻炼的机会吧。"孩子们的聪明才智和绘画水平得到了充分地展现与提高。接着，学校又把美术课搬到了校园里其他位置，操场竖起了一面颇具中国传统色彩的"京剧墙"；许多班级门外也用学生作品布置起了"为自己喝彩"的主题墙。

倾听让"无色"变得色彩斑斓，正是孩子们的意见，使冰冷的钢筋水泥有了生命，使单调的校园白墙绘满了生动的颜色，使学生不喜欢的地方变成了学生最喜欢的地方，孩子们成为校园环境建设的主人。

对话的开端是倾听，善于倾听孩子，让孩子感受到被尊重，孩子就会变得勇于对话，生活中的他们也会更善于交流。学校的管理者和教师都应该有一双善于倾听的耳朵，不但能听到孩子的口头话语，还能听到孩子内心更真实的心声。美国教育家杜威说："给孩子一个什么样的教育，就意味着给孩子一个什么样的生活。"倾听，不仅仅是一个弯腰侧耳的动作，更是一个倾听成长与幸福的过程。

鼓励学生"说三道四"

一日，德育处收到了一份来自学生的特殊提案，上面详细列举了学校在管理过程中一些亟待解决的问题，包括体育课的自由练习时间短、品德课常常改上语文课、部分选修课程的招生力度太小等，后面还附了一份解决方案的建议书。

原来，这是参加了学校以"'挑战天下'科技节，学生'说三道四'"为主题的学生座谈会的学生代表们提交的议案。"挑战天下"科技节结束之后，我们把这一节日课程的评价权交给学生，鼓励学生说出自己对科技节的真实感受，包括活动过程中的最重要收获、最遗憾之处以及最需要改进的方面，并讨论学校在哪些方面做得还不够完美、有待改善，鼓励学生敢说话、说真话，倾听学生内心深处最真实的声音。

在座谈会中，有的学生说自己做项目裁判，交到很多好朋友；有的学生说四年级(3)班同学的机器人做得特别好，眼睛还会动，分享别人的成功也很激动；还有的学生说作为志愿者在门口迎宾，改掉了自己之前一遇到陌生人说话就紧张的毛病，觉得自己进步特别大……学生本真的表达，意味着教育中的在场者能平等言说，意味着在教育话语世界里，教师和学生之间是一种基于平等交往的相互"聆听与诉说"的对话和理解的关系。

当学生陆续提出午休时间老师把同学们圈在教室里写作业；品德课由语文老师兼任，老师常常改上语文课；喜欢体育，但除去整队和训练考试项目，剩下的从事自己喜欢活动的时间很短等问题时，在场的学校领导和老师没有刻意用话语引领学生去发现学校的亮点，而是从内心深处尊重学生，呵护学生的参与热情，无论正确与否，都让他们把话说完、说透。

美国人本主义教育家罗杰斯认为："一个人的能力，只有在他感觉到心理安全和心理自由的条件下，才能获得最大限度的表现和发展。人在压抑、恐惧、紧张的心理状态下，是很难有所创新的。"孩子们的敢言敢当、不墨守成规与学校倡导的"做最好的我"的核心价值选择以及"自主发展、主动适应、自我超越"的办学理念分不开，这令我们深感欣慰，这也是我们长期以来坚持与学生对话的结果。

拿到学生整理成文的提案之后，我们对孩子们反映的问题和解决方案进行了认真讨论，很快就逐一落实。之后，学校又召开了"我心目中的科技校园——学生'说一不二'"座谈会。来自五、六年级的 55 名学生对学校现有的科技设施和科技活动包括空中小农庄、我们的小花园、蜂音班级、流动科技馆、太阳能舞台、校园树木挂牌、挑战王日等提出建议，学校则把这些校园科技项目分包给学生，让学生按自己的想法去改进，力争在本学期内一切科技设施和活动由孩子们自主进行管理，让孩子们真正做到"说一不二"。

科技节学生座谈会问题反馈及工作改进情况（2012.11）

需学校解决的问题	问题解决方案	解决情况	提交负责部门解决
1. 有些课到高年级就没有了，不能把自己喜欢的东西继续下去，挺遗憾	扩大社团招生规模	从 11 月 8 日开始，各社团扩招，人数过多的社团分时间段进行活动	教导处
2. 体育课真正的活动和练习的时间太少了，到了高年级基本上都是练考试的项目	增加体育课学生活动和练习的时间，拓展学生活动项目，使不同层次的学生都有参与机会	从 11 月 10 日开始，每节体育课为每一位学生留出至少 10 分钟的活动时间，增加可以自选的活动项目	教导处
3. 希望音乐课上老师能够让学生自己先表演一下，然后再讲曲子，多讲一些音乐剧之类的	增加音乐课前的学生展示时间	11 月 6 日，音乐组老师进行组内教研，确定课前展示 5 分钟给孩子充分的展示空间	教导处
4. 兴趣小组选课的时候，老师在别的班招满了，就没我们班招生，所以有些我们都不知道，像排球课	1. 将兴趣小组选课表下发给每一位学生，提醒学生主动找老师申请课程；2. 在今后兴趣小组报名时，学校将进一步均衡每班名额	从 11 月 10 日起，加大兴趣小组的招生规模，人数过多的兴趣小组实行分课时上课	课程研究中心
5. 学校的许多活动通常都是学生干部在参与，希望把机会分给更多的人	扩大葵园志愿者协会的招新宣传，引导学生主动申报自己感兴趣的服务项目	11 月 12 日升旗仪式发出声明，告诉所有学生均有机会加入葵园志愿者协会。分期分批开展志愿活动	德育处
6. 午休时间希望可以参观空中小农庄、小花园、校史馆等地方	提倡老师们用午休时间带学生去校园里想去的地方开展活动	11 月 10 日，德育处排出校园参观表，给予各班均等参观的机会	德育处

鞋子是否合脚，只有穿鞋的人最清楚。如果将学校教育比作鞋子，那么学生就是穿鞋的人。学校教育是否适合学生，是否能够满足学生成长的需求，只有学生的感受最清楚。尽管学生的心智尚处于发育成长时期，对事物的认知未必完全正确，但不能否认，他们也有表达内心情感需求与审美判断的需要，他们也渴望能够运用已有的知识储备和自身价值观，对自然世界和人类社会进行个性化判断与表达。

因此，作为学校管理者，必须俯下自己的身子，与学生进行平等的对话，给予学生自由、安全的表达平台，鼓励学生把自己的成长体验转化为真实的个性化表达，才能听到学生最真实的声音。当学校涌动着多种声音，交汇着多种智慧的时候，就是学生主体地位得到充分尊重的时候，也是学校充满生长力和发展力的时候。

当学生成为社区志愿者

教育活动并非拘囿于校园这一片小天地里，在社会全面转轨的今天，安静的校园空间、静止的书本知识和有限的教师讲授，已不是当代教育的全部内涵，这样培养出来的人才已然无法适应社会发展的需求。事实上，半个多世纪前，陶行知先生就开始呼吁把学生从课堂教学的樊笼中解放出来，从校园的围墙和栅栏中解放出来，"以宇宙为教室，奉自然作宗师"，走向社会，走向生活，读社会人生，解自然万象。因此，尝试探索解放孩子的空间，搭建学校与自然、社会之间沟通的平台，让他们去接触大自然中的青山绿水，去了解大社会中的士农工商，自由地对宇宙发问，与万物为友，这是我们学校教育的重点工作之一。

鼓励学生走进社区，参与志愿活动，是我们为孩子们创造的接触社会、了解社会的重要平台。2011年农历春节之后，北京市处理鞭炮垃圾近千吨，给环境造成了严重污染。德育处考虑利用周末时间组织学生到社区开展环保宣传活动。班会时间，班主任开始征求同学们的意见。有的同学迟疑了："老师，我能不能不参加？星期六我有课外班，我得去上课。"反对之声立刻响起："我们应该参加，保护环境，人人有责。再说这是集体活动，如果和自己的事情冲突了，应该首先服从集体才对。"同学们各抒己见，议论开了。

事实上，在这种社会实践课程中，我们可以鼓励学生参与，但绝对不能强迫学生参与。如何正确引导学生培养社会责任意识，让学生自己喜欢、愿意参加社区志愿活动，考量着我们的教育智慧。李老师虽然年轻，但是特别有想法。面对这种情景，她没有忙着下结论，而是跟同学们讲道理，从春节期间燃放烟花爆竹带来的空气质量下降，到日常生活中垃圾不分类导致的污染和浪费，从人们环境保护的意识淡薄，到我们只有一个地球母亲的共同认知，"虽然现在我们可以幸福地生活在地球上，但50年、100年、500年以后呢？"在不断的讨论和追问中，同学们渐渐地对参与环境保护这一点达成共识，不少同学主动放弃课外班，和同学们一起参加环保志愿者活动。

接下来，李老师又开始向同学们征集活动方案，引导学生自愿申请担任项目负责人，分别成立了垃圾调查小组、分类回收小组与环境美化小组，到社区、街道开展环保调研活动。项目组的学生在考察学校和社区的废物收集场所和管理措施之后，分析和研究了废弃物的种类，有针对性地制定了废物减少与分类回收实施建议，号召社区商铺协助进行社区监督，并聘请商铺叔叔阿姨作为学校的社区监督员。

致商铺叔叔阿姨的一封信

尊敬的叔叔阿姨：

您好！我们是中关村第一小学的少先队员，首先非常感谢您为我们购买商品带来的方便。我们发现每天放学同学们购买商品后，整洁的停车场就变成了垃圾存放地。为了保持我们共同生活的社区整洁，恳请您做同学们的监督员，随时提醒监督同学们的行为，好吗？

您可以每天多一句：孩子，把包装纸扔到垃圾桶！

您可以理直气壮地批评没有环保行为的同学！

您还可以多放一些垃圾桶，让整洁围绕在你们身边！

衷心地感谢您的支持与帮助，我们一定用良好的行为习惯回报社会！

中关村第一小学大队部

2011 年 4 月

这一活动收到良好的社会反响，学生们深受鼓舞。时隔一年，海淀学区成立首都少年儿童"和美"环保志愿者协会，充分发挥少先队作用，分别组建了"给垃圾找个家"小组、节水节电实践组、降噪声实践组、废物减少与分类回收组、校园与社区环境美化组五个小组，引导学区各校积极开展环保小课题研究与实践活动，培养少年儿童的环保意识、奉献精神，提高少年儿童环保志愿者的服务能力及水平。

新学期的第一次升旗仪式，各班推选的节约环保监督员们佩戴着用环保材料和可回收物品制作的徽章光荣而神圣地站在了主席台上。"和美"环保志愿者们向全校同学汇报了他们在假期中参与丰富多彩的环保活动，他们是节约环保的示范者和引领者，用他们的实际行动提醒全班同学时刻做到节约环保，带动班级争做节约环保的先锋。小小志愿者们还将一直行动下去。

班级小课堂，社会大课堂，这两者都是学校教育不可或缺的。社会实践是一门必修课，重在培养学生的公共生活意识和社会服务意识。过去我们有一种误解，认为学生不愿参加社会活动，尤其是社会公益活动。其实，问题的根源不在学生，而在于作为组织者的我们计划开展什么样的活动以及如何开展活动，只要我们设计活动时围绕着"让学生动起来"的理念，充分发挥学生的主体地位，以趣引动，以疑导动，以理驱动，让学生动耳、动眼、动手、动脑、动心、动情，学生便会乐于参与到活动中来，而且能够在活动中获得课堂上得不到的东西。

小院士采访大院士

教育发展至今日，社区环境的育人功能日趋凸显。中关村一小毗邻中科院和多所知名高校，有着良好的人文环境。仅中科院就有近 700 位院士，他们知识渊博、学养深厚，可谓中国目前最优秀的科学精英和学术权威；同时，他们还有着科学严谨的治学态度和锲而不舍的探索精神，无论学识还是品德修养，都是学生最好的学习榜样。为了发挥这份得天独厚的社区资源的作用，我们开始思考如何为学生和院士们搭建沟通的桥梁，创造更多的机会让学生走近院士们，与大师近距离接触。

学校把这项任务交给了中关村一小少年创新学院的小院士。这群喜欢钻研、渴求知识的孩子们很快就提交了一份"小院士采访大院士"的活动策划案，在与德育处沟通之后，这项活动有声有色地开展了起来。

小院士们积极与中科院团委联系，以学校"少年创新学院"的名义给中国科学院的领导送去了院士采访申请。

关于采访院士的申请

尊敬的中国科学院领导：

　　您好！

中关村第一小学地处北京市中关村自主创新高科技园区。周边有19家科学院所和多所高等院校，有独特的社区和专家资源。学校历史上曾为中科院的子弟小学，学校的最初发展特色也源自科技教育。为了进一步提升学校科技教育品牌，为国家培养更多的科技创新人才做准备，特向中科院提出申请，由中关村第一小学少年创新学院的小院士采访中科院百位院士，以此更好地学习院士们的高尚科学品质和探索精神，提高全体学生科学素养，为培养拔尖创新人才奠基。

　　此致

敬礼

中关村第一小学少年创新学院
2012 年 5 月

中科院就此事专门召开了会议，通过了中关村一小少年创新学院的申请。申请通过后，小院士们开始了解并选择采访对象，由每个班的小院士确定一位自己感兴趣的院士，从网上下载受访院士的相关资料，向全班同学宣讲这位院士的生平事迹、研究领域及其突出业绩。为了扩大影响力，"小院士"们还把相关信息做成展板，让同学们更加熟悉和了解这位院士，为采访提供素材和建议。

六年级（8）班的贝迪、雨轩、宇嘉三位同学有幸成为第一批采访小记者，他们走进中国航天技术研究所502所，对吴宏鑫院士进行采访。吴院士讲述了自己在从事科学研究道路上遇到的种种坎坷与困难，用切身经历告诉孩子们要坚持自己的目标，努力前进，做最好的自己。他还将自己小学毕业时一位语文老师的寄语转赠给中关村一小少年创新学院："我不祝你一帆风顺，也不祝你万事如意。因为你今后的生活道路，不可能是一帆风顺，也不可能万事如意的。我希望你在任何事前面都有逆水行舟的心理准备和乘风破浪的勇气。"吴院士风趣的语言、乐观的态度、对科学的执着，让孩子们深受震撼。

时隔两日，六年级（3）班的王歌等同学又来到了中国科学院物理研究所杨国桢院士身边，近距离感受这位光物理学家的风采。杨院士用最平实的话语、生活中最常见的例子为孩子们讲解最尖端的科技知识，展现着自己对待人生的积极态度。他告诉孩子们：要坚持自己的目标，不轻易妥协。对于孩子们提出的问题，无论是个人经历还是光物理学的发展应用，杨院士都耐心地一一做了解答。

小院士采访大院士，不仅可以让学生向院士们学习其研究方向的知识，更能够学习他们严谨的治学精神、不放弃不妥协的科研毅力，让小院士们学识与品德兼修，最终实现学校"品德成人、学习成才、做人成功"的育人目标。

访谈归来感受

2012年5月8日，我和中关村一小少年创新学院的另外两名同学采访了中科院吴宏鑫院士。吴爷爷非常平易近人，亲自到大门口来迎接我们。

我们针对吴爷爷的研究领域，也就是自适应控制研究、智能控制领域和我国现在航天飞船的技术水平、"天宫"一号的对接情况等提出了几个问题，吴爷爷用清晰易懂的语言为我们讲述了我国航天技术的发展现状、问题及未来发展方向。

随后我们针对吴爷爷的成长历程提出了几个关于学习方法和为人处世的问题。吴爷爷毫不避讳地把自己的很多故事讲给我们听，把我们逗得哈哈大笑。他告诉我们要坚持自己的目标，努力前进，做到最好的自己。

最后，我们给吴爷爷敬赠了我们自己的手工作品，并且让吴爷爷在我们少年创新学院的签名册上留言，这将成为少年创新学院永久的纪念。这次采访活动让我受益匪浅，我既对中国航天技术有了初步的了解，又懂得了只有刻苦学习才能成功。

六年级（8）班 王雨轩

采访后感

2012年5月10日，我们去了中国科学院物理研究所采访了杨国桢爷爷，以下是我们和杨爷爷讨论的几个问题。

1. 据说您的父亲是一位音乐学家，大家都希望能子承父业，您为何不在音乐方面深造，而选择了与音乐大相径庭的物理呢？

2. 众所周知，冰在高温中会先化成水，然后再蒸发成为水蒸气，那如果一块冰，在超高温的情况下会变成水再蒸发为水蒸气呢？还是直接蒸发为水蒸气呢？

3. 您是光物理学家，那您能告诉我们光是什么体吗？

杨爷爷听了我们的问题后一一给我们做了详细地解释，令我们受益匪浅。

我觉得这是一个非常好的活动，可以和专家面对面地交谈，让我们学到了很多知识。我希望学校能多开展一些这样的活动，让更多同学参加到这个活动中来！

六年级（3）班 王歌

班规的力量

班级不仅仅是几十名学生的集合，更是一个有着共同愿景、遵守约定规则的文化共同体。如何让一个班级凝心聚力、更具有向上的力量呢？班级的团结向上，强调的是一种班级文化的建设，一种集体精神的滋养。这样的环境里，每一面墙壁，每一张课桌，每一把椅子，每一个物件，都打上了班集体的烙印。与班名、班徽一样，自创的班级文化、自定的班规也是引导班级前进的内隐力量。

在当前的学校教育中，仍有不少班级的班规由班主任自己制定的，主要用来约束学生，而自己则游离在规则之外。这种教师主导下的规则只是对学生行为的一种外在约束，很难引起孩子的共鸣。班规应该由谁制定？为谁而制定？如何让班规从墙上走下来，变成师生共同成长的准则？基于这些思考，我们发起了"我们的约定"特色班级建设活动，全班同学和老师就班级特点、班规内容等一起协商讨论，最终达成共识，并共同遵守，进而形成班级文化。

以张老师所在的班级为例。张老师在四年级（4）班的讨论中抛出了一个问题："你想做什么样的孩子？"

"我想做个各方面都拔尖的学生。"

"我希望自己每次都考100分。"

"我希望自己全面发展。"

同学们你一言，我一语，纷纷诉说心中的想法。总结起来，"渴望杰出"是大家表达的共同的愿望。张老师敏锐地捕捉到这个关键词，进一步启发学生："你们认为杰出少年应该具备什么样的优秀品质？"学生们畅所欲言，集思广益，最终达成共识，在师生共同的修改润色下，四年级（4）班的"杰出少年的优秀品质"出台了，成为班级全体师生的共同约定，引领着师生朝着自律、自主、自信的方向发展。在家长会上，张老师又把这一约定提交给家长讨论修改，家长们也提出了不少好的建议。

如今，"杰出少年的优秀品质"伴随着四年级（4）班的孩子们一直走到了六年级。虽然只有短短的两年，但这些优秀品质早已渗透到孩子们的心灵，时刻影响着他们的举止言行，在班里大多数学生身上都体现着班级特有的优秀品质。大队部开展"我的小花园"认领活动，六年级（4）班的孩子们第一

四年级（4）班"杰出少年"的60条品质

01. 杰出少年品质高	21. 不扰他人有修养	41. 接打电话要和气
02. 说话先要讲礼貌	22. 做事严谨讲条理	42. 对人真诚表善意
03. 见到老师问声好	23. 帮助同学有责任	43. 有客来访应热情
04. 眼神沟通很重要	24. 主动询问表心意	44. 右行上下让楼梯
05. 举止行为要端庄	25. 人在窘境莫旁观	45. 开会自觉守纪律
06. 微笑待人诚意表	26. 满招损、谦受益	46. 轻声慢步讲礼仪
07. 赞美之词动心弦	27. 胸怀宽广能包容	47. 公共场所需安静
08. 用语文明真奇妙	28. 对不起三字很神奇	48. 高尚品质我做起
09. 自主自立求发展	29. 打喷嚏时捂住嘴	49. 遇事冷静来处理
10. 相互帮助奇迹造	30. 健康为人又为己	50. 团结合作赢胜利
11. 尊重架起友谊桥	31. 吃东西、莫贪心	51. 班级荣誉靠大家
12. "谢谢"传递心情好	32. 用餐安静讲礼仪	52. 制造惊喜添情趣
13. 上课听讲严秩序	33. 主动帮人拣东西	53. 队伍排列快静齐
14. 自觉学习守纪律	34. 垃圾随时来清理	54. 精神抖擞有朝气
15. 全神贯注来读书	35. 自尊自爱讲卫生	55. 天下兴亡我责任
16. 学会提问寻真理	36. 心地善良表真意	56. 自信坚强又努力
17. 勤思善想有创意	37. 进门出门表懂礼	57. 杰出快我来成长
18. 作业准快好整齐	38. 尊长爱幼美德续	58. 成就美名天下誉
19. 品德成人目标远	39. 坐公车，不吵闹	59. 厚德载物民族魂
20. 明确方向奔优异	40. 接受服务知感激	60. 我做最好数第一

个认领了自留地；班里主动参与学校社团活动演出和社区志愿服务的学生超过了三分之二。

不同班级的孩子特点不同，师生的约定也各不相同，五年级（6）班以"不怕步子慢，就怕把脚站"的小乌龟精神作为班级公约，三年级（2）班的师生则提出"我学大雁守纪律"，六年级（2）班的师生共同约定要"争当小绅士，学做小淑女"。

就这样，班级公约在孩子们的热烈讨论中纷纷出台，师生们一起思考，互相碰撞，形成公约，共同遵守。规则和秩序逐步内化到了孩子的内心深处，一种内隐的力量在无形中引导着班集体前进的方向，那是关于自律、自信、毅力和向上的共同约定。

从班规到师生共同的约定，这其中的改变折射出的是传统思维方式和现代性思维方式之间的不同。在传统思维方式指导下形成的班规停留在"器物"的层次，一板一眼地对学生的作息、行为、习惯、礼仪等进行宏观的规定，而现代性班规则呈现出一种"精神"的层次，即班规的制定主体是学生群体，而且是关注到个体异质性和组织有机团结的学生群体；班规的制定过程是学生行使自身权利参与班级讨论和管理的结果，呈现出基于儿童立场的开放性特征；班规的具体内容关照到了学生的真实权利和真正需求，是集体共同情感的表达，能够更有效地发展学生的个性与创造性。

更重要的是，制定班规的过程并非是形式上的由"教师制定"改为由"学生制定"，也并非是在人数上的"少数服从多数"，而是一个民主协商的过程。在这一过程中，孩子们能够通过理性商议、自主讨论、相互妥协、集体判断和抉择等发展出一种现代公民精神，这正是未来社会所需人才的核心素养之一。

/ 三 / 从"一厢情愿"到"关注需求"

陶行知先生曾说："我们办学的人所定的规则，所办事体，不免是与学生有隔膜的。有时候，我们为学生做的事体越多，越是害学生。因为为人，随便怎样精细周到，总不如人之自为，我们与学生经验不同，环境不同，所以合乎我们意的，未必合学生的意。那适应学生需要的，或者遗漏掉；那不适应学生意的，反而包括进去。"诚然，在对学生的关注与引导中，我们往往总是因为出于良好愿望的一厢情愿而致日常的一些教育行为陷入苍白无力。我们生活在一个习惯性的心理定势中，习惯于顺手，习惯于陈旧的东西，无论是教师对学生的帮助，还是学校对学生的管理，我们往往因为一些生活中约定俗成的观念而自以为是，有意或无意地忽略学生的需求，忽略学生内心深处最为真实的想法。今天，我们必须做出改变，摈弃我们下意识地添加在教育行动中过度的成人思维，从学生的需要出发，以学生的视角开展教育活动。

别样的新生第一课

对于刚刚离开幼儿园、懵懵懂懂走进小学校园的孩子来说，他们最迫切需要的并不是书本知识的学习，而是良好的行为习惯和尽快适应新环境的能力。

正是基于这样的考虑，在新学期的前两周，我们并不急于进入教材学习，而是以"小种子闯关———年级学习指导手册"的形式开设了独特的新生课程。

为了磨炼意志，学习如何融入集体生活，学校为孩子们准备了特殊的"军训"，通过简单的"立正""稍息""向右看齐""报数"等学习如何根据解放军叔叔的口令来调整身体的姿势，并配合身边小伙伴的行动。

游戏是培养孩子认知、情感和社交能力的重要方法之一。为了引导刚入学的孩子们在一种轻松愉悦的氛围中认识彼此，成为朋友，轻松地找到群体的感觉，学校特意请来儿童心理专家与孩子们一起玩起了游戏。比如，"找呀找呀找朋友，找到一个好朋友，敬个礼，握握手，你是我的好朋友……"一个班的小同学在教室里围坐在一起"找朋友"。

进入小学阶段，学习用具渐渐丰富起来，铅笔、橡皮、尺子、铅笔刀等学习用具的摆放直接关系着学生良好行为习惯的养成，因此，师生之间一起探讨如何更快、更有效地摆放并收拾好学习用具，也成为新生第一课的重要内容。

就这样，在"小种子闯关"课程的引导下，新入校的孩子们很快地融入了校园生活，言谈有礼貌，举止有风范，集会讲礼仪，出行有伙伴，良好行为习惯亦渐渐养成，这正是学校安排此项课程的初衷和目的。

别样的新生第一课，恰到好处地满足了学生现阶段的需求。走好了开学的第一步，学生们才能更顺利地融入班集体，尽快地适应小学阶段的学习生活。

小种子闯关课程方案

课程目的	1. 入学之初，对一年级学生进行倾听、说话、走路、集会、书写、坐姿、站姿等行为习惯的养成教育至关重要 2. 新生入学后，教师忙于学科知识的教学任务，难以有效保证对新生进行系统礼仪教育
课程准备阶段	一年级全体教师集体研讨，制定课程标准，编写学生读本、入学指导手册，并集体备课，分配课时
课程实施阶段	1. 班主任侧重对学生文明用语，行为习惯、集会礼仪的教育 2. 学科教师侧重对学生进行体现学科特征的课堂习惯教育 3. 增加调节学生适应新环境、学会同伴交往的心理游戏课及队列训练 4. 开展针对一年级家长的专题讲座
课程评价阶段	采取过程性评价方式，对班级进行一天跟踪式观察，及时反馈改进，在家长开放日中听取家长建议
课程延伸与拓展	课程结束，进一步利用班会、升旗、广播、校报、展板、橱窗等持续开展一年级行为习惯养成教育

爸爸妈妈知道吗？

★ 周一升旗和学校重大活动要穿校服。
★ 上午四节课，每节课40分钟。
★ 课间休息10分钟。
★ 夏季上早操，冬季上课间操。
★ 每天体育锻炼时间累计约1小时。
★ 课间，开窗通风，准备下节课学具，喝水，上卫生间，在楼道内看书或在教室里休息。
★ 午饭可以在学校吃，也可以自理。
★ 周一、周三和周四下午两节课后有管理班。
★ 周二下午两节课，走读生下午15:00放学。
★ 周五下午不上课（走读生中午没有午饭，寄宿生午饭后离校）。

12

新生入学指导手册
xīn shēng rù xué zhǐ dǎo shǒu cè

中关村第一小学
ZHONGGUANCUN NO.1 PRIMARY SCHOOL

13

做好准备

▲ 小朋友早饭在家要吃饱，要有营养。零食不要带到学校。
▲ 平时上学时要多喝水，带不易破碎的水壶或杯子，学校备有饮水机，也可自带饮用水。
▲ 平时小朋友的衣服应选择柔软吸汗、便于运动、容易清洗的。鞋子要选择轻便而且穿脱方便的。

温馨小提示

▲ 认识自己的姓名。
▲ 自己的事情自己做，会自己收拾书包。
▲ 自己穿衣、系鞋带。
▲ 学会听人讲故事，并参与对故事的讨论。
▲ 学会谦让，能和别人一起排队，一起玩。
▲ 养成良好的卫生习惯，学会冲厕。

14

新生入学指导手册
xīn shēng rù xué zhǐ dǎo shǒu cè

中关村第一小学
ZHONGGUANCUN NO.1 PRIMARY SCHOOL

15

准备学习用具

◆ 书包要选择轻便的，文具盒最好选用掉笔时不容易发出声音的笔袋；准备5只铅笔，一把直尺，橡皮则要柔软一些的，以免戳破练习本。
◆ 本子不必提前购买，开学后，学校会发。
◆ 图画笔准备12色就可以了。如果颜色太多，携带和挑选都比较麻烦。
◆ 购买塑料圆桶彩泥1盒，12色即可。
◆ 所有物品上都要写上孩子的姓名。

16

新生入学指导手册
xīn shēng rù xué zhǐ dǎo shǒu cè

中关村第一小学
ZHONGGUANCUN NO.1 PRIMARY SCHOOL

17

关注学生从"心"开始

儿童的心灵，是人类最敏感的角落，润泽学生的心灵，就是保护学生前进的潜在力量。孩子纯真的心灵犹如一块璞玉，一旦受到伤害有了裂痕便无法弥补，因而更需要老师的关注与呵护。

爱孩子，就要从呵护孩子敏感的心灵开始。为此，中关村一小从1997年开始就为学生开展心理导向类的课程，引导学生获得正向的心理情绪，培养学生健康的人格。近些年来，我们细致研究了台湾地区较为先进的小学心理教育，以之为借鉴反观我校的心理课程设置，我们发现学校一直关注学生群体的心理健康，但缺乏对学生个体的关注。认识到这个问题，学校专门招募了心理学专业的研究生，为学生进行常态的个人辅导，并精心布置了心理咨询室，购置了沙盘、出气锤等设施，让心理咨询室成为学生宣泄情绪、纾解烦恼的驿站。

"我真的不如别人吗？付老师，我最近遇到了一些困惑。爸爸妈妈总是将我和别人比较，说我哪里哪里不如谁，看人家做得有多好，我做得有多差。每当他们这样说的时候，我心里真的很难过。他们既然这么想，干脆就别要我，要别人好了。"

一个夏日午后，两名五年级（2）班的学生在心理咨询室向心理专职教师付老师诉说着烦恼。面对这两名情绪低落的孩子，付老师采用了角色互换和体验的方法，让两名孩子互换角色，各自扮演自己的父母，尽量模仿父母的神态和口气再现当时的情景，帮助学生宣泄内心的压抑。在此基础上，老师进一步引导学生："父母虽经常数落你们，甚至言辞激烈，但数落背后却有着良苦用心。也许父母的表达方式急躁了些，但都是发自内心地爱孩子。"听了老师的话，两个孩子渐渐明白了父母内心深处急切的期望。老师又对孩子进行感恩教育，鼓励孩子说出生命中对自己影响最大的那个人，最想感谢谁。结果显示，这两名孩子最感激的仍然是自己的父母。最后，老师让两个孩子思考如何感谢自己的父母，并在当天晚上就付诸行动。从第二天学生反馈的结果来看，这两名孩子与自己的父母均有了良好的沟通。

"我今天心情很差！""我这次考试没考好。""我总想玩游戏该怎么办？"每周二中午，心理咨询室专业的心理老师们总会迎来有着各种各样烦恼的孩子们。在这间坐落在主楼一层的温馨小家里，还三个精心布置的心理体验区：热身活动区、绘画区、沙盘游戏区。孩子们可以通过热身活动快速拉近与老师、伙伴的距离，通过绘画和沙盘造型表达内心难以言说的烦恼。

在倾听孩子们烦恼的基础上，学校归纳了他们普遍遇到的困惑和问题，如被起外号、爱玩电脑、追跑打闹等，并就此开展全校范围的话题讨论："关于外号，你如何看待？""抵抗游戏诱惑：你的good idea？""如何抵制脏话？""关于接话茬，你如何对待？"引导学生就群体性困惑进行自我反思，自主寻求解决办法。

成长中的孩子们通常会有许多成人无法想象的敏感和脆弱，有些悄悄话不便当面说出，更愿意通过纸笔传达，于是学校在心理咨询室和校长室门口先后设立了"阳光小信箱"和"葵花小信箱"。当孩子诉说与同伴交往中的摩擦时，班主任会及时进行解决；当孩子反映与教师相处中存在问题时，干部会在第一时间及时疏导；当孩子抱怨家长为自己报了太多课外班时，学校举办了葵园家教讲坛，就这一问题协助孩子与家长沟通。

心理知识周报

2012年12月第3期

【导读】
本周的心理知识小报我们来关注一位探险家的志愿，看看他是怎样立下自己的志愿，又是怎样去实现自己的志愿的。

话题讨论

【本期话题】　心灵先到达那个地方

15岁那年，一位少年写下了他气势不凡的《一生的志愿》——"要到尼罗河、亚马逊河和刚果河探险，要登上珠穆朗玛峰、乞力马扎罗山和麦金利峰；驾驭大象、骆驼、鸵鸟和野马；探访马可·波罗和亚历山大一世走过的道路，主演一部《人猿泰山》那样的电影，驾驶飞行器起飞降落，读完莎士比亚、柏拉图和亚里士多德的著作，谱一部乐曲，写一本书，拥有一项发明专利，给非洲的孩子筹集100万美元捐款……"他洋洋洒洒地一口气列举了127项人生的宏伟志愿，不要说实现它们，就是看一看，就足够让人望而生畏了。难怪许多人看过他自己设定的这些远大目标后，都一笑了之，所有人都认为——那不过是一个孩子天真的梦想而已，随着时光的流逝，很快就会烟消云散的。

然而，少年的心却被他那宏大的《一生的志愿》鼓荡得风帆劲张，他的脑海里一次次地浮现出自己顺快地漂流在尼罗河上的情景，梦中一次次闪现出他登上乞力马扎罗山顶峰的豪迈，甚至在灿烂阳光的照射的路上，他也会一次次沉浸在那些著名

人物交流的遐想之中……没错，他的全部心思都已被那《一生的志愿》紧紧地牵引着，并让他从此开始了将梦想转为现实的漫漫征程。

毫无疑问，那是一番壮丽的人生旅程，也是一番异常艰难、险象丛生惊险的生命之旅。他一路豪情壮志，一路风雨兼程，硬是把一个个近乎空想的夙愿，变成了一个个活生生的现实，他也因此一次次地品到了搏击与成功的喜悦。44年后，他终于实现了《一生的志愿》中的106个项。

他就是上个世纪著名的探险家约翰·戈达德。

当有人惊讶地问他是凭借着怎样的力量，让他把那许多近乎痴迷的"不可能"都踩在了脚下，让他把那么多的艰难险阻都当作了登攀的基石时，他微笑着如此回答——"很简单，我只是让心灵先到达那个地方，随后，周身就有了一股神奇的力量，接下来，就只需沿着心灵的召唤前进好了。"

【本期总结】　信念＋努力＝成功

同学们，你们的心中是不是都有自己的志愿？是不是也愿意为了达成这个志愿而努力奋斗？

"让心灵先到达那个地方"，约翰·戈达德道出了一个令人深思的道理——在人生的旅途上，能够最快领略美妙风景的，必然是那些兑现满怀登临并身为之不懈奋斗的征程者。是心灵的渴望，开阔了求索的视野，是心灵的飞翔，催动了奋进的脚步，是心灵的富有，享有了生命的富途……一句话，渴望创造人生的辉煌，育首先让心灵飞翔起来。

随后，便是让行动跟随心灵的脚步，脚踏实地地去努力，为实现自己的梦想、志愿去努力，把镶在脑里的理想蓝图搬到现实生活中，实现自己的愿望。

海淀区中关村第一小学 学生成长服务中心 心理辅导室编

个性心理是一个独特的、多系统、多侧面、多层次和多级发展水平的开放性的结构系统，一个人个性结构中的优势、潜力、特点或弱点，不仅制约着其社会活动的选择性、效能及未来发展的可能性，同时也往往是事业成败的决定因素。因此，倾听学生有声或无声的倾诉，帮助每一名孩子心灵成长，促进每一名孩子的个性心理，包括兴趣、能力、性格和自我意识等各方面得到全面和谐的发展，进而实现"欣赏自我，完善自我"，这便是学校开展心理健康教育的目的。

学校是藏着小秘密的地方

儿童是天生的探险家，从呱呱坠地的那一刻起便开始了他们的探索之旅，什么都想看，什么都想做，对任何事情都要亲自研究一番。这份对未知的好奇和不断探索的勇气非常难得，极为可贵，甚至可以在一定程度上成为孩子能够成才成功的关键要素。因此，在平日的教育活动中要格外珍视学生的好奇心，培养他们探求新知的品质尤为重要。

一个周二的课间，在大操场南侧一棵茂盛的杨树下，三年级（2）班的一群孩子围在一起，叽叽喳喳地猜测着一颗粘在树干上的橘黄色结晶物究竟是什么，有的孩子认为是"琥珀"，有的孩子争辩说是"树胶"。

孩子们的争论吸引了正在校园巡视的校长，校长走近了仔细地看了看那颗"琥珀"，椭圆形，半透明，颜色比橘黄色深一点儿，紧紧粘在树干上，心中约摸有了判断。但这时候如果直接说出结果，孩子们得到的只是一个简单的常识，甚至还有可能因此消解部分学生的求知欲和好奇心。于是校长鼓励孩子们自己去调查研究得出结论。正是这种鼓励让生活中的一个偶然事件发展成一项有着特别意味的研究性学习。

班主任郁老师得知此事后也积极支持。孩子们先是到图书馆查阅资料，而后又拿着"标本"向科学老师请教。科学老师在看过"琥珀"实体后，并没有给出确切的结果，而是引导孩子们开动脑筋，看能否用别的方法来证实或甄别这块"琥珀"。有个孩子把取下来的部分"琥珀"放在浸湿的纸巾上，观察其变化。两节课过后，这块"琥珀"居然慢慢融化了，而真的琥珀决不会因为潮湿而发生形状上的改变。这一简单的实验在孩子们的心中埋下了质疑的种子。稍后，他们开始上网查资料，找图片，收集和整理琥珀的基本特性和形成原因，最后经过多方求证，他们从理论和实践两个方面证明了学校里发现的不明物质并不是琥珀，而是一块普通的树胶。尽管结果让人有些失望，但是查阅资料、多方咨询和实验的过程已经让孩子们多少了解了研究性学习的一些基本的策略。

有的孩子在作文中写道："听到这个消息后，我们感到极度的失望。我们多么希望那是颗真正的琥珀啊！不过马上我们又开心起来，因为郁老师告

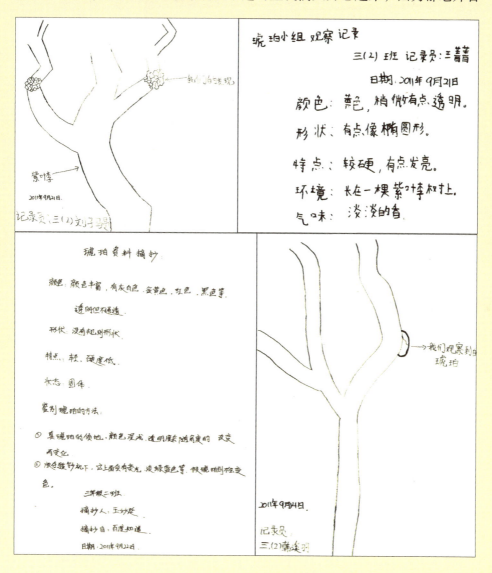

诉我们：一颗懂得求知、热爱探索的心比琥珀更有价值。"

两周后的升旗仪式上，三年级（2）班的琥珀研究小组带着精心制作的PPT兴奋地走上主席台，用学校的大屏幕向全校师生报告了他们一周的研究成果。

今天，我们能够代表三年级（2）班的琥珀研究小组，站在国旗下演讲，内心感到十分激动。经过了解，我们得知，琥珀是特殊的化石。木质结构的树木，比如松树，在高温下分泌出一种黏稠状的液态分泌物，分泌物经长期掩埋渐渐失去挥发的成分，再经一定的化学变化逐渐形成树脂化石。如果树脂油滴落的地点，恰好里面夹杂着树叶、小昆虫等其他生物的碎片，油滴将这些生物完全包裹起来，经过百万年甚至千万年的地下埋藏，松树油已经变得坚硬而透明，而这些生物还保持着千百年前的模样，这就是珍贵琥珀。每一颗琥珀都是独一无二的。琥珀用途广泛，可以做饰物，可以做药材，还可以作为艺术品收藏。

望着这些孩子饶有兴致的解说，教师们无不感到欣慰。学校在倡导提高教师研究能力的同时，更注重学生研究能力的培养，让孩子具有研究意识，掌握研究方法，提高研究能力，将对孩子的一生产生不可估量的影响。

新学期开始，已升入四年级的琥珀研究小组仍然在行动。他们倾听树木发芽时悄然吐翠的声音，寻找在花丛盆栽中爬来爬去的小虫子；他们曾一个中午蹲在操场西侧的沙坑里，聚精会神地研究爬进沙土堆里的蚂蚁；也曾在火辣辣的太阳下，观察日照的角度和时间对于树叶生长速度的影响；空中花园里树木的扦插技术是他们研究的对象，小花园、自留地中除草松土和植物嫁接也是他们实践的目标。慢慢地，学生们的视角逐渐延伸到了校外、社区、大自然中，一张张色彩斑斓的精彩照片、一幅幅手绘彩描的生动图画、一件件取自校园角落的宝贝珍品，孩子们带着发现的眼睛不断地寻找着……

学校里的秘密还有很多，一个秘密，可能就藏着一个新奇的世界，可能会激发起孩子们一生探求世界奥秘的志向。寒来暑往，枯叶重生，孩子们的探索还在继续，学校成为藏着许多小秘密的地方，孩子们在这里尽情享受着发现秘密的喜悦。

为学生出版个人专集

在校长的办公桌上，一架淡黄色相框里面镶嵌着一首七言诗："刘畅校长留念：冬如暖阁夏似渊，婉约呵护六年情。殷望弟子皆成龙，已是春光花满园。"这是 2009 年的教师节前夕校长收到的一份礼物。这份特殊的礼物来自于学校颇有名气的小诗人陈启衡。尽管这首诗的笔触尚显稚嫩，书法也略带青涩，然而诗中所表现出的灵气、才气及其所传达的师长与学生之间的真挚情谊，却让人在感佩之余又多了些感动。

陈启衡同学是六年级（9）班的一名学生，他写古体诗已经好几年了，并已创作了不少好的作品。当校长第一次读到启衡同学的作品时，就被孩子深厚的语言功底和才气所吸引。于是，校长和班主任黄老师一起鼓励启衡做"小先生"，教大家一起学古诗，这令启衡大受鼓舞。他认真查阅古诗书籍，精心准备了 PPT 讲稿，从格律的严谨讲到选材的恰当，从对仗的工整讲到平仄的运用，内容翔实而完备。他还与同学组成古典诗词学习小组，与同学们一起写诗，对诗，联诗，评诗。经过近一年的努力，班里同学竟都爱上了写诗。

2009 年 7 月，学校专门为六年级（9）班举办了"我会写诗啦——六年级（9）班素质发展成果汇报会"，班上 42 名孩子，当场创作了 53 首诗歌。让我们从下面的诗作中一睹小诗人们的风采吧！

诚然，这些诗并非可传世的佳作，但其中充溢的童心童趣和时而感伤、时而欢欣、时而彷徨、时而豪迈的书生意气却跃然纸上，生动可感。汇报会上，当校长问到写诗给孩子们带来什么样的变化时，不少孩子都心生感触：

有时候我心里就特别不安静，特别暴躁。但诗能让我的心变得平静，我的言谈也越来越有文采了。

我觉得每当别人看到我写的诗，我就会有一种心满意足的感觉。每当我细细品味诗的时候，会回忆起一些事。诗是一种心灵语言，是表达自己心灵的最好方式。

我觉得通过写诗呢，我们每个人的感情就会更加丰富。因为写诗需要字斟句酌，所以对每一件事的处理方式都会变得更全面、更得体。

碧空
碧空万里似初洗，
浓云淡雾尽相依。
柔情似水千万里，
不失刚毅久壮丽。
——黄凯欣

登天门洞
天门仙洞立于前，
久闻空洞历史远。
历经九百九十九，
瞭望云雾飘山间。
——姚欣宇

清溪
甘洌小溪清见底，
桃花落下河浪里。
时而汹涌时而静，
恰似美丽丝绸衣。
——黄凯欣

东陵
古香古色清幽幽，
四园青山接天边。
皇家陵墓博物馆，
清山碧水真好喝。
——陈嘉鑫

杜甫草堂游记
诗圣居此外，
草房三两居。
房外几枝桃，
青竹几丈高。
——张润杰

草
野草死复生，
力大无穷比。
荒原无人安，
只有它来站。
——郭子东

草原
遥望草原似碧洋，
波波后浪推前涛。
昔日可汗率众骑，
不灭西夏誓不回。
——朱雅萌

黄山松
松立黄山上，
风雪吹不倒。
不惧闪电雷，
只恐无人赏。
——贺龙飞

秋游
军博世界乐趣多，
飞机邀翔亮剑闪。
信步来到玉渊潭，
电视塔后水如天。
——姚欣宇

寄校长
冬如暖阁夏似渊，
婉约呵护六年情。
殷望弟子皆乘龙，
己是春光花满园。
——陈启衡

赠黄博文
号声嘹亮新翅膀，
学海浩瀚勇探索。
其貌不扬学习棒，
考试上榜永不倒。
——贺龙飞

四季
春日百花散芳香，
夏日碧水送清凉。
秋日万物结果实，
冬日一片雪茫茫。
——白逸昀

赠姚心宇
小眼不大览群书，
良师益友指教多。
毕业分别瞬间逝，
依依不舍真友情。
——石纯

路
鲜花普照黑立马，
京城胡同黄包车。
人生之路茫茫然，
谁知几道在何方？
——朱雅萌

赠彭天舒
睫毛长长眼睛大，
学习纪律排榜前。
乐于助人有爱心，
与他玩耍喜开颜。
同窗苦学六年载，
一人离别皆悲叹。
——邓宇涵

体育课
太阳当空照，
队列入操场。
起跑线上站，
哨响往前冲。
脚底似踩风，
奔出四百米。
最后达终点，
成绩快惊人。
——林准锋

避暑山庄之夜游
天黑雾薄不见月，
树下弯路有人行。
路人避暑到皇宫，
好似他乡遇故知。
草旁见鹿游客奇，
常户却看不反常。
湿地映光闻蛙鸣，
绿湖伴随清笛声。
踏入竹停才歇脚，
鸟鸣绵延不愿归。
——陈启衡

攀高峰顶
举首天际高无边，
下望陡峭路窄险。
身边薄雾似白带，
周围淡云浴湖间。
——陈启衡

金树
金树四楼旁，伸手欲似摘。
树梢黄叶飘，枝枝立苍天。
为何黄如漆，身似披金甲？
寒风吹满地，才知冬已来。
——韩逸飞

花与四季
春风拂过迎春花，
夏风撩起牡丹香。
秋风摇曳灿秋菊，
寒风吹开俏冬梅。
——陈蕾

冬游京东大峡谷
古崖深壑万锥砸，
如同书页似抽匣。
幽幽小径晴又暗，
万丈崖顶半壁天。
——张丹蓉

推优之感

月色欲急早登夜，

人心愈急祈幸怜。

忽风如特意不到，

有或欢喜有或忧。

——刘子通

严冬

云海遮天一片白，

久望天空日未来。

众人疾走不知处，

苦念暖春何时来。

——韩逸飞

暖冰

寂寞日长盼知己，

萎乐响耳陪日光。

明媚反成恨寒冷，

只缘身在心悲凉。

——刘子通

海南风光

千里迢迢赴海南，

绿树蓝天海更宽。

伏地坐在沙滩边，

喜观海浪翻又翻。

——张晗

金杏树——丰收之秋

秋风阵阵吹树梢，

银杏金叶随风飘。

满街金黄如麦田，

丰收果实枝欲遥。

——张婉靖

清月朗星

皓月洒洒泻清帘，

闪星烁烁朗天间。

月星与我同窗问，

望欲悄悄夜入眠。

——娄澜

荷花

看过千花又万草，

观过千山又万河。

唯有荷花清又净，

出入淤泥更圣洁。

——张晗

师恩难忘

师授我学知，

日日劳多时。

莫求得回报，

只盼生有志。

——尹竹青

门前流水

门外船往小溪流，

花开小鸟唱枝头。

股股清泉石上咏，

江南水乡好景色。

——丁典

星夜之风

星夜不知风，

树林静无声。

忽闻沙沙响，

原是风作声。

——刘子通

友情难忘

与你共六载，

友谊难分开。

心中难割舍，

只望再聚来。

——尹竹青

迎新年

开开心心过大年，

人人举杯共联欢。

明时钟声敲起来，

欣欣向荣又一年。

——张晗

孩子们用手中的笔描绘着自己的喜乐悲欢，诗情与诗才如同葵园的花朵一样恣意绽放。当然，这份别样的美丽离不开校长与老师们的精心浇灌和培育。黄老师把孩子们一年来所写的上百首古诗编辑成册。学校为陈启衡同学出版了个人诗集《Peter 语言一百种》，辑录了咏物、言情等诗歌共 80 首。专集虽小，可毕竟是孩子的个人专著，我们把诗集在校园里展出，不仅进一步鼓励了陈启衡同学的创作热情，更激励了一大批在语言、绘画、音乐等方面有特殊潜质的学生，徐彦婷、钟育浩同学的个人画集、黄畅同学的文学畅想集亦陆续结集成册。

大作曲家张千一先生的孩子张重阳同学从小就展露出在音乐方面的天分。2011 年，刚上六年级的张重阳已经独立作曲编制了一张 CD《小鼠标》。自古诗乐便是相通的，学校以陈启衡和张重阳诗乐合奏为创新点，请张重阳为陈启衡的古诗《溪上青荷》和《春韵》谱曲，还于 2011 年为张重阳同学专门举办了《溪上青荷——中关村第一小学第八届艺术节暨 2011 届毕业生张重阳同学声乐作品展演》。舞台上张重阳和陈启衡两个少年的合作，那样的浑然忘我、才气纵横，令许多人都深深为之感动。

其实，不管是张重阳同学的声乐作品集、陈启衡同学的古体诗集，还是徐彦婷、钟育浩同学的个人画集，以及遍布校园角落的"我为自己喝彩"作品集、绘画集、作文选、科研小报告、数学小论文等，都是为了公平公正地对待每一位学生，捕捉学生身上的闪光点，将学生们的成长过程用某种适当的形式记录下来，提升学生全面发展的基本素养。

不选择学生

如果说一小的孩子们是葵园中朵朵向阳的葵花，那学校领导和老师则如同温暖而博大的阳光，以同样的光亮和温度注视着每一朵花的生长与绽放，决不厚此薄彼，冷暖各异。平等、公正地对待每一个学生，不选择、不放弃是中关村一小一直坚守的价值取向，也是开展学生活动的准则。在学校开展的每一项活动课程中，我们都会有意识地兼顾不同类型和层次的学生，让每一个孩子都能找到自己的闪光点，都有参加活动的机会。

在 2009 年 12 月的学生提案中，不少学生都提到希望有更多机会参与升旗仪式的组织。有的羡慕站在主席台前挥洒自信的小主持人，有的渴望能站在国旗下讲讲自己对于新学期的希望，有的对国歌声中庄严的升旗手神往不已，有的认为成为国旗护卫队队员是种荣幸。

为了满足孩子们的愿望，学校承诺每个孩子在小学阶段都能有一次登上主席台参加升旗仪式的机会。从 2010 年 3 月起，学校就开始尝试班级升旗、特色升旗等形式。主持人、升旗手、国歌校歌指挥者、国旗下讲话等均由学生自主申报。于是，学校里的外国小留学生在升旗仪式上用流利的汉语主持了一把；少数民族的同学身着自己的民族服装在主席台前翩然起舞；学校里的十几对双胞胎也结对走上主席台，让全校师生感到新奇有趣；美境俱乐部的同学发起"校园里哪棵树最高""哪棵树最老"大调查活动，在国旗下公布了调查结果并向全校师生介绍了测量的方法；二年级（8）班自发组织了纸盒、瓶盖回收俱乐部，他们也登上主席台，向大家展示俱乐部的环保行动，并呼吁大家一起行动起来。

升旗仪式给每个班的每一名同学提供了展示的机会和平台：愿意展示自己清亮嗓音的同学，申报了小主持人；想要在庄严的国歌声中扬起国旗的同学，承担了升旗手；有自己独特的想法和见解想要与全校师生一起分享的同学，负责国旗下讲话；想要护卫国旗的同学，加入了国旗护卫队；乐感好、节奏强，具备一定音乐素养的同学，则担任国歌指挥。升旗仪式中的任何一项任务，只要学生有意愿和兴趣，都可以自主申报。

学校还创新了国旗下讲话的内容与形式，将操场前方宽阔的主席台开辟为学生汇报研究性学习成果的舞台。在假期游览了祖国大好河山的同学，用自己拍摄的精彩照片和视频向大家展示了盛产葡萄的美丽新疆、骏马奔腾的辽阔草原、精致秀丽的江南小镇、浪漫迷人的西湖美景；热爱读书的同学在优美舒缓的钢琴曲中，深情地朗诵着自己创作的小诗、散文，向大家提出了多读书、多积累的倡议；期末考试前夕，有想法的孩子还通过现身说法，为同学们提出了切实有效的应对考试焦虑的策略；还有如何看待荣誉、美境行动进社区、现代意义上的雷锋精神等许多在成长过程中学生最为关注的问题，孩子们从自己的角度给出了个性化的解读。不知不觉中，每周一的升旗仪式已经成为学生开展研究性学习的重要课程。

教育不能选择适合教育的学生，只能选择适合学生的教育。每一名学生都是一朵绽放独特芬芳的花朵，承认学生的个性差异和发展的不平衡性，尊重每一名学生受教育的权利，关注每一名学生渴望成长的需求，给每个学生提供展示的舞台，零选择地为学生进步创造条件，促进每一位学生健康全面的成长，是我们教育工作者的不懈追求。

性别差异教育——认识自己，理解同伴

一天中午，一位保洁员拿着被学生弄坏的厕纸盒来到学生成长服务中心办公室诉苦。原来，几个男孩在厕所打闹，不但把厕纸盒弄坏了，还把手纸弄湿了团起来当做玩具丢来丢去，弄得洗手间的墙壁上、天花板上到处都是水渍。

中心负责人一边安抚着情绪激动的保洁员，一边陷入了思考。的确，我们确曾见到男孩因淘气破坏学校设施的情况，校园中为学生设置的棋类设施也成了一些男孩的玩具，棋子损坏和丢失的情况时有发生，小花园的座椅不知什么时候留下了划痕，摆在墙角的花盆也曾被打翻……

这不能算是偶然，男孩精力旺盛，喜欢做一些新奇的、刺激的事情，会有意无意地破坏学校的公共设施。如果只是简单地找到他们进行批评教育，也许一时奏效，以后难免还会出现同样的情况。如何针对男孩的特点解决问题呢？

为了找到好的解决办法，中心负责人召集各年级组长和老师来一起出主意，想对策。有些老师提出可以通过特色课程来引导男孩，有些老师则自然地提到在关注男孩时也要关注女孩，女孩也有她们的困惑和苦恼。高年级女

生逐渐进入青春期，对于身体上的许多变化不知所措，遇到意外情况甚至会吓得大哭起来，虽然班主任会做一些相应的讲解与说明，但这些还远远不够。听了老师们反映的情况和提出的建议，学生成长服务中心决定通过举办特色课程的方式对男孩女孩进行青春期教育。

2010年4月，学校开展了"阳光男孩 幸福女孩"的性别差异教育课程。针对男孩精力旺盛但容易冲动的特点，我们以学校公共设施遭到破坏这一现象为契机，开展了"阳光男孩"大集会，"学校设施我猜猜"让男孩们猜猜学校相关物品、设施的价格及灾区学生一年学费的金额，让他们明白自己不小心造成的损失很可能是灾区学生一年的学费；"看看我们的校园"鼓励男孩思考校园设施被破坏的原因，他们都很"自觉"地将自己的行为"对号入座"；"聘用小小监督员"为承担监督任务的学生和班级颁发聘书等活动，引导男孩们积极思考"阳光男孩"应具备的品质，四年级（2）班以"自觉、自立"要求自我，五年级（8）班提出"自律、自励"，六年级（9）班则号召大家要"自主管理、共同进步"。

对于女孩的烦恼，我们就如何应对身体发育小秘密组织了"幸福女孩品读私家信"活动，请卫生老师为女孩们讲解生理期相关知识，并专门成立女生心理咨询热线和爱心邮箱，为有苦恼的女孩提供倾诉和解决问题的渠道。通过这样的活动，女孩们对自己的身心变化有了理性的认识。

男女生性别差异教育是学校给孩子们的更细致和周到的关怀，不少孩子都表示收获很大。于是，2011年学校举办了第二届"六年级男女生沟通盛典"特色课程活动，2012年又举办了第三届"从合作中走向成功"的性别差异教育活动。这两次课程不再单独对男生、女生进行教育，而是让男生、女生走在一起、玩在一起。通过男女生之间的沟通和交往，让学生学会欣赏、理解异性特有的思维方式和行为特征，并能够相互包容和体贴对方。让我们一起来听听孩子们的声音。

这次有意义的活动让我知道了，我们女生应该更宽容地对待男生，特别是当他们调皮捣蛋的时候，不要和他们对着干，要多用对方的优点去夸夸他们。

——六年级（4）班 谭洁宜

我以前总觉得女生娇气，所以不爱跟她们玩，遇到她们的事情总是很不耐烦地走开。这几次活动让我明白了，我们应该学会体贴和保护女生。

——五年级（3）班 程家浚

性别差异教育增强了学生对于性别角色的理解与认知，增进了男女生之间的沟通与欣赏，培养了学生与异性同学积极交往的态度。现在，走进卫生间，到处是水渍的现象已经不见了；楼道里的展板纸翘起角来，也有男孩细心地帮忙粘上；女孩遇到特殊情况也镇定多了，知道如何应对；教室里，男孩女孩经常围坐在一起专注地讨论问题。

在这里，需要特别注意的是，我们对于性别差异的认知，有许多尚是不能确证的，而且导致性别差异的原因也是非常复杂的，不能仅仅依靠一种或几种变量的测查便得出固定的结论。因此，在学校教育中，既要承认学生之间存在性别差异，但又不宜过度过早地宣扬差异，以免人为地造成性别上的不平等，把教育教学引向歧途。

总之，无论学生之间有着怎样的差异，只要带着对彼此的理解、宽容与体贴，孩子们在未来的成长之路上必定能够更加从容、自信。

第二章

让课程成为儿童个性成长的"绿地"

课程有一个经典的定义，即"课程是跑道"。但很长时间以来，我们似乎过分强调了课程之"道"的规范性和统一性，而忽略了课程之"跑"的主体体验的差异性与多样性。从现代教育的视角来看，课程是由师生共同建构的、始终处于未完成状态的经验或体验。课程是机会，为孩子提供什么样的课程，就是为孩子提供什么样的成长机会。因此，在课程上，一方面，我们应该让学生拥有更多选择和发展的机会；另一方面，还应该尽量创造机会让儿童主动参与建构自己成长所需的课程。

为此，我们围绕儿童与自然、儿童与社会生活、儿童与自我关系等基本问题，尝试打破学科之间的分层与壁垒，在对社会、历史、文化、科学等领域的综合性运用中拓展儿童个体知识和经验视域，构建了一系列多元、开放、可选择的课程体系。我们希望学校生活的每一天都能在学生的心灵深处留下美好、独特而深刻的体验，呈现在学生面前的每一种课程都能够成为唤醒其求知欲望与生命诉求的教育场景。

/ 一 / 在选择中自主成长

在现代社会里，人们的价值观越来越趋于多元。社会发展在给人们提供越来越多自主选择空间、可供选择的生活和工作方式的同时，也给了人们越来越多的自主选择权利。但遗憾的是，很多人直到大学毕业后才发现，自己从小到大似乎从未学习过选择，从来就没有选择权。当听话成为一种习惯而使人丧失选择的能力时，结果是可怕和令人忧虑的。

因此，我们以"教孩子学会选择"为核心词来改进学校课程的结构设置，根据学生的年龄特征，设计符合他们心理特点的课程，给学生提供丰富的选择机会、让学生根据各自的兴趣、爱好、自我发展的需要，在多元化的选择中学会自主抉择。而每一次抉择，实质上都是他们自主成长、发展个性的必要过程。

让学生选择课程

这是发生在 2012 年 9 月新学期初的一幕：学校菜单式自主选择课程的网络平台一经开放，"小小建筑师""DI 头脑创新思维""情趣铁艺""趣味篮球""自然观察家"等菜单课程瞬间被"秒杀"完毕，家长和学生纷纷来电询问能否结合孩子的兴趣特长加选或开设新的菜单课程，教导处咨询选课的电话连续两日响个不停。此时，菜单式自主选修课程的探索与实践正式进入第三年，家长和学生们的热情让我们在欣慰之余坚定了继续探索的信念和勇气。

菜单式自主选择课程（以下简称"菜单课程"）是学校自 2010 年 10 月开始进行的一次创新性课程改革实验。菜单课程强调给予学生充分的自由选择课程的权利，让学生从自己的兴趣爱好出发选择参加自己最适合的项目；家长和教师作为课程顾问只提供课程内容的咨询和建议，不干涉学生的课程选择权。学生可在开学初前两周进行试听学习，并根据学习情况对所选课程进行调整。

最大可能地吸纳社区资源是菜单课程的另一特点。授课教师打破了学校界限，除学校教师之外，家长、社区人员和科研院所的专业人员等也可根据自身专长申请讲授菜单课程。以 2012 年 9 月的菜单课程为例，授课教师可谓强者云集："神奇的物理学"课程由中国科学院物理研究所四位博士开设，"丰富多彩的野生动物世界"课程由中国科学院动物研究所博士、研究员开设，"自然观察家"课程由中国科学院生态环境研究中心的两位博士开设，还有"航天知识"课程、"小记者"课程、博物馆系列课程等都融入了大批社区资源。与此相应，教师可以根据授课内容在向学校提出申请之后，自主决定授课场所，中科院实验室、航天员训练中心、中央党校、博物馆、植物园等都成为学生学习的校外课堂。

这些极具开放性的课程打破了学校教育的局限，极大地丰富了课程的内涵与外延。我们还充分利用自己独特的区域资源，整合社会资源，构建和形成了以"资源丰厚、渠道多元"为主要特征的课程资源群，为学生走向社会、实践体验、培养能力提供了更加广阔与坚实的学习实践平台。

菜单课程还强调让学生有发现的乐趣。每学年伊始，学校都会将本学期开设的菜单课程汇总并上传至网络平台。每一年，学生都会发现又冒出一些新鲜有趣的课程，包括北京曲艺、唱诗班、小小建筑师、趣味篮球、心理游戏等各种领域的课程。到目前为止，学校开设的菜单式自主选择课程总量已经达到63门，参与教师有39位，课程内容涉及科技、艺术、体育、心理、人文素养、思维训练等多个领域。

2012—2013 学年菜单式自主选择课程情况一览表

年级	艺术	人文素养	科技	心理	体育	思维训练
一年级	影视歌曲表演 民歌赏析与表演 民俗手工坊 情趣铁艺 课本剧 折纸 艺术创作 围棋 创意手工 趣味串珠	硬笔书法 小小诗社 国学小讲坛 英语童谣 情商口才 乐读乐朗 英语儿童剧 软笔书法 小小金话筒	科学吧 小小建筑师 DI 头脑创新思维 金山画王（电脑） 航天知识	游戏与心理	形体 趣味田径 乒乓球	数学游戏
二年级	北京曲艺 儿童影视歌曲表演 纸造型 软笔书法 小小艺术家 趣味纸艺 巧动手 课本剧 创意手工 架子鼓 艺术赏析	故事会 思维训练 古诗文诵读 国学小讲坛 英语童谣 情商口才 唱诗班	电脑绘画 小小园艺家 DI 创新思维 学电脑 自然观察家 玩转对讲机 头脑创新思维 科技影视	游戏与心理	趣味篮球 传统体育游戏 跆拳道 少儿模特	数学游戏

三年级	硬笔书法	思维训练	小小建筑师	游戏与心理	趣味田径	数学游戏
	古诗文歌曲表演	国学小讲坛	模型吧		趣味篮球	
	创意折纸	情商口才	丰富多彩的野生动物		跑得快	
	创意手工	讲故事	巧手乐园			
	校园课本剧		玩转对讲机			
	软笔书法		神奇单片机			
	小小缝纫师		神奇的物理学			
	儿童剧					
	口琴					
	趣味布贴					
	巧动手					

在实践中，我们发现，课程越是"个人选择"的，学生个人的潜质就越能得到充分释放。从这个意义上讲，有什么样的课程，孩子们就会获得什么样的成长机会，我们就会培养出什么样的学生。菜单式自主选择课程给学生提供了多元、自主选择的课程，带给学生的是一种真实、学术、积极、主动的学习体验，孩子们在选择中学会了思考与承担责任，动手实践意识和能力均有一定程度的提升。在这一过程中，成人、成才、成功的学生文化也逐渐形成，学生在不知不觉中成为学习的主体，教师在不知不觉中成为学生学习的支架。

比尔·盖茨说："在你最感兴趣的事物上，往往隐藏着你人生所有的奥秘。"帮助学生正确理解和学会欣赏不同的事物，引导学生在体验中选择自己感兴趣的事物，支持学生自主学习，持续发展自己的潜能，并从中探寻自己人生中的奥秘，这正是菜单式课程体系建构的初衷。

课程是学校教育的载体，传统课程最大的特点就是使所有的学生学习所有的课程而且按照同样的要求来进行评价，这就保证了每个学生有基本同一的知识与技能基础，但这也正是这种课程结构的最大弊端。有句话说得很形象，"刚出生时我们都是独创，不知不觉就成了盗版"。而这其中高度同质化的课程结构似乎难辞其咎。所有学生不分资质、潜能、禀赋，在义务教育阶段学习统一的课程，表面上是学生全面发展，但事实上是学生一个模子发展。一个个鲜活、灵动、富有个性的孩子走进来，最后却成为毫无特色的翻版。鉴于此，学校课程改革应当力争为每一个学生找到成长的最佳模式，使孩子成长为独特的最好的自己。

巧手妙作中国结

在中关村一小天秀校区的学生作品展示墙上，有那么一抹"中国红"格外醒目，分外绚丽。在主楼墙壁的展示板上，三十多个造型各异的中国结透迤在上面，有象征鹏程万里的传统载结，有寓意年年有余的双鱼结，有暗含前程似锦的团锦结，还有藻井结、平安结、同心结等，绚丽多彩、寓意丰富，真是让学生们爱不释手。

这些美丽的艺术品是一小中国结社团的成果展示。中国结社团是学校七彩工艺社团中的一个子社团。当初成立社团的主要目的是想让学生在做中学，在亲身体验和实践探究过程中锻炼手的灵巧度，提升学生的想象力和审美能力，同时中国结造型别致、寓意深刻，是中华民族传统的吉祥结饰，让小学生学习这一传统艺术可以让他们在制作中了解，在了解中热爱，在热爱中传承，在传承中发展优秀的传统工艺。

三年级的涛涛同学对自己做的中国结感到非常自豪："我编的中国结现在就挂在爸爸的车里呢，爸爸妈妈可喜欢了。"四年级的铭心同学最喜欢这种动手制作的课程："编中国结不但能够锻炼动手能力，还让我比以前更加有耐心了。""编中国结最重要的就是要细心、耐心，而我最大的毛病就是粗心。老师说过我很多次，总是改不了。自从开始学编中国结，我明显感觉到自己比以前细心多了。"六年级的宏宇同学笑称自己"无意中"改掉了粗心的毛病。

除中国结之外，七彩工艺社团还开设了民间剪纸、布艺制作、趣味纸艺等系列民族工艺课程，供不同年龄、不同特点的学生选择。

民间剪纸是通过折叠、镂空图案一步步让孩子在剪刀与纸张的配合中感受传统艺术的魅力；布贴艺术是从学习简单的剪纸上升到布贴的技巧，引导学生用不同花色的布，设计制作出不同的画面，丰富学生的童心世界；趣味纸艺让学生了解了纸的历史、发展、种类及其作用的同时再教给学生一些简单的制作技法，使学生对纸这种司空见惯的生活用品产生出各种充满创意的想法。

古人云"心灵则手巧"，中关村一小七彩工艺社团的孩子们通过自己制作出的各种精美的工艺品将"心灵手巧"这个词演绎得贴切无比。学校开设的各种民族工艺课程为学生打开了一个新的窗口，让学生通过自制手工艺品感受传统艺术的价值，并将这些手工艺技术传承下去。

航模课程中的大丰收

升旗仪式上，大队辅导员激动地宣布："四年级的子毅同学荣获全国青少年航空模型锦标赛二级线操纵特级模型飞机第一名！同时，他也是全国航模锦标赛史上年龄最小的冠军！"操场上响起了热烈而持久的掌声。这是学校航模课程开设的第四年，已有包括子毅同学在内的近百名学生在国家、市、区等各级比赛中获得各种荣誉。

航模课程是四年级的校本必修课程，所有的四年级孩子都能在这一学年中有机会全面了解并学习航模相关知识。若对航模兴趣浓厚，愿意深入学习，甚至想要在这一领域有所建树，还可参加学校专门开设的航模兴趣小组，学校会定期外聘航模专家来为孩子们讲授更为专业的知识和技能。可以说，航模兴趣小组聚集了一批志同道合的航模爱好者和航模指导专家。

航模课程向孩子们展露了科学技术的无上魅力，子毅同学就是凭着对航模的无比热爱，仅仅用了一年多的学习时间，就先后获得北京市科技类竞赛一等奖、艺术体育类银帆奖等三项大奖，直至在全国夺冠。

无独有偶，有着类似经历的还有伟豪同学。伟豪本来是三年级一名普通的小学生，平时并没有显露出特别的科技方面的潜能和优势。一次课间，他看到航模兴趣小组的同学拿着一棵建模课上做的小树，顿时产生了浓厚的兴趣，从此便进入模型的世界。建模取得优异的成绩后，他又爱上了航海模型，并从中参悟到模型制作的相通性。此后，伟豪一发不可收拾，相继在第十二届"我爱祖国海疆"全国青少年航海模型比赛"场景制作赛"中荣获团体第一名（金牌）、小虎鲨追逐赛个人一等奖、纸船称重个人二等奖等，原来毫不起眼的伟豪同学成了师生眼中的"模型天才"。

当然，我们并非自矜于竞赛成绩的优异，真正令我们感到自豪且振奋的是，在这样一个旨在培养学生热爱科技知识、锻炼动手操作能力的选修课平台上，孩子们迸发出的那种对于科学的巨大热情、丰沛的创造力，以及面对苦难时的执着和毅力。几乎每个周末，航模兴趣小组的孩子们都会到学校来改进模型。一遍遍试飞、矫正、再试飞、再矫正，反复地试验、改进，那一道道从额际流到眼角都顾不得擦的汗水，那一次次失败、重来、再失败、再重来的尝试，急躁曾有过，彷徨曾有过，然而从未想过退缩和放弃。

航模兴趣小组的孩子们全身心地投入到自己的兴趣爱好中，学校也积极创设平台，鼓励孩子们走出校门，在参与赛事中去更好地学习、体验并成长。"老师，就算没有得奖也没有关系，我特别喜欢上您的航模课，希望自己长大后能制造真的飞机。"在获奖之前，子毅同学平静地对姚老师这样说。艰苦的训练、持续的思考与不断的实践让这个孩子迅速地成熟了起来。

"人能尽其才则百事兴。"航模课程为更多的孩子提供了发展潜能的平台和自我成长的空间，在长期艰苦的训练中，在大大小小的赛事里，航模课上的孩子们不断经历着坚持、忍耐、等待，经历过失败，也体验过成功，为未来完满的人生积淀了丰富的底蕴。

儿童剧：让经典浸润学生的生命

走进儿童剧菜单课程的教室，一群7岁左右的孩子正发挥着自己无尽的想象力表演着。一只身着黄色斑点老虎服饰的"大老虎"挥舞着"利爪"悄悄地靠近正在游戏玩耍的"小动物"们。"老虎来了！"只听头戴小兔子头饰的琪琪同学大喊了一声，几个扮演小动物的同学纷纷抱着头四散跑开了。凶猛的"老虎"和可爱的"小动物"之间展开了一场智慧与勇气的较量。一个有趣的小故事被孩子们用自己的方式演绎得惟妙惟肖。

儿童剧是以简单的台词、动作和歌舞为主要表现手段的戏剧样式，篇幅短小，矛盾冲突单一，除了具有戏剧一般的特征之外，还能够适应儿童特有的兴趣、心理状态和对事物的理解、思考方式，有利于培养儿童积极的创造精神，发展他们的意志力和想象力，提高他们对现实世界的认知与理解。2011年，学校在菜单式自主选择课程中开设了这门课，供学生们自由选择。

自开课以来，老师已经带着孩子们排练了《小马过河》《快乐的丑小鸭》《卖火柴的小女孩》《没牙的大老虎》《特殊的考试》等剧目，孩子们沉浸在一幕幕儿童剧中，全情投入地排练着，挥洒着自己的汗水和才情，乐此不疲，创意无限。

小戏剧中承载着深刻的教育意义。孩子们在学习儿童剧的过程中，必须用心理解剧情，他们的理解能力得以提高；在选择角色的过程中，他们必须用心揣摩每个角色的特点，在角色身份的体验中寻找最适合的角色，共情能力得以发展；他们还为共同的剧目设计、制作道具，锻炼了动手能力；排练时他们必须互相帮助才能共同完成表演，每一个角色都缺一不可，这使得学生有了为共同目标努力的团队意识。

一次次演出的磨砺，孩子们的表演从最初的扭捏羞涩逐渐变得淡定从容，尽情释放自己，有的孩子学会了与团队一起合作："在儿童剧上我学会了团结同学，和大家一起表演，还知道了要帮助别人。"有的孩子在这门课上获得了自信："我以前不爱说话，大家都说我性格内向，通过演儿童剧我觉得自己更自信了，敢于表现自己。"还有的孩子通过这门课锻炼了动手能力："通过儿童剧，不但提高了我们的表达能力，在做头饰道具时也培养了我们的动手能力。学儿童剧真好！"

著名教育家陶行知先生曾写过一首诗《小孩不小》："人人都说孩子小，谁知人小心不小。您若小看小孩子，便比小孩还要小。"这首诗旨在告诉我们，不要小看孩子的能力，要充分相信孩子，只要给予其适当的机会和平台，孩子们就会爆发出令人难以想象的创造力和表现力。在儿童剧课程的学习和表演过程中，小演员们展露出的才华和成长令人惊讶。因此，2012 年学校进一步拓展和丰富了表演类课程，在一、二年级开设儿童影视歌曲表演，三年级开设儿童剧、古诗文歌曲表演等多种形式的广义类教育戏剧。

教育戏剧，能够引导学生从更丰富的角度感悟世界，学会用更多元的方法表达自己的内心，在欣赏剧情的同时，也体验到了"欣赏别人"的乐趣。从小让孩子接触戏剧，让他们更早体验不同的人生角色，其实也就在帮他们更早地学会生活。

创编学生们"自己"的京剧

中国传统文化博大精深，对学生的成长具有"固本培元"的奠基作用。传承传统文化，让学生深入了解并热爱我们的文化精髓，是教育者的重要使命。京剧作为一种综合了"唱、念、做、打"的多元艺术，被视为中华文明与文化的代表。了解京剧、学习京剧、热爱京剧，不但是一种审美的享受，一种德行的储备，更是学生深入理解民族文化的有效途径。

学校于 2005 年将京剧引入校园，京剧作为校本课程进入课堂，中关村一小的小梅花京剧团也蓬勃发展起来。十来岁的孩子，穿着袖宽襟长的戏服，画着五彩缤纷的脸谱，在锣鼓点中唱念做打，成为中关村一小的特色景观。

渐渐地，有相当一部分同学开始在各级各类的比赛中获得奖项，甚至连国际部的外籍同学也能登台表演，但我们也发现，仍有一部分孩子不喜欢也不接受京剧。

是什么原因让孩子们对京剧不感兴趣？我们在全校随机选取 100 同学进行了一次问卷调查。

小学生对待京剧的总体情况调查表

喜爱京剧的程度	人数（人）	比例（%）
喜欢	33	33
一般	9	9
不喜欢	58	58

小学生喜爱京剧的原因

喜爱的原因	人数（人）	比例（%）
京剧是国粹	16	48.5
京剧的韵律好听	5	15.2
京剧艺术风格独特	7	24.2
京剧里有历史故事	2	6.0
其他原因	3	9.0

小学生不喜爱京剧的原因

不喜欢的原因	人数（人）	比例（%）
听不懂京剧	18	31.0
京剧的曲调难听	32	55.2
京剧与学生生活不相关	6	10.3
其他原因	2	3.4

在现场的随机访谈中，孩子们说得最多的 4 个字就是京剧"古板老式"。的确，充满了大量文言词语和典故的京剧唱词、缓慢而拖曳的唱腔，对于小学阶段的孩子而言，理解起来确实有些困难。

如何克服京剧"古板老式"的问题，让孩子们喜欢呢？解决这一问题的关键在于让这一传统的艺术形式与小学生的生活经验发生关联，使之成为表达心声和体悟的必要的媒介。于是，我们开始尝试编排学生喜欢的剧本，让京剧的内容与孩子们的生活挂钩。于是，京剧课本剧《守株待兔》《包公审驴》新鲜出炉。这些家喻户晓的故事都取材于学生的语文课本，孩子们对这样的故事有亲近感。

这些改编自教材的课本剧果然深受孩子们的喜欢，喜欢京剧的学生渐渐多了起来，课本剧的演出也开始在市区各级大赛中屡获殊荣。在北京市教委举办的第三届"国戏杯"学生戏曲大赛中，中关村一小"小梅花京剧团"金帆剧团的 6 个剧目获得一等奖，10 个剧目获二等奖。其中，由师生自己创作的京剧课本剧《守株待兔》和《包公审驴》获得评委专家及在场观众的一致好评，并被推荐参加颁奖晚会的演出。2013 年，137 名学生还用京剧共同演绎了意大利作家卡洛·克洛迪童话经典名著《木偶奇遇记》。这部剧是中西文化的交流和交锋：匹诺曹——孩子们熟悉的经典童话人物，京剧——国粹艺术的精髓。虽然两者透着不同的哲学观，但都是在追求"真、善、美"的艺术内涵。孩子们在与经典的对话和碰撞中，走在回归传统、明辨善恶、超越自我的路上。

三年级（3）班的姜欣玥同学在排练时恰逢期末考试，但她一点儿也没放松排练："作为学生首先要爱学习，会学习，除此之外还要有课堂之外自由成长的空间。我暗下决心：排练我一定会一直坚持，一次都不能耽误。不管多累、多苦，训练完成后，我都要踏踏实实地学习，争取优异的成绩。"小木偶的扮演者李依维同学在暑期排练时身体过敏，手脚起了疹子和水泡，"还没等到痊愈，我就急着去参加排练。爸爸妈妈虽然心疼我，却也拗不过我。我扮演的小木偶因为贪玩、与坏人交朋友而上当受骗，但是他有爱心，知错能改。我也希望能像小木偶一样，面对困难勇敢坚强，早日成为一名真正的男孩儿！"

家长们面对这样一台儿童京剧盛宴十分感动，三年级（5）班朱俊廷的爸爸说："小演员们将一个懵懂无知的木偶人匹诺曹经历美丑、善恶、欺骗与拯救等一段段激烈的冲突后，最终成为勇敢、善良、诚实、有担当的小男子汉的过程刻画得入木三分。该剧是儿童启蒙教育中难得一见的精品之作，强烈建议将其作为中关村一小的传统节目保留传承。"四年级（1）班李依维的妈妈认为京剧使孩子们在电子产品充斥社会的今天，多了一份对传统文化的热爱与执着，多了一份独特的自我。

将京剧纳入小学课堂，我们的初衷并不是要培养出多么专业的京剧人才，这远不是一门小学选修课程所能承载的。我们将京剧视之为一种审美体验，一种情感的净化，一种道德的升华。那一出出戏文，就如同一堂堂活生生的德育课程，它用立体的表现手法教育孩子远离仇恨与阴谋，做善良、诚信、

正直的人。这些都在不经意间影响着一个孩子一生的认知。为此，学校还发起了"探究京剧艺术的博大精深"系列社会实践活动，指导孩子们通过调查、访谈和宣传等一系列的活动，对国粹文化有更深入的了解，传承中华民族的传统文化。

中关村一小的孩子们不仅有学习体验，更能体验到课堂之外的自由成长。京剧舞台提供了又一个可供选择的发现每一个学生，引导每一个学生，成就每一个学生的支持平台。孩子们在京剧舞台上践行做最好的自己，像小木偶一样，从不完美走向完美。这是一个成"人"的过程，这正是"做最好的我"的核心内涵。这其中，无论是主角还是配角，投入了，宽容了，乐观了，主动了，坚韧了，善良了，进取了，就是孩子们最大的收获与成长。

信息技术俱乐部

一直以来，学校都在着力打造丰富多彩、给予学生最大选择空间和发展可能的校本课程。许多学生在校本课程中找到了自己的兴趣所在，发现了自己在某方面的天赋，但仅仅是课表上的几堂课还不够"过瘾"。学校便在"课程表"之外开展各类社团、俱乐部，供学生选择，为兴趣突出、学有专长的孩子提供进一步学习和研究的平台。

2011 年，在由北京市 30 多所中小学的近 500 名学生参加的海淀区中小学生信息学奥林匹克竞赛中，中关村一小信息技术俱乐部的学生再创佳绩，学校有 3 名同学获得一等奖，5 名同学获得二等奖，4 名同学获得三等奖。正是这种突出的表现，使得中关村一小最终荣获小学组团体一等奖。

这只是冰山一角，事实上，在信息学奥赛程序设计赛、计算机技能赛和"世纪杯"赛等信息类比赛中，学校信息技术俱乐部曾多次获得过团体一等奖的优异成绩。荣誉固然令人欣喜，然而我们更自豪的是学校信息技术俱乐部的精品课程带给学生的成长，不少俱乐部的学生从小就立志要从事信息技术相关行业。

比如晓晔同学，她从小就对计算机信息技术表现出了浓厚的兴趣和极高的天赋，加入信息技术俱乐部之后，在老师的耐心辅导下，她的编程水平越来越高，对编程的热爱也越来越浓烈。平时不管学习任务多紧张，她每天都会抽出一定的时间练习编程："我真的很喜欢编程，看着自己编出的代码整整齐齐的，程序运行的结果也是完全正确的，就好有成就感啊！"她未来的理想就是成为一名卓越的计算机信息技术专家。

信息化是当今世界经济和社会发展的大趋势，以网络技术和多媒体技术为核心的信息技术已成为拓展人类能力的创造性工具。为了适应这个发展趋势，国家决定在中小学普及信息技术教育。中关村一小的信息技术俱乐部成立于 20 世纪 90 年代初，那个时候计算机远没有像今天这样普及，进入寻常百姓家。学校本着提高学生综合能力，培养具有创新精神和实践能力的新型人才的初衷，开设了信息技术课程，并成立了信息技术俱乐部，强调对计算机的学习不能停留在课堂上，而是要更多地服务于生活，在"经历"和"体验"过程中提高学生的信息素养。

在中关村一小的校本课程体系中，像信息俱乐部这样的平台还有很多，许多有潜能的孩子在学习校本课程的过程中脱颖而出，他们有的勇于创新，对机器人制作情有独钟；有的善于思考，对天文知识兴趣浓郁；有的心思敏捷，热衷于无线电的安装与调配；有的机敏灵活，在头脑创新思维方面颇有天分。为了满足这部分学生的成长需求，学校陆续组建了"机器人俱乐部""航模俱乐部""天文俱乐部""DI 俱乐部""无线电俱乐部""信息俱乐部"等20 余个社团，为学生的智能开发提供助力，为学生的个性展示提供了宽阔的舞台。

如今，越来越多的孩子享受着学校全力打造的精品课程，挖掘自己的潜力，发展自己的兴趣。今天，他们展示出的或许仅仅是计算机信息技术、无线电或航模方面的兴趣和特长，但在未来，他们将会挑起我国信息化社会建设的大梁，为国家的科技发展做出巨大贡献。

让不一样的学生更加不一样

新学期开始，学生们在老师和家长的协助下，进入学校最新的选课系统中，选择自己喜欢的选修课程。语文学科的阅读与欣赏、活动与习作、国学启蒙、思维与表达，数学学科的有趣的数、神奇的图形、统计中的学问、数学应用，英语学科的认读与拼读、趣味阅读、视听表演、创意写作、名著赏析，科学学科的与绿色同行、自然之门、科学思维、测向奥秘、小小建筑师、纸模型，艺术与审美学科的趣味泥塑、美丽纸艺、创意水粉、幻彩水墨、多彩民歌、打击乐演奏、二部合唱、古典音乐赏析、古诗文吟唱，体育与健康学科的健康、心理等，还有20余门活动课程供学生自由选择。学生可以结合自己的兴趣爱好，同时填报3个课程志愿，最后由电脑计算出所有学生填报的课程志愿，进行合理分配。

小学生由于性格、家庭、环境、爱好等因素造成了学习速度、认知方式、学习风格、兴趣需求等方面的差异，由国家统一规定的必修课程远远不能满足学生的成长需求。新课程改革以来，中关村一小开始构建国家课程、地方课程、校本课程三级课程体系。经过一系列的实践，学校形成了包括菜单式自主选择课程、兴趣小组、活动课程在内的校本课程体系。尽管这些丰富多彩的课程在很大程度上实现了学生的个性化成长，但总体来看，这些课程之间并无有机的联系，这些校本选修课程与国家必修课程之间的联系更是松散。特别是学生在国家课程之外，选择哪些课程能够实现最近发展区的成长，我们并不十分清楚。

基于这样的考虑，我们从国家课程标准出发，对学校现有的选修课程进行重新整合与设计，形成了包括必修课程、选修课程、活动课程在内的大课程观，为学生提供了基于但高于国家课程标准、适应不同发展阶段和不同兴趣需求点的选修课程，并在三年级至五年级进行试点。

以语文学科为例，在学习国家必修课程——基础语文的前提下，喜欢阅读的孩子可以选择阅读与欣赏课程，热衷写作的孩子可以进入活动与写作班级，对国学感兴趣的孩子可以在老师的带领下进行国学启蒙，而对公众演讲感兴趣的孩子则可以挑战一下思维与表达。我们把学校优质教育资源转化为适应不同个体成长的土壤，我们希望每一个个体绽放出生命独有的光芒，让不一样的孩子更加不一样。

小羽是一名四年级的学生，他从小就在数学方面展露出了不一样的天分，课堂上老师所讲的基础数学知识，小羽轻而易举就能掌握。尽管老师常常单独为小羽"加小灶"，为他准备更深、更有难度的数学作业，但这仍然让小羽在数学课上"吃不饱"。新学期，四年级的数学课在基础数学之外，开设了有趣的数、神奇的图形、统计中的学问、身边的数学4门必修课程。小羽高兴极了，他的空间想象能力非常强，自己平时就很喜欢设计一些立体、多维的图形，所以他毫不犹豫地选择了神奇的图形这门课。

我们要培养什么样的人？这是我们一直在思考的问题。我们把每一个不一样的生命个体迎进校园，究竟应该给他们提供什么样教育，才能让他们在数年后走出校园的时候，还能像当初一样，绽放着不一样的笑容？也许，这正是一个新的开始。

／二／学校处处是课程

课程是学生在学校全部生活的总和。可以说，校园内的所有教育元素，无论是有形的还是无形的，是物质的还是精神的，都是在课程的范畴之内。从这个意义上来说，学校处处皆课程，时时有课程。我们以此理念建构学校的活动课程，在中关村一小学习生活的孩子们，行走在校园中的任何一个角落，都能感知到课程带来的成长。

我们·森林·动物·共舞

近几年，学科融合的理念开始被纳入我国基础教育课程改革之中，它既是学科发展的趋势，也是产生创新性成果的重要途径。当今众多前沿科技的重大突破、原创性科研成果的产生，大多是学科交叉融合的结果。近百年内获得诺贝尔自然科学奖的所有成果中，有近半数的项目是不同学科交叉融合取得的。另外，学科融合的理念还与学生现实生活中的原生态体验密切吻合。在现实生活中，并不存在界限分明的语文、数学、科学等学科知识，而是各种类型的知识和体验渗透融合在一起，无法在严格意义上进行区分和划界。

中关村一小一直致力于将学科融合的思想融入学校的活动课程之中，在尊重学科差异的基础上不断打破学科边界，促进不同学科之间的相互渗透与交叉影响，培养学生跨学科、全方位地成长。2012 年的"我们·森林·动物·共舞"主题运动会便是这样一次基于学科融合而开展的活动课程。

在运动会的前一个月，学校便组织各班同学开展以小动物研究为主题的"学科融合月"课程设计。由同学们自主讨论选定本班的小动物吉祥物，科学课上就所选动物的生活习性进行深入研究，美术课上精心设计、描绘吉祥物，音乐课上学习、吟唱与所选动物相关的歌曲，在此基础上尝试撰写小动物的科研报告，布置吉祥物图案展示板，并思考如何在运动会上倡导保护大自然、爱护小动物的环保理念。

以三年级（1）班小动物吉祥物的讨论会为例，同学们自发地组成6个小组，纷纷推选自己心目中最能传递班级文化的动物，共选出老虎、狮子、孔雀、大象、蚂蚁、天鹅6种动物。第五组对蚂蚁的推荐理由是：蚂蚁有着智慧、勤劳、合作、坚持等多种优点。在班级推介会上，蚂蚁组以鲜活、生动的图片和故事直观地再现了蚂蚁的特性，并喊出"我们是集体，要团结在一起。蚂蚁个头小，团结力量创奇迹"的口号，最终获得了三年级（1）班全体同学的一致通过。

就这样，短短一周，每个班都确定了自己的班级吉祥物，孩子们开始以高涨的热情"亲近"所选的动物。三年级（1）班的孩子在科学课上深入探秘蚂蚁的生活习性，五年级（8）班在美术课上画起了吉祥物小老虎，四年级（9）班在语文课上寻找了大量与龙相关的古诗词进行学习、诵读，二年级（7）班的吉祥物是小神龙，孩子们在音乐课上学习表演小神龙俱乐部节目的开场曲；六年级的学生们还利用信息课的机会为森林运动会制作海报……每一名学生都在这场学科融合的盛会中找到了自己感兴趣的切入点，参与其中。

2013年，以"环保•运动•大家一起来"为主题的运动会继续秉承学科融合的理念，鼓励每个年级展示出对环保的独特理解。在入场式环节中，二年级方阵利用各种可回收与不可回收的物品自制了表演器材，男孩子们手中所用的小"哑铃"是用废弃的易拉罐装上黄豆制成的，女生腰间的彩裙则是用五彩的包装绳编制的，别出心裁；三年级的孩子们利用废旧纸箱、旧衣物编织了五彩缤纷的遮阳帽；四年级的队伍则用闲置的光盘、旧报纸为自己缝制了机器人战袍和刀剑，还颇有气势地对打了一番；五年级方阵响应学校"要玩就玩得环保"的号召，以废旧报纸、塑料袋、饮料瓶为原材料设计了独具风格的环保服饰……

与传统运动会整齐划一的入场仪式和跑步、跳远、跳高等常规项目相比，基于学科融合理念而开展的主题运动会不但形式新颖，而且承载了更多的教育意义。打破学科壁垒，实现学科间互动与融合的背后，不仅仅是孩子们原生态体验的还原，增强了他们用知识解决实际生活问题的能力，也有利于他们探究意识的培养，在多学科形成的视界融合中滋养其未来创新性成果的萌芽。当我们努力把每一次的活动课程设计得更丰富，更有教育意义时，孩子们的学习生活一定会更加生动活泼、趣味十足。

2012 年森林动物运动会各班吉祥物

班级	吉祥物	班级	吉祥物	班级	吉祥物	班级	吉祥物	班级	吉祥物	班级	吉祥物
一（1）	中华鲟	二（1）	猎豹	三（1）	小蚂蚁	四（1）	凤凰	五（1）	雄鹰	六（1）	鹰
一（2）	天鹅	二（2）	机灵狗	三（2）	蓝精灵	四（2）	熊猫	五（2）	凤	六（2）	猎豹
一（3）	小海豚	二（3）	猴子	三（3）	马	四（3）	麒麟	五（3）	龙	六（3）	鹃
一（4）	鲨鱼	二（4）	蚂蚁	三（4）	龙	四（4）	狼	五（4）	杰出	六（4）	龙凤
一（5）	猴子	二（5）	雨燕	三（5）	小乌龟	四（5）	蚂蚁	五（5）	使者	六（5）	狼
一（6）	蓝鲸	二（6）	独角	三（6）	藏獒	四（6）	老虎	五（6）	羊	六（6）	藏羚羊
一（7）	小老虎	二（7）	飞马	三（7）	海豚	四（7）	马	五（7）	乌龟	六（7）	金雕
一（8）	豹子	二（8）	小神龙	三（8）	龙	四（8）	雄鹰	五（8）	狼	六（8）	麒麟
一（9）	袋鼠		熊猫	三（9）	仓鼠	四（9）	龙	五（9）	虎	六（9）	鹿
				三（10）	羚羊	四（10）	鹰		麒麟		

4月28日快来参加吧！

中关村一小森林运动会

龙卷风

蚂蚁搬家

同舟共济

6年级2班

你最耀眼　不见不散

中关村一小体育

4月28日上午

龙卷风：10个同学一组
绕过三个标志桶，到达
岸后返回，你就是第一

同舟共济：千万不要碰到
地面，稳稳踩在垫子上不
要乱动哦！

蚂蚁搬家：要下雨了
粮食可要快点传到
处。要稳要快，加油

6年级2班　文书周　董天一

我们·森林·动物·共舞 —— 2012中关村第一小学体育节 精彩瞬间

中关村第一

大剧院小演员

2003 年，中关村一小将京剧课程引入课堂。至今，京剧课程已经历了 10 年的发展与完善。从以普及京剧知识为主的校本课程，到"小梅花"京剧团的专业培训，京剧课程培养了一大批学校"土生土长"的京剧人才。这群热爱京剧的孩子们从零基础到走上舞台将所学所练展示给观众，他们历练得淡定从容。

2012 年 5 月，中关村一小的京剧小演员们带着剧目《春草闯堂》再一次登上了国家大剧院的舞台，在这场主题为"弘扬北京精神，做文明有礼北京人——市民高雅艺术殿堂文明行"文艺汇演中，6 个小演员的表现可圈可点：相府丫环春草的扮演者静咏慧塑造了一个活泼、机灵、机敏的小诸葛形象；胡进的扮演者华正阳是"小梅花"金花奖得主，他把一个混迹官场、油滑势利却又错拍马屁的官员形象演绎得惟妙惟肖；4 个"龙套"轿夫也都是兢兢业业，一丝不苟。观众被小演员们投入而出色的演出所感染，现场气氛热烈，掌声笑声不断。

特别值得一提的是，旦角主演静咏慧同学是就读于学校国际部的一名土耳其籍学生，当这个皮肤有些黝黑的小姑娘身着清丽淡雅的京剧服饰，咿咿呀呀地唱道："既道春草太大胆，由我春草去周旋。待到春草到堂前，扳倒葫芦摔倒坛……"台下的观众先是发出了会心的笑声，紧接着便掌声雷动，喝彩声不断。这个入学之初对于中国文化一无所知，甚至连中文都说不了几句的小姑娘，经过4年的京剧学习，如今已成长为一个颇具旦角风范的小演员。

至此，学校京剧团的小演员们已经四次登上了这座全国最高的艺术殿堂，从2009年7月参加北京市教育委员会京剧进课堂成果展，到2010年6月在北京市学生艺术节展演京剧课本剧《包公审驴》，从2012年5月参与"弘扬北京精神，做文明有礼北京人——市民高雅艺术殿堂文明行"文艺汇演，再到2012年6月到国家大剧院聆听"经典艺术讲座"，小演员们在自我展示的同时，也享受着一场又一场的京剧盛宴，特别是一些经典剧目在坚持传统京剧艺术魅力的同时，也融入了视觉京剧、音乐剧和交响乐等现代科技元素，大大开拓了京剧小演员们的视野。

2013年3月，中关村一小天秀校区的孩子们参加了在湖广会馆举行的"国戏杯"救助邓鸣贺及白血病患儿募捐义演活动。我们的学生同戏曲界数名表演艺术家同台演出，小选手们卖力演出，为小伙伴邓鸣贺出一份力，献一份爱。我们的老师和家长也通过组委会进行了捐款。

在一次次的舞台公演中，韵味悠长的唱腔、凝练隽永的唱词、绚丽多彩的服饰造型所蕴含的民族文化已在不知不觉中浸润到孩子们的精神底色中，京剧剧目中所内蕴的道德品质和价值观也随着表演镌刻在孩子们稚嫩的心田里。我们的学生也更加懂得如何帮助他人，领会了"品德成人"的内涵。因此，走进大剧院、登上大舞台，既增加了孩子们的知识和阅历，锻炼了他们临场不乱、淡定从容的心理素质，又培养了他们对于国粹艺术的兴趣。

学校一直倡导学生"有学习也要有生活、要成绩还要特长发展、要成才更要成人"，学生在学习之余走近京剧，每天一字一句地练习，一招一式地揣摩，体会剧中人生的百态，品味生活的味道。京剧，可以是他们的业余爱好，也可以发展成为他们的特长，更是他们学习人生道理的途径。有了京剧的陪伴，他们的生活不再是每天扎在教室里，不再只是关注成绩，而是能够有滋有味地吟唱人生、享受生活。

空中小农庄

"今天午餐就能吃到我们自己种的蔬菜了！"从早上开始，全校的孩子们都在兴奋地期待着。原来，学校的空中小农庄最近结出了许多红色的、黄色的西红柿，还有红色的辣椒和绿色的生菜，多彩的小农庄一派"丰收"的景象，学校食堂决定用西红柿来做汤，让孩子们体会收获的喜悦。果然，午餐的西红柿鸡蛋汤被孩子们分抢一空！

坐落在学校主楼六层平台上的"空中小农庄"是一个占地面积100多平方米的温室大棚，共有"种植区"和"饲养区"两个大区。大棚内生长着四十余种植物，饲养着近十种鸟类和多种鱼类。这里有专业的育苗床，使用立体墙、水循环，用营养液无土栽培植物，用营养土培育各种植物幼苗，后来还安装了LED补光系统。

"空中小农庄"这一创意来源于我们的学生。2011年初，为了丰富校园中的科技元素，学校开展了"我心目中的科技校园"方案征集活动，孩子们广泛参与进来，他们展开丰富的想象，用一张张精美的设计图来描绘出他们心目中的科技校园：神秘的时空穿梭走廊、节能减排的太阳能小汽车、美丽的空中花园、有趣的沙化游戏棋、奇特的飞机发展室等。学校把评选的权利交给了学生，经过民主投票，六年级（5）班子安、文轩等同学的"空中小农庄"创意获得了319票，成功当选为最佳方案。

看来，学生们最渴盼的是在校园里有一个属于他们自己的农庄。想孩子所想，为孩子提供一个可以亲近动植物、亲近自然的农庄，没有比这更能让孩子们满意了！诚然，在被摩天大楼、钢铁水泥包裹的城市里，我们无法真的为学生开垦出一片农田，但是我们可以尽己所能、利用现代技术为孩子在校园里打造一个独特的小农庄。于是，在农科院的大力支持和帮助下，经过一个假期的施工和建设，2011年9月，"空中小农庄"终于诞生了。

生于城市、长于城市、几乎从未见过农田和庄稼的孩子们，从一开始就对"空中小农庄"表现出了极大的热情。从最初只是好奇地来看一看，浇浇水，到后来不怕脏、不怕累地从一楼用花盆把二十多袋营养土搬上六楼；从日复一日、定期观察、测量和记录动植物生长情况，到不怕枯燥、不辞辛苦地了解植物的生活习性、生长周期；从最初的几个人，到现在越来越多的志愿者；从简单的活动场地变成全校很多班级课程的教学基地；从初遇病虫害的惊慌，到积极通过网络或者书籍，查找原因、寻找除害对策，这里不仅丰富了孩子们的知识、更增强了他们解决问题的能力。

从播种、催芽、育苗到移盆、定期浇水、观察、测量、记录、捉虫、治病，孩子们用高昂的热情坚持着，耕耘着，也收获着。茄子挂果了，玉米吐穗了，西红柿由绿变红了，柿子椒绿得晶莹，迷你草莓长出来了，天葵、碰碰香也来凑热闹，鸽子从最初的十几只发展到现在的三十多只，金鱼的品种也越来越多。

毫无疑问，校园是学生生活中最重要的场所，学生的学习生活在这里进行，学生的成长过程在这里发生。因此，许多学校都在努力为孩子们打造一所美丽，乃至豪华的校园。一栋栋气派的教学楼、意蕴深刻的现代雕塑、堪比专业赛场的塑胶跑道，还有宽敞的演讲厅、豪华的体育馆、昂贵的LED显示屏，有的学校甚至还有专业的天文馆和大型音乐喷泉。可是这份"豪华"背后似乎缺少点儿什么，缺少什么呢？缺少植物，缺少动物，缺少泥土的气息，缺少生命的活力，缺少一块让孩子们亲近自然的地方。"空中小农庄"就是中关村一小送给孩子们亲近自然、感受生命成长的一份礼物。

经常有人评价说，我们的孩子只知道学习，动手能力不足，那是因为我们把学校建得太像学园而不像花园、乐园。我们希望建造一所富有生命气息的学校，在这所学校里，不仅有书本上的知识、更要有体验性的实践；不仅能提高抽象的逻辑思维能力，更要让学生感受活泼的生命，感受自然，感受世界。在校园丰富多彩的教育影像里，我们不仅能看到学生伏案勤奋学习的身影，还能更多地看到学生放飞鸽子时那满心的欢畅和手捧西红柿汤时那些写满幸福的脸庞。

与彩蚕宝宝一起成长

大自然是人类最好的导师，是一个丰富多彩的物质世界，可以让人仰观宇宙之大，俯察品类之盛，以其包罗万象、变化万千吸引着孩子们的注意力，激发出他们的创造力。因此学校必须有意识地引导孩子接触自然、探索自然，发挥孩子们的天性，打开他们求索知识的通道。

新学期的科学课本里有一个单元专门介绍"蚕"的故事，考虑到孩子们对蚕的认识只停留在课本中，学校设计开展了"与彩蚕宝宝一起成长，感受生命之旅"的课程，为期4周，让学生亲自养蚕，真切感受生命成长的神奇，从而懂得呵护弱小，珍惜生命。

课程伊始，是隆重的彩蚕认领仪式。各班的"爱心小使者"在学生主持人的带领下手捧"蚕宝宝领养证书"，宣读养蚕誓言，在优美的乐曲声中领到了期待已久的可爱蚕宝宝。来自山东彩蚕研究所的汪聪玲老师给孩子们介绍彩蚕的生活习性以及饲养方法，蠕动的生命，吐丝结茧、破茧成蛾的奇迹深深吸引着孩子们。

本次课程之所以选择饲养彩蚕，而非普通蚕，是因为彩蚕不吃桑叶，只吃饲料，方便学生喂养，但是喂食、清扫蚕舍、观察和记录生长情况，每天的工作量也不轻松。孩子们每天乐此不疲，彩蚕成为教室里谈论最多的话题，蚕宝宝成长日记中记录了生命成长带来的惊喜、孩子们对弱小生命的呵护和对生命力量的尊重：

今天，学校发给我们一些四龄彩蚕，我们班分成各个小组负责养护。到了课间的时候，我把盖子打开一看，只见一只只小小的彩蚕呈现在我们的眼前。它们长着细长的身体，身上好像穿着浅灰色的外衣。它们互相嬉戏，仿佛在表示它们的活泼可爱。第二天一早，当我再次看见彩蚕时却被眼前的一幕惊呆了，只见彩蚕的身体呈现出五彩缤纷的颜色，和昨天截然不同，简直就是天壤之别。

——四年级（1）班 刘天鸣

在养育蚕宝宝的过程中，还是发生了一件不幸的事情。周一晚上，我让一林照顾它们一会儿，结果他不小心摔死了两只。因为他以前没养过，所以大家都没有怪他。后来，我们组就一直由我负责养剩余的6只蚕。

首先，蚕粪需要及时处理，保持蚕巢的干净舒适；其次，需要适量的通风，最好就是有一些通风孔，注意通风孔过大会造成饲料干。最后，要了解它们进食的时间，掌握好喂饲料的次数。

——四年级（2）班 李翰林

今天，蚕宝宝们好像睡着了似的，趴在食物上一动不动，我真担心他们是不是死了。过了一会儿，居然有一只蚕吐出了黄水。这下我可伤心坏了，哭了整整一个晚上。

第二天早上起来一看，那只吐黄水的蚕竟然与伙伴们活蹦乱跳起来，好像昨天的事根本没有发生过，我这才破涕为笑。这或许是蚕宝宝给我的一个小教训，谁让我之前老是不关心它们呀！

今天，蚕宝宝们尤为高兴。在盒子里动来动去，有时还沿着盒壁爬上爬下，好像这个小盒子已经装不下已长大的它们了。看着这10条蚕宝宝一天一天地长大，我是多么期盼它们破茧成蛾的那一天呀！

——五年级（1）班 于沄鹭

在历时一个多月的喂养过程中，孩子们亲历了蚕宝宝的生长、发育、繁殖和死亡的生命历程，和可爱的蚕宝宝共同见证了彼此的成长，成为了最好的朋友。经过一个月的辛勤付出，终于换来彩蚕化茧的无比喜悦。

为庆贺活动课程的圆满成功，见证孩子们的成长历程，学校举行了隆重的"感受生命之旅"颁奖仪式，将"爱心班级""记录明星"的奖状颁发给同学们。同学们经历了蚕宝宝的整个生命历程，接下来要继续精心保存蚕卵，让蚕宝宝开始新的生命轮回。

　　见证过生命，才懂得生命的可贵；施与过呵护，才知道成长的艰辛。成长中的孩子，应该对生命充满敬畏，对弱小充满怜悯。彩蚕宝宝的领养活动，是学生与彩蚕宝宝生命共成长的过程，不仅使孩子们在实践中丰富了自然科学知识，也让他们见证了生命成长的奇迹，从而更加懂得珍惜弱小，珍视生命，学会与自然万物和谐共处。

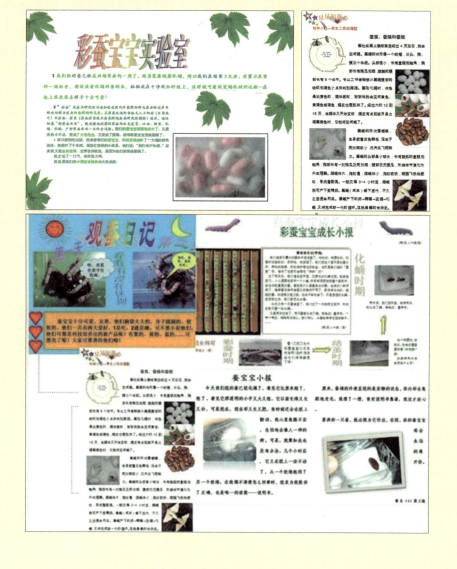

小学生的"大"研究

教导处收到了一份特殊的暑假作业——一本中国科学院东南小区的树木种类分布状况的手绘地图册。地图册上用略显稚嫩的笔记，清晰地标注出东南小区里树木的种类、每种树的位置、具体棵数以及特征，还制作了树叶、树干的纹路拓片，记录了树木周边蚂蚁等昆虫的情况……一个小学生竟能够绘制出如此精细、信息如此丰富的地图册，真是令人大吃一惊。

原来，这本地图册的作者晨桐同学是学校菜单课程"自然观察家"的成员，他平时就喜欢在大自然中玩耍，在得知学校开设了"自然观察家"课程之后，他第一时间选择了这门课程。在一个学年的学习中，他学会了简单的观察自然界的方法，包括测量树木的"腰围"、给树叶做拓片、利用放大镜观察蚂蚁的家等。他被这些有趣的内容迷住了，连上下学的路上都经常停下来观察一下身边的植物、昆虫。

2012年暑假，学校鼓励每个孩子选择身边感兴趣的事物"做一项小研究"。晨桐有了一个大胆的设想，结合在"自然观察家"课程上学到的一些数据记录整理方法，自己可以做一项"大研究"，为自己居住的东南小区制作一张树木种类分布图。晨桐的想法得到了老师和爸爸妈妈的支持与帮助。他不畏酷暑用了整整两周的时间，观察、记录、比较、分析，终于完成了这本漂亮的图册。

在学校菜单课程的设置中，科技类课程还包括"地球上的水""环保DIY""生活中的物理学""奇妙的野生动物世界"等。这些课程都是学校老师与周边科学院所友邻单位共同开设的，其中不少任课教师还是我们的家长。在这些课程的学习中，老师们引导学生更好地认识大自然，更多地关注家庭、社区、学校周边的环境，并结合孩子们的生活学习引导他们开展研究性学习。比如，"地球上的水"和"环保DIY"两门课程联合组织学生外出考察活动，并邀请爸爸妈妈和孩子们一起到海淀公园进行水质监测，中科院的博士们现场为孩子们讲解了水监测的知识，指导学生和家长实地操作，记录数据，进行科学分析，引导学生发现问题和解决问题。

近年来，学校的课程建设越来越多地与周边的社区资源、地域资源结合起来。2012年12月21日，党校校区以"寻找神奇'诺亚方舟'，开启智慧创新之门"为主题，召开了家长"导师团"科普类授课活动的启动仪式，参加启动仪式的是学校新聘请的"少年创新学院"导师团成员，涵盖了来自中科院各院所、中共中央党校、总参三部计算中心、国际关系学院等单位的家长，他们将在新的学期为孩子带来 10 项不同主题的课程学习。

如今，越来越多的博士、硕士、研究人员和专家学者走进小学的课堂，他们带给孩子们的是前沿的科技信息，是严谨的研究方法，是崇尚科学、敬畏生命的学术态度。在他们的支持下，我们感到，我们的校园在拓展，学校的教育在拓展，孩子们的学习空间和学习内容也在不断拓展。

真正有效的学校教育，本就不应该局限在一间间封闭的教室里。事实上，即便是孩子坐在教室里，心中也依然保有对外界新事物的好奇与探究的天性。无论是小桥流水的幽雅情趣，还是大江东去的磅礴气势；无论是朝阳初升时小草上的一颗露珠，还是暮色降临时原野的一缕炊烟，都可能成为学生学习的素材，也可能成为他们探究陌生世界的起点。我们相信，在丰富的社会实践课程学习和广泛的社会实践研究活动中，孩子们会更坚定、更从容地走向"品德成人，学习成才，做事成功"。

"奥尔高"是什么

意大利男孩托蒂有一只十分奇怪的眼睛。从生理上看，这只眼睛完全正常，但它却是失明的。原来，当小托蒂出生时，这只眼睛被轻度感染，为了避免进一步感染，医生就用绷带把眼睛遮住两个星期。正是这种对常人来说几乎没有任何副作用的治疗，对刚刚出生、大脑正处于构建发育关键期的婴儿托蒂造成了极大伤害：他的大脑由于这只眼睛长时间接受不到任何外界信息，就误认为它瞎了，于是原先本该为它工作的大脑神经组织也随之"战略转移"，这只眼睛的视神经发育就此停滞下来，结果就真的失明了。小托蒂的遭遇并非特殊个案。后来，研究人员在动物身上做了很多类似实验，发现结果都是一样的，"用进废退"，这是生物进化的准则之一。

故事的寓意发人深思。身为教育工作者，我们不妨思考一下：我们在日复一日的育人工作中可曾由于无心之失造成了类似小托蒂的悲剧？当孩子对某些知识、某个学科不感兴趣时，我们是否放任自流，使这门学科成为孩子长久的弱势？若是我们积极寻找有效的方式，让孩子改变对弱势学科的态度，迎头追击，也许就能够"用进"而一改颓势重整旗鼓。

奥尔高游戏牌就是在这样的思索中走进了我们的视野。到了中高年级，部分学生在数学方面感到有些吃力，开始因畏难情绪而不喜欢数学，如何让学生克服这种对数学的消极情绪呢？

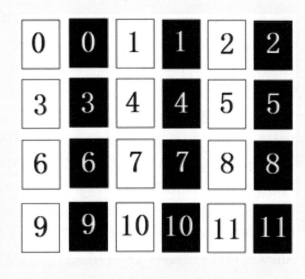

"玩"是孩子的天性，"思维"是数学的精髓。"奥尔高"把这二者有效结合，因其趣味性、广泛参与性受到了学生的青睐。

"奥尔高"产生于日本，是一种使用游戏牌进行的数字式益智游戏。"奥尔高"是 algo 的音译，后者是英文单词 algorithm 的前 4 个字母。这个单词的原意是：阿拉伯数字的运算法则，即在解决问题之前先找原因，然后一步一步思考解决的方法。

这正可以达到锻炼学生数学思维的目的。学校经过研究后便尝试在每年定期开展"数学游戏周"活动时将"奥尔高"纳入其中。"奥尔高"利用数字益智游戏牌，使用印有数字 0 ~ 11 的黑白两色卡片共 24 张（黑白各 12 张）进行游戏。具体操作方法简单、易学，又可以开发大脑、提高智力、锻炼思维、增强记忆、促进友谊。因此深受孩子们的青睐。最重要的是，它使孩子们在不知不觉中"玩"起来，感受到"奥尔高"带给他们的无限乐趣！

游戏是激发儿童学习兴趣的有效方式，正如苏联教育家马卡连柯指出的：游戏在儿童生活中具有极其重要的意义，具有与成人活动、工作和服务同样重要的作用。"奥尔高"的游戏拉近了学生与数学的距离。作为游戏课程，它让更多的学生沉浸其中，享受着数学学习的乐趣，在不知不觉中提升了判断推理能力和有序思维能力。这也正切合了学校开展游戏活动的主题——"我游戏，我思考，我快乐！"

我游戏 我思考 我快乐

——"奥尔高"年级总决赛竞赛方案

【竞赛对象】三年级至五年级学生（经班内选拔，每班4名选手）

【竞赛时间】2012年12月27日（周四）下午3:00—4:00

【竞赛地点】阅览室阶梯教室

【总负责】陈千举

【各年级负责】各年级数学组长（刘锌 甄泽 袁世湘）

【竞赛流程】

一、总体流程

1.主持人宣布竞赛规则和具体流程。

　2.进行比赛。

二、具体流程

　1.分年级进行第一轮淘汰赛（确定三等奖获得者）。

　2.晋级选手集体进行第二轮。

　三年级：$4×7=28$（人）

　第一轮：$28÷4=7$（组），每组淘汰2人，共14人（三等奖）。

　第二轮：$14=4+4+3+3$，共4组；每组淘汰到只剩1个人，共淘汰10人（二等奖）；其余4人为一等奖。

　四年级：$4×8=32$（人）

　第一轮：$32÷4=8$（组），每组淘汰2个人，共16人（三等奖）。

　第二轮：$16÷4=4$（组），每组淘汰3个人，共12人（二等奖），其余获胜的4个人为一等奖获得者。

　五年级：$4×9=36$（人）

　第一轮：$36÷4=9$（组），每组淘汰2个人，共18人（三等奖）。

　第二轮：$18=4+4+4+3+3$，共5组；每组淘汰到只剩1个人，共淘汰13人（二等奖），其余获胜的5个人为一等奖获得者。

　三、裁判安排

　比赛时每组安排一名裁判，年级间互为裁判。

自"奥尔高"数字扑克进入"数学游戏周"活动之后，每年12月的"数学游戏周"就成为孩子们一种热切的期盼。为了让学生进一步感受数学的魅力，让所有孩子更加主动地参与到数学学习中来，爱上数学、享受数学，我们又陆续在各个年级开展了"数独"游戏、魔方等数学益智游戏，并在二年级的菜单课程中增加了"数学游戏"的课程内容。一系列的活动课程使孩子们在学习与参与中，体会到了数学游戏的魅力。

我们从唐诗宋词的墨香中走来

中国的文学传统源远流长，而唐诗、宋词代表着中国古代文学的最高成就，其风骨意蕴在翰墨书香中氤氲至今。作为小学阶段的班本主题研究课程，让学生在流光溢彩的诗歌殿堂里，感受唐诗的风韵，体会宋词的雅致，体味中华民族几千年积淀在其中的审美情趣、生活智慧、情感态度、志向理念等健康积极的文化精华，这是一个全新的尝试。

六年级（9）班开设唐诗课程在很大程度上是受了班上陈启衡同学的启发和带领。启衡同学热爱诗歌，启蒙时即在父母的引导下背诵了大量古体诗，从小学二年级开始，更是拿起手中的笔开始了古体诗的创作之路。几年来，无论是旭旭春日、炎炎盛夏、还是硕果深秋、瑟瑟寒冬，都在启衡同学的笔下化作一首首或清新、或喜悦、或悲伤、或沉思的五言或七言律诗。在启衡的带领下，六年级（9）班开设了唐诗课程，由启衡做小先生教大家一起学古诗、写古诗，经过近一年的努力，班里同学都爱上了写诗。

如果说六年级（9）班的唐诗课程是在一位有诗歌创作热情与特长的孩子引领下开设的，那么六年级7班的宋词课程则是在班主任杨老师引领下孩子们自主选择的结果。杨老师从一年级就开始有意识地引导孩子品读和吟诵古典诗词，不但开设了专门的国学课程，还鼓励孩子们模仿经典进行创作。喜爱国学，热爱写作，这是7班孩子们共同的习惯。

在7班的教室里，我们常常可以看到这样一种情景：清晨绵绵的朝阳中，和着温暖的微风，孩子们手持长卷，低低吟诵着。闲雅赡丽的晏殊、沉郁顿挫的欧阳修、气势豪迈的苏东坡、幽婉深曲的李清照、情思绵绵的柳三变、多愁善感的周邦彦等，是他们特别热爱的经典。孩子们一路从宋词的墨香中走来，渐渐地，孩子们开始自己填词了。

冬日踏雪寻梅，黄畅同学填了一首《青玉案·雪梅》："芦花飞尽雪花来，夜凄凄，雪皑皑。千里江山白银盖，雪中寻路，彷徨时候，忽悠暗香来。腊梅一树雪中傲，不畏严寒独自开。雪压枝头花不败，点点繁红，清香如故，映衬天星海。"

玫瑰义卖结束后，尹欣、吴心晨小朋友一起填了一首《蝶恋花·玫瑰义卖》："葵花园中阳光照，彩蝶飞时，玫瑰嫣然俏。小小蜜蜂辛勤劳，遥寄希望心欢笑。望日莲花现菲芳，黎明破晓，温暖化冰霜。无私奉献慨而慷，赠人玫瑰手留香。"

毕业了，陈祺涵同学有感于小学六年的生活，填了一首《醉花阴·毕业抒怀》："光阴似箭转瞬消，六年短又少。见校园幕幕，忆起往事，温暖心头照。同学不舍伤别离，友谊莫忘掉。别离在今朝，真情若在，何畏路途遥。"

感念师恩，赫芙卿填了一首《卜算子》送给最喜爱的姚老师："风碎残夕寒，云笼娇柳翠。昔日师恩漫萦绕，曾度引前炜。回首望故事，频频诚教诲。人世离别何时见。心花凋消缀。"

学校辑录了这一首首或清丽温婉或奔放豪迈的诗词，为孩子们出版了词集《旗亭画壁 葵园犁歌》作为毕业礼物，并于2013年的7月，专门为六年级（7）班举办了"旗亭画壁 葵园犁歌——六年级（7）班班本主题研究"活动。

在活动中，孩子自填词牌，念奴娇、卜算子、如梦令、点绛唇、虞美人、蝶恋花、青玉案等，在才气纵横的诗词格调中寄托着自己闲雅的个人情趣、甜蜜的校园生活、不舍的毕业情怀、难忘的感念师恩，以及对母校的依依之情。

炎炎夏日，这样一场词会如同一场心灵的及时雨，刹那间把我们带入了一个宛如世外桃源般的清凉世界。在这里，我们看到了诗词在孩子心田里播下的润泽，我们看到一个摈弃了浮躁与功利的纯净的精神世界，那里有坚守在教育之路上的可敬的老师，有沉浸在美丽诗词中的可爱的孩子，更有滋养师生精神成长的可贵的中华文化。

学过音乐的孩子是有灵气的，而学过诗歌的孩子是有气质的。诗作之后，最美好的发展是为之谱曲，我们鼓励孩子们为自己的诗词、同伴的诗词进行谱曲，让孩子们的诗篇不仅能够朗诵出来，更能够吟唱出来；让诗歌带着美好的音符，走向全国，乃至走向世界的舞台。

/ 三 / 科技之光，儿童心中的一抹亮色

儿童的好奇心就像一根导火索，一旦引燃，不但可以将陈旧的条条框框炸得粉碎，而且还能够爆破出一个峰回路转的新局面。在好奇心的驱使下，孩子们的思维在产生灵光的一瞬间，会突破原有的思维定势，爆发出新的创造力。基于这样的认识，我们珍视儿童的自然天性和好奇心，尽可能地让每一个孩子都有机会参与到自己感兴趣的科技活动中，鼓励他们积极参与、勇于创新、挑战自我，在学科学、用科学、玩科学的过程中炫亮儿童生命成长的底色。

让鸡蛋飞一会儿

从 18 米高的楼上把鸡蛋扔出去，如何让鸡蛋完美着陆？作为天秀校区科技节的闭幕式项目，"让鸡蛋飞"项目无疑成为大家关注的焦点。经过前两周各个班级的初赛，共有 120 余名学生进入了决赛。

脆弱到一碰即碎的鸡蛋从高空坠落并保持安然无恙，这是对孩子们聪明才智、动手实践和创新能力的极大挑战，更是对团队精神和集体智慧的全面考验。面对这个挑战项目，学生们已经迫不及待跃跃欲试了。

只听老师一声令下，五楼阳台上的孩子们放飞了各自手中的装备。只见有的鸡蛋着地之后又腾空而起，旋转、飞扬，然后再悠然落地；有的则笨重极了，带着厚厚的装备如陨石般轰然坠地。观赛的老师、孩子、家长志愿者们都目不转睛地盯着这些极具个性的舞姿，时不时地发出连声惊叹："做得漂亮！"

刚执行完放飞任务的孩子们等不及在楼上看鸡蛋着地，就迫不及待地往楼下奔跑，抢在自己的装备着陆的最后一刻赶到楼下，紧盯着它的落地，然后冲上前去，小心翼翼地拾起并检查。随后是蹦跳着的欢呼声"成功了！我

让鸡蛋飞计设图

三年级一班   姓名：金兰

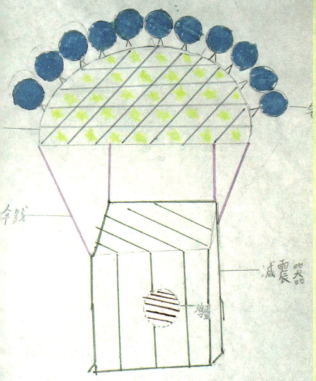

伞线

减震器

鸡蛋

让鸡蛋飞方案设计(一)

三年级 顿天秀

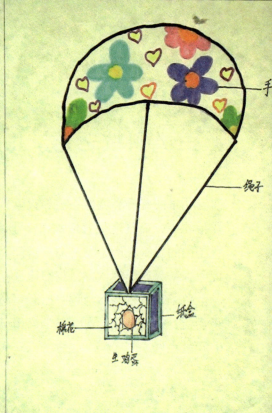

手

绳子

棉花

纸盒

生鸡蛋

鸡蛋撞地球

寄给地球
王思清

我所设计的方案是利用降落伞的原理

第1步： 首先，我们要找一张塑料膜（或塑料袋），再拿两根较结实的线，一个生鸡蛋，和一些充气保护垫。

第2步： 将两根线绳固定在塑料膜上（或塑料袋上）

注：一定要固定好，千万不要出现松动的情况！

第3步： 把绳子紧紧地拴在鸡蛋上。

注：如果用绳子拴不住，可以用胶条把线粘在鸡蛋上！

第4步： 把充气保护垫用胶条牢牢地固定在鸡蛋上，以起到保护鸡蛋的作用。

注：如果没有充气保护垫，可以用纸代替，但要多围几条！

成功了……"现场外观赛的孩子们也爆发出兴奋的尖叫声。

参赛者激动不已，围观者满怀期待，组织者兴致勃勃……活动现场好不热闹。这一幕幕的精彩一刻都被老师们捕捉了下来，更被孩子们深深地印在了脑子里。经过激烈角逐，比赛圆满结束。经过统计，90% 的鸡蛋都安全落地了，远超学校预计的 50% 的成功率！

自从学校发出活动倡议以来，为了使鸡蛋从五楼阳台自由落下并安然无恙，各班参赛选手都在规则允许范围内精心挑选材料，在考虑让装置更轻盈的同时，也非常注重装置的美观。他们积极动脑勤动手，各种装置齐上阵，才有了今天的成功和百花齐放的精彩。

为了让鸡蛋安全着陆，孩子们的奇思妙想真是让人惊叹：有的学生用小吸管作保护支架，有的学生用了里外三层降落伞，更有绝技者竟然让鸡蛋悬浮在一个气球内部中央，外面还包裹着另外一个气球。为了能让鸡蛋安全落地，他们不断进行科技设计、制作、实验，有的虽然失败过很多次，也不气馁，依然坚持改进。实验小组成员齐心协力，不断优化设计，形成最佳方案。

以"科学启智，教育立身"为学校精神的中关村一小经过多年的实践已形成了重视科技教育的独特传统。我们的努力也看到了成效：孩子们在一次次挑战项目中充满智慧的巧妙设计，"不走寻常路"的无穷创意，展现了出人意料的创造潜能。正是一次次的科技项目挑战活动中，学生们享受着比赛和挑战带来的乐趣，体验着创新带来的成就感和满足感。而这份乐趣、成就感和满足感，都成为学生自主发展、追求创新的不竭动力。

更重要的是，这份动力是"自给"的。

"火车跑得快，全靠车头带"，这曾经是一句家喻户晓的名言，它说明了车头带动作用的重要性，一旦车头没有了动力，钢铁巨龙也就瘫痪了。而现代高铁的设计理念则完全不同：每一节车厢都自带动力系统，每一节车厢都靠自己的动力前行，整合起来，就产生了几乎令人难以想象的高速度。

这不由得使人联想到教育：光凭着学校、老师忙前忙后"推"着学生走，虽然也能看到一定的效果，可"推力"一旦消失，学生就会停止不前，教育效果也将化为乌有；相反，若是学生们自己装上了"发动机"，"不用扬鞭自奋蹄"，主动进取，那么教育便可以事半功倍。

那么，什么是学生的"发动机"呢？

我们的答案是兴趣。只有当学生对某事物有了浓厚的兴趣，他才会主动地去求知、去探索、去实践，并在求知、探索、实践中产生愉快的情绪和体验。正如俄国教育家乌申斯基所说："没有丝毫兴趣的强制性学习，将会扼杀学生探求真理的欲望。"所以，学校教育（尤其是小学教育）的关键不是灌输知识，而是有效激发并持续保持学生探究的兴趣，让其积极求知，主动发展。我们认为，能做到这些，就是成功的小学教育。

我是"挑战王"

中午 12：30，在主楼一层的多功能大厅，中关村第一小学第六届"我是挑战王"开赛了。50 组小选手摩拳擦掌，各显神通，观赛同学不时地欢呼叫好，整个现场气氛十分热烈。

经过激烈地角逐，比赛成绩出炉了：

高高的纸结构：

一年级挑战王：一年级（2）班金智涌、许欣怡，成绩：43cm

二年级挑战王：二年级（5）班袁哲、程昊阳，成绩：46cm

三年级挑战王：三年级（8）班高梓翔、白家祺，成绩：65cm

不落的太阳：

五年级挑战王：五年级（4）班王奕人、高艺梦，成绩：145cm

纸飞机直线距离：

三年级挑战王：三年级（5）班张英杰，成绩：16.5m

四年级挑战王：四年级（7）班谯望，成绩：18.3m

学校挑战王：

五年级（3）班陈正非，成绩：22.2m

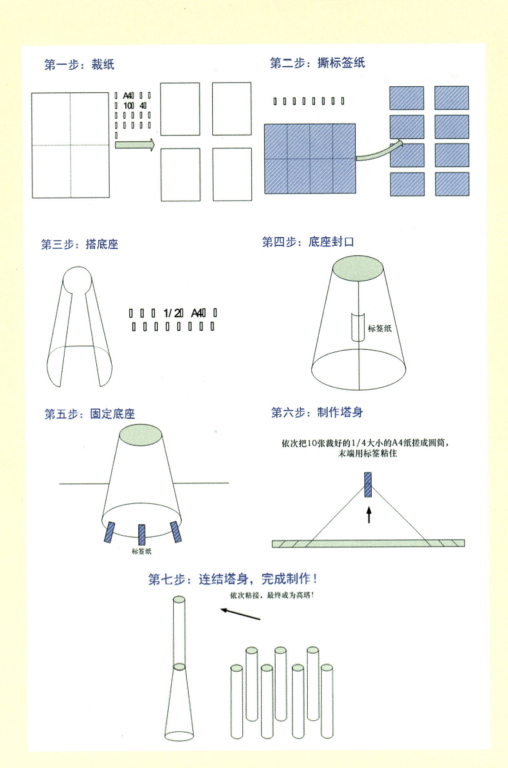

第一步：裁纸

第二步：撕标签纸

第三步：搭底座

第四步：底座封口

标签纸

第五步：固定底座

标签纸

第六步：制作塔身

依次把10张裁好的1/4大小的A4纸搓成圆筒，末端用标签粘住

第七步：连结塔身，完成制作！

依次粘接，最终成为高塔！

纸飞机留空时间项目：

四年级挑战王：四年级（7）班徐亦达，成绩：4.39 秒

五年级挑战王：五年级（3）班陈正非，成绩：8.03 秒

高高举起奖牌的孩子兴奋而自豪，加油助威的孩子有的啧啧称叹，有的信心满满——"下个月，我也要参加！""我一定会想办法让自己的飞机飞得更远！"比赛是短暂而紧张激烈的，可每次孩子们都显得那么意犹未尽……

说起"我是挑战王"的缘起，那还是 2011 年 10 月科技节的时候，学校举办了一个全校性的挑战王比赛，内容是 DI 的一个项目，即每人发三张 A4 纸，8 张有粘性标签纸，制作一个尽可能高的结构，8 分钟内看谁搭得最高。赛前宣传时，由每班先派两个孩子学习比赛规则，学完后回班教本班所有同学，从班级中评选出各班的挑战王来角逐学校挑战王。

这个活动由于学生自主创新的空间较大，趣味性强，再加上比赛时间短，比较容易组织，因此广受欢迎。少年科学院的小院士们经过讨论，决定把每月的 27 日定为"挑战王日"，遇到周末就顺延至周一。在"挑战王日"，每个人都可以向挑战王发出挑战，当天成绩最好且超过以往最好成绩的选手成为本次挑战王，可获得挑战王奖杯。

到第四个挑战王日时，比赛项目由原来的一项"高高的纸结构"，又增加了"不落的太阳""纸飞机直线距离""塑料高塔""纸飞机留空时间"等多个项目，指导老师也由 1 名变成了 3 名，并且发展了十几名学生志愿者参与活动组织。比赛形式也有了新的变化，由原来的竞技比赛变成了竞技与娱乐相结合，比赛场地也由原来的室内变成了室内外都有。奖杯也由原来的流动奖杯改成了学生可以自己永久保存的金牌，上面还刻有姓名、日期、参与的挑战王项目名称，这样孩子们还可以不断地与自己挑战、突破自我。

"我永远也忘不了 2012 年 4 月 27 日那一天，在那一天，我赢得了自己人生当中的第一块金牌！"六年级的正非同学在作文中这样写道。这块金牌便是"挑战王日"活动"纸飞机直线距离"比赛的冠军。

小正非不仅是"纸飞机直线距离"的挑战王，在 2012 年 11 月 27 日的"纸

飞机留空时间"项目上他又刷新了记录，创造出 12.3 秒的最新学校挑战王记录。现在同学们见到他，已经不直接叫他名字了，而叫他"双冠王！"

设计每个孩子都能参与的活动，这是学校开展科技活动课程的重要原则。我们希望在这样广泛的参与中，让学生真正体会到，科学并不神秘，研究无处不在，只要你参与，只要你敢于挑战。"挑战王日"不仅是孩子之间的挑战，更是孩子们对自我的挑战。

事实上，在我们的校园里，"挑战"是一个高频词汇。相较于传统的保护、灌输、训导式教育，我们更倡导放手、实践、自主选择的教育方式，为学生提供适宜的环境，鼓励他们在安全的环境中去挑战、去创新。敢于挑战自我

的人，才能真正战胜一切困难。我们希望中关村一小的学生都能有这种无惧挑战、战胜一切困难的勇气和屡败屡战、坚韧不拔的意志，为未来迎接更多的挑战和攻克更多的难关做好智力和品格上的准备。

屡创佳绩的 DI 社团

2012 年 5 月 23 日到 27 日，这是让中关村一小 DI（头脑创新思维）社团的孩子们永远铭记的日子，在美国田纳西州立大学举办的第 30 届青少年创新思维全球总决赛中，在全球 1275 支参赛队、10000 多名参赛选手的激烈竞争中，我们的孩子层层闯关，取得了 A 组"需要组装"项目第一名、B 组"太阳能舞台"项目第三名、E 组"拿好！别动！"项目第十三名的好成绩。此次竞赛中国共有 60 余支代表队参加角逐，共有三支代表队获得前三名的成绩，中关村一小独占两项，同时也实现了中国小学生在国际创新思维竞赛中金牌零的突破！

所谓 DI，即头脑创新思维竞赛，是英文"DESTINATION IMAGINATION"（目的地的想象）的缩写，要求参赛者自己设计活动方案、情节、制作工具，小组齐心合力共同完成设计的目标。DI 活动旨在培养人们三个至关重要的生活技能：创意、团队与问题解决。在这一点，DI 社团的孩子们给出了最好的诠释。

以第 30 届青少年创新思维全球总决赛中 E 组"拿好！别动！"项目为例，这是一道"结构题"比赛——在自制的木结构上加放杠铃片比承重比。题目看似很平常，可赛程却是险象环生。在比赛进行到第 5 分钟时，一个重要的比赛传输装置（投手）被一名队员不小心给撞坏了，总共才 8 分钟的比赛时间，不可能再临时组装出更好的工具来代替，只好紧急处理，用备用胶带做简单固定，小心翼翼地继续完成任务。场外带队老师、队友们的心都揪紧了，可孩子们没有一个放弃的，他们坚持着继续以最好的状态比了下去，用残破的装置完成了绝大部分任务。同队表演组的同学则拼尽全力以寻求弥补，他们精彩的表演得到了裁判组的一致认可，部分地挽回了前面的失利，最终取得了总分第十三名的好成绩。

挑战 B 组"太阳能舞台"项目的规则则是舞台全黑，舞台灯光全由参赛队设计、提供。比赛时空旷的赛场漆黑一片，完全陌生的场地，置身其中，心里都不免有些发怵。可小选手们熟悉完场地后马上就开始了紧张的准备工作，完全顾不上时差带来的困倦，连夜组装、调试，直至所有道具都能正常工作，又抓紧进行赛前彩排练习，以确保比赛过程中的万无一失。功夫不负有心人，孩子们的精彩表演赢得了全场持续 1 分半钟的掌声，裁判也连声赞叹："Perfect action！"遗憾的是，比赛时还是有一个灯出了点儿问题，影响了全场的灯光效果，虽然表演很成功，可却影响了长期题的得分。但大家并没有抱怨，也没有气馁，相互鼓励，在即兴题比赛中获得了 97 分的好成绩，最终

取得小学组总分第三名的好成绩。

成绩的取得不是偶然的。DI 社团自 2006 年成立以来，每年都会参加海淀区、北京市头脑创新思维（DI）竞赛及头脑奥林匹克竞赛（OM）比赛。赛绩辉煌。

2006 年参加北京市 OM 比赛《丛林小子》项目获小学组第一名。
2007 年参加北京市首届 DI 比赛《转换传统》项目获小学组第一名。
2008 年参加世界 DI 总决赛《冲击波》项目获小学组第十名。
2009 年参加全国 OM 比赛《飞行表演》项目获小学组第二名。
2010 年参加全国 DI 比赛获三个一等奖，其中两项获第一名。
2011 年参加全国 DI 比赛获四个一等奖，其中三项获第一名。
2012 年参加全国 DI 比赛获五个一等奖，其中两项获第一名。

日本作家大前研一在其著作《低智商社会》中曾严肃地提到：时代的发展并没有相应地提高人们的智商，反而使人们的智商在逐渐地衰退。其原因就在于人们过度依赖科学技术，喜欢用搜索引擎寻找一切答案，这使得许多人的阅读能力、思考能力、动手能力都在下降，甚至连辨别是非的能力也在下降。为此，作者大声疾呼：把思考寻找回来，把动手能力和创新能力找回来！

这样的疾呼足以撼动每一个教育者的内心。在鼠标一点就可以知道答案的今天，知识的获得变得相对容易，对"能力"的培养就被置于更显著的位置。要想使我们的孩子保持思考和创新的能力，抵御"低智商"潮流的侵袭，我们必须在教授学生知识的同时，更关注学生创新思维能力的培养。DI 社团的组建正是基于这样的思考。

实践证明，在 DI 活动中，孩子们的动手动脑能力和创新思维能力得到了很大提高。这必将成为孩子们进一步成长的坚实基石，伴随着他们在人生的征途上取得一个又一个的成功。

我们一起放风筝

阳春三月，春暖花开，在室内蛰伏了许久的人们都愿意走到室外，舒活

舒活筋骨，天性活泼好动的学生们更不例外。学校也根据学生的提议在"挑战王日"设置了放风筝这一项目。为了提高挑战性和趣味性，本次挑战王日"风筝"比赛的项目分为4个子项目——"谁的风筝最大""谁的风筝最小""谁的风筝最长"和"谁的风筝最怪"。

早在一个月前，学校就向全体同学宣布了风筝比赛的规则和注意事项，并通过风筝海报、PPT、广播宣讲等途径向学生讲解风筝的做法，之后向学生发放了制作风筝的主要材料——竹条。同学们拿到竹条后开始在班主任、科学教师和家长的带领下制作风筝。因为我们的风筝挑战项目并不以传统的放得高为标准，而是以"最大""最小""最长""最怪"为标准，每个学生都可以在四个项目中按自己的喜好选择一个进行钻研。有的专门研究着做出一个最小的还能自如飞翔的风筝，有的想办法将风筝做成狭长的形状，去挑战"谁的风筝最长"；有的动起了"鬼点子"，在款式和图案上别出心裁，做出"最怪"的风筝。

"挑战王日"到来了，所有的孩子们都携着自己的宝贝上阵，饶有兴致地放飞起了自己的风筝。一时间，一小的校园上空飘荡着各式各样的风筝。长达5米的龙风筝、印着"麦当劳"字样的纸袋风筝、巴掌大小的彩蝶风筝、栩栩如生的飞鸟风筝等，时而飘摇回旋，时而直上蓝天，就连不少教师都不由驻足观看。

风筝比赛是"挑战王日"传统的延续和创新，它在同样饱含技术元素的前提下，更具有时令性、更贴近学生的生活、更有"家常"的味道。连平时对科学没那么感兴趣的同学都乐于加入其中。

不让一个孩子当观众，"挑战王日"活动为每一位学生提供一个探索、创造、挑战的实践舞台。它是我们学校科技系列活动的浓缩，是学校办学特色的呈现，更是全体师生魅力展现的一个平台。当越来越多环保又贴近生活的科技项目加入到其中，"挑战王日"将更进一步成为学生的"快乐日"。

走进航天城

过去，一本教材就是老师和学生的世界，教材中的知识就是学生努力钻研的全部，而老师所有的教学活动也都围绕其展开。如今，我们把身边生活的世界作为教材，无论校园内外，环境资源、社区资源、家长资源……都是有待我们挖掘的教育宝藏，凡是好的教育资源都可以为我们所用，为学生服务，让学生在广阔的天地里汲取知识的滋养。

当得知能够去参观航天城时，"航天知识"菜单课程的孩子们兴奋极了。对于大多数一年级的孩子来说，像"神舟"九号、"天宫"一号这样闪亮的名词一般只在电视报道上听过或媒体杂志上见过，从没想过有一天居然可以亲身感受祖国火箭、导弹、卫星、飞船等辉煌成就，亲眼目睹航天英雄的风采并聆听教诲。这些热爱航天科技的孩子们早早就开始期盼这次旅程了。

本次课程的主要内容是参观体验"人因工程国防科技重点实验室"，当孩子们一走进中国空间技术研究院展览厅时，立刻惊叹起来。整个展厅仿佛是一个浩瀚的太空，运用了图片、模拟器、影片等多种手段再现了中国几代航天人走过的艰辛历程和取得的非凡成就。其中最引人注目的当属竖立在大厅中央的神舟号载人航天飞行器模型，以及神舟六号返回舱的实体。孩子近距离接触着这些珍贵的展品，更加真切地感受到了载人航天技术的伟大，体会到每一项成就的取得都是我国几代航天人艰辛与汗水的结晶。

模拟失重训练水槽更令孩子们大开眼界，这一池碧水看似平淡无奇，却能够模拟航天员在太空作业时失重的感觉，是航天员训练的重要装备。将1∶1的航天器放入水槽中，航天员便可以进行各种失重训练，如开关气闸舱门等，甚至能够模拟舱外行走的全过程。

"太神奇了，这就是'神舟'六号啊。"一群孩子两眼放光地盯着"神舟"六号实体。几个男生对模拟失重训练水槽尤其感兴趣："原来失重感就像游泳时的感觉呀，哈哈，真好玩。"孩子们发自内心的惊叹着，第一次如此近距离地领略到了航天技术的神奇和高端，祖国的航天事业也在孩子们幼小的心灵留下了深深的印记。

同样被深深震撼的还有观看新能源汽车的学生们。新能源汽车是我国战略性新兴产业，发展新能源汽车是我国应对世界气候变化，保障资源安全，减少温室气体排放，防止城市污染的重要途径之一。所以，学校利用社区资源，组织学生来到中央党校新能源汽车体验中心参观。孩子们先是聚精会神地观看了《中国（上海）电动汽车国际示范城市》宣传片，然后又悉心聆听了科技日报王社长、中央党校副校长陈宝生以及上海市委常委、副市长屠光绍等领导对新能源汽车的介绍，从而了解到新能源汽车在中国的地位与价值。学生们听完后内心都格外激动：作为新时代的少年，我们有义务、有责任为保护国家资源做出自己的一份贡献，保护了环境就等于保护了我们自己！

到航天城去观摩学习航天知识、到中央党校去体验新能源汽车都是学校融合社区资源，实行开放办学的重要实践。学校充分挖掘自身独特的区域资源并加以整合，构建资源丰厚、渠道多元的课程资源群，包括林业大学百奥协会、北京教学植物园、中国航天员科研训练中心、中国科学院等，为学生走向社会和实践体验提供了广阔的学习平台。目前，学校已经有几百名学生走进航天城，上千名学生走进中科院、中央党校、植物园……

提供什么样的课程，就能培养出什么样的学生。培养具有广阔视野的人才，是学校的课程目标，也是学校的责任。因此，学校关注的不应是学校本身这一个点，而应当是以学校为核心、向周边社会拓展的同心圆。在这里，不仅是课本、教室，大自然、博物馆、科普基地等都是学生成长的教材，只有在社会大课堂中，才能培育出具有宽视野、大胸襟的人才。

蜂音班级

2011 年 9 月份，新学期一开学，孩子们惊讶地发现学校每层的楼道中间都挂了一个方盒子，盒子中间一排红色的小灯会随着楼道里声音的变化时亮时暗，亮起的灯盏数时多时少。

原来，这是一个噪声测定装置。学校与中科院声学研究所合作，设计并安装了这套装置，它的终端显示器设在主楼一层的大厅中。每个孩子都可以通过操作触摸屏，了解和对比自己班级和全校各个班级走廊里的噪声情况。这个发现很快让噪声成为校园里热议的话题，孩子们在不断关注和尝试着这个小装置的变化，讨论着校园里不同地点的噪声数值。

之所以要安装这样一个噪声测量器，是基于两方面的考虑。首先，它是学校科技校园建设的一项内容，让科技元素和学生的校园生活结合到一起，帮助学生学会在生活中开展研究，在研究中认识科学是引导学生参与研究性学习的一个重要渠道。其次，它也是学校自主德育的辅助措施之一，让孩子们自己发现问题，分析问题，主动校正自己的行为，自觉做到轻声慢步。

大队部的小干部共同制定了"蜂音班级"评选的方案，每月噪声平均值

2012年2月蜂音班级		
号	分贝值(dB)	班级
	64.03	四7、四8、四9、四10
	66.12	四1、四2、四3
	66.16	二1、二2、二3、二4
	66.17	六7、六8、六9
	66.3	五7、五8、五9
	66.76	四4、四5

最低的班级将获得"蜂音班级"的奖牌,"We 大战噪声"活动正式启动了。很快,孩子们自觉行动起来了,有的学生发现自己班级前的楼道噪声比较大,主动在课间到楼道里提醒大声吵闹的学生。"请说话轻点儿声!""请不要在楼道里追跑!"玩耍的孩子悄悄把阵地转移到了操场,课间活动更多变成小声聊天、阅读课外书籍、下棋等益智游戏……孩子们开始享受到更为舒适的课间 10 分钟,也学会了在放松自己的同时关注他人的感受。

从一个小小的蜂音班级创意,我们感受到的是现代科技与教育的融合。事实上,校园里呈现的科技元素还有很多,比如师生利用太阳能电子板所设计的太阳能路灯为晚上训练的篮球队、排球队队员照亮场地;基于触控面板装置设计出的智能触摸屏为学生随时了解学校发生的事情提供了平台;学校主席台前的液晶大屏幕为学生在升旗仪式上进行自我展示提供了便利;基于计算机和网络技术的学校活动实况转播、电子资源共享、校园网、无处不在的上网环境等为师生成长与发展架起了信息沟通的桥梁;四楼小厅的流动科技馆更是利用声、光、电等现代科技元素为学生打造了一个生动的科普宣传教育环境。

从科技校园到数字校园,再到云学校的打造,我们渴望的是打造一所支持各种智能终端、设施、设备联网的数字环境,一个统一、规范、科学的管理资源平台,一个面向校园、社会和家庭的超越时间和空间的数字社区。

第三章

课堂是儿童生命绽放的地方

中关村一小以自主立校，在自主教学理念的指引下，致力于构建一种润泽的课堂生态：不同发展阶段、不同成长需求的孩子都能拥有适合自己的不同的学习目标；课堂气氛自由愉悦，师生之间平等对话，是彼此的知心人与成长伙伴；教学过程注重创新，教学内容不局限于教材，教学方式因材施教；学生能够自由、安心地畅所欲言，发表独特的见解……

在这样的一种课堂生态中，教师承担着服务者、支持者、帮助者的角色，能够基于学生的真实成长需求有效整合各种学习资源；学生是课堂的主人，能够真正地动起来、学进去、感到有兴趣；师生之间心灵相通，课堂真正成为学生生命绽放的地方。

/ 一 / 把课堂还给学生

我们每天都在课堂上与学生进行成长的传递，学生们知识的积累和能力的增强通过一堂又一堂课积累起来。一节课到底能带给孩子什么？在自主教学理念的引领下，我们倡导将课堂还给学生，给予学生自主探究的空间，教给学生自主学习的方法，悦纳学生天马行空的奇思妙想，甚至让学生站出来成为小先生，我们希望学生能够成为课堂的真正主人。

小先生助教

体育组的小范老师在教授少年拳课程时，发现部分学生流露出不爱学、懒得学甚至是厌学的情绪。为了更好地调动学生练拳的积极性，小范老师开始尝试使用分组自学法，5~8人为一组，每组根据学生自愿申报和对拳法的掌握程度，确定至少一名小先生。

　　小范老师在课前对 6 名小先生进行了有针对性的教学培训。在教给学生拳法基本要领之后，师生们一起就如何更好地教会同学开展了讨论，初步达成共识：①小先生要在课下反复揣摩和练习少年拳的动作要领，对于每一套动作的重点和难点做到成竹在胸。②不设统一标准，根据学生差异确定不同的学习目标，特别是难度较大的动作，如搂手钩踢、跃步冲拳和砸拳侧踹中的"钩""跃""踹"，视学生实际情况确定标准。③针对接受和理解能力不同的同学，要注意不同的教学方法，或引导，或激励，或帮助，进行个性化的指导。

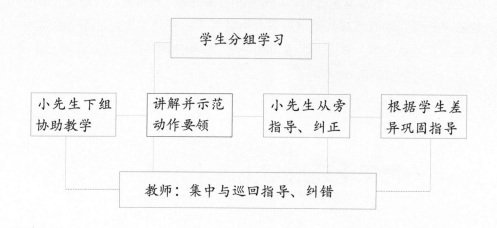

小先生助教流程图

　　为了检验"分组自学法"的教学效果，小范老师选取了一个平行班作为对照组，不设小先生助教。实验前，小范老师通过跑步、蛙跳等方式对实验组与对照组学生的耐力、爆发力和身体协调能力进行了测试，经统计处理，$p > 0.05$，两样本无显著性差异。实验组与对照组学生身体素质基本相同，可以排除由于身体素质差异而产生的影响。而少年拳，两班同学均未学习过，基本条件是在同一水平线。在实验组实行小先生助教后，两个班成绩对比如下。

技评成绩比较

对　象	$x +- s$	P
实验组	8.10 +- 0.86	$< P$
对照组	7.35 +- 0.94	$< P$

技评成绩分布表

对象	优秀	良好	中等	及格	不及格	百分率（%）
实验组	5	8	9	3	0	100
对照组	1	6	8	6	2	90

　　如技评成绩比较表所示，实验组与对照组的教学时间相等，前者实行小先生助教，后者采用传统的教师讲授法，之后进行技术测试，所得成绩经统计处理，$P < 0.01$，出现显著差异；技评成绩分布表显示两组学生成绩分布有着不同的特点，说明小先生助教对实验组学生的学习具有比较明显的促进作用。课后，小范老师就小先生助教的教学方式对学生进行了随机访谈，发现实验组学生的学习积极性明显高于对照组，而且不少学生都流露出渴望担任小先生的愿望。

　　事实上，小先生助教已经被老师们广泛应用于各科教学。数学石老师利用学生之间的差异，在班里开展了"流动兵教兵"的活动，根据学生不同阶段的学习进展，分组设立小先生进行辅导；每隔一个单元进行调整，引导学生在争当小先生的过程中获得成功体验，并激发学习的热情与动力。在这样的激励和引导下，孩子们的数学学习热情渐渐高涨，许多学生都如愿当上了小先生，能够绘声绘色地讲解和梳理课堂上学过的知识，并在指导同伴学习中加入自己认为更有效的学习方法。不少孩子留恋小先生的位置不愿下来，甚至有数学成绩不太好的学生也主动向石老师表达了当小先生的积极意愿。

　　石老师渐渐意识到：让学生当小先生是一种非常有效的学习方法。为了当好小先生，学生需要把课堂上学到的知识从头到尾地进行梳理，并顺畅地表达出来，这样能理解得更加深入，掌握得更加牢固。而是否能当小先生与成绩高低并无必然联系。因此，石老师将当小先生的机会渐渐普及每一个孩子，通过同伴之间的自由组合，让学生互为小先生，梳理和总结老师所讲的重点、难点，介绍自己的学习方法和经验。

小先生助教还被拓展到了学校的活动课程中。每年读书节的一个重要环节就是聘请高年级学生担任小讲师，为低年级小同学开展一次读书讲座，或介绍适合低年龄段孩子阅读的书目，或为其推荐有效的读书方法，大手牵小手一起畅游书海。许多高年级学生为了当好这次小先生，都会精心挑选和整理阅读书目，制作精美的PPT，设计生动有趣的互动环节，并在同伴或家人面前进行多次试讲。还有每周的升旗仪式，每个月的德育学堂，每一学期的节日课程，甚至每一年的新年联欢会，都能看到小先生助教忙碌的身影。

在影响学生行为的各种因素中，同辈群体是最强有力但也是最容易被忽视的一种因素。从某种意义上来说，同辈群体可以被视为隐性课程的根源，它能影响甚至教会学生许多东西，比如如何更有效地学习、如何表现才能赢得同伴的认可、如何与教师交谈等。它通过同伴之间一些默契的规则，甚至在潜移默化中形成同辈文化，进而影响和促进学生学业的进步。推行小先生助教，让学生变成小老师去教自己的同伴，正是基于这一认知的尝试。

小先生是以教人者教己，他对于所教的功课至少要有双倍深刻的理解，不但要明白这一节课的内容和意义，而且要想方设法把他明白的教给同伴。更重要的是，小先生助教因其与被教者年龄大致相当，所以能与学习者拥有共同的思维方式和话语体系，孩子之间更易于接受、沟通和交流。同时，这一策略也教会高年级学生以一种尊重、平等的意识对待低年级学生，培养了学生的同理心和交际能力。

教育不只是知识的传递，比知识更重要的是一颗颗被唤醒的心灵，一个个被擦亮的生命。当孩子们人人都力争成为小先生的时候，他们获得的必定不只是知识和能力，更有自信、宽容、沟通、合作、善良、责任感等足以滋养一生的品质。

从授"鱼"到授"渔"

古人云："授之以鱼，不如授之以渔。"说的是传授给人既有知识，不如传授给人学习知识的方法。小岳老师在课堂教学中给学生进行了"授渔"的探索与实践。

在讲授六年级数学《观察物体——搭一搭》一课时，小岳老师确定了这样的学习目标。

①能正确辨认从不同方向（正面、左面、上面）观察到的立体图形（5个小正方体组合）的形状，并画出草图；

②能根据从正面、左面、上面观察到的平面图形还原立体图形（5个小正方体组合），进一步体会从三个方向观察就可以确定立体图形的形状；

③能根据给定的两个方向观察到的平面图形的形状，确定搭成这个立体图形所需要的正方体的数量范围。

结果，上课还不到20分钟，老师利用课件并通过让学生自己动手拼摆等形式，很快就达到了上述目标，而且大部分学生觉得很简单。随后岳老师根据以往的经验，把学生容易出错的练习题由易到难进行组合，对学生进行了训练，一堂精讲精练的数学课就完成了。但孩子们的课后反馈却表达出对这样一堂课的不满足："要是让我们多动手自己试试，再增加点儿难度就更好了！"

面对孩子们的不满足，岳老师对这堂课的教学方式进行了反思：课件和实物操作因为"直观"地呈现了问题，使观察物体变得简单。若学习止步于此，显然只是既有知识的传授。但若增加一些挑战性问题，引导学生自主探索观察物体的多种策略，那就让课堂内容从简单的知识传授自然过渡到对学习方法的引导和探究上，学生自主探究的空间加大，学习的难度也会适当增加，这样学生就会获得探究与发现的愉悦和满足感了。

于是，在第二个班的教学中，岳老师给学生提出了一个非常具有挑战性的问题："同学们，在我们以前的学习中，已经学过观察由小正方体组成的立体图形，如果小正方体的个数增加到5个，而且观察的角度也增加到上、下、前、后、左、右6个，你们还能想出来吗？下面，我们来亲手操作一下，思考一下。"

紧接着，岳老师在电脑上制作了一个立体图形，要求学生展开想象，想想从上、下、左、右、前、后6个方向观察会看到怎样的图形，并画出所能看到的图形形状。这样非直观、充满了想象逻辑推断的问题立刻使学生兴趣高涨，孩子们很快就投入到新的研究之中。对于拿不准的地方，学生们还自发地组成小组进行讨论，有的学生还亲手制作了一个空间立方体。

一堂课上下来，结果真是出人意料，学生们研究出好几个观察立体图形的好方法。

"你们看，如果从上面看，我们可以把每一个小正方体的上面都拉到最高处，就可以直接画出来了。"

"如果让我们画它从后面看的样子，你可以先想出从正面看到的样子，然后把纸翻过来看看背面就行了，也可以左右翻个个儿就行了。"

"还可以用手中的小正方体摆一摆，先找找空间图形的感觉，这样就容易多了。"

......

这些观察空间图形的方法真是巧妙！岳老师在孩子们观察基础上，带领学生进一步探索，通过对比观察，引导学生发现从前、后两个方向观察得到的图形是左右对称的，从上、下两个方向观察得到的图形是上下对称的，从左、右两个方向观察得到的图形是左右对称的。

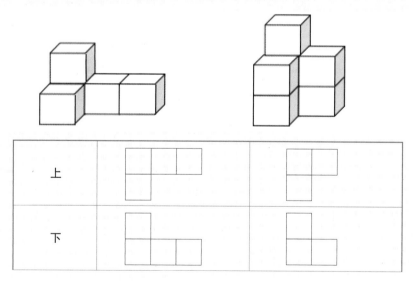

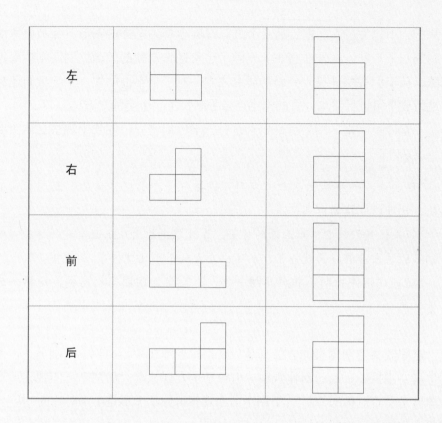

　　把探索与思考的权利交给学生，让学生动起来、学进去、感兴趣，这是学校自主教学的行动理念，现已成为许多教师的共识。在教授《一天的时间》时，井老师引导学生在线段上寻找普通计时法与24时计时法之间的联系，并在线段上表示一天24个时刻的循环往复，最终学生们自己把1～24时画成了一圈，顺利找到了线段与时钟之间的关系。看到自己制作的"超级钟面"，孩子们深深感受到了数学带来的快乐。在《百分数的认识》一课中，滕老师为不同层次的学生制定了不同的学习目标，学生的学习活动清晰地呈现出"独立思考→书面表达→同伴交流→集体分享"的流程，学生在与同伴的思维碰撞中建构着百分数的意义，并获得了积极的情感体验。

　　当前，知识信息极大丰富，个人的心灵已经无法把所有的知识都完整地学到手，学校的课程也已没有能力承载人类的所有知识。在这种境况下，如果还固守传统的以传授知识为目的的教学，无疑是对学生身心的一种压抑和摧残。与具体的知识相比，教会学生自主探究的方法对学生未来的发展更为重要。正如《学会生存》中所指出的，"教育必须是从学习者本人出发的"。从行为的参与到思维的互动，再到情感的共鸣，在这一过程中，学生体验了想象、探索、思考和发现等过程，学生的主动性得以充分发挥，由"鱼"的直接获得者，变成了"渔"者。对学生而言，学习的乐趣正在于此；对教师而言，教学的真谛也正在于此。

以问题激发问题

这是王老师的一堂语文课。在学习《在炮兵阵地上》一课时，王老师设置了一个开放性问题，让同学们谈谈自己对文章的感受。一个同学就文章中彭德怀总司令的人物形象提出了疑问："我觉得彭总司令是个乱发脾气的人，从文中'你这个团长，撤职！送军法处'可以看出彭总司令是个乱发脾气的人！"

听到这个答案，王老师心里一惊，这篇文章本意是赞扬彭总司令的高贵品质，学生怎么会冒出这样的想法？再看其他学生的反应，点头赞同者竟不在少数。这时，如果直接否定学生的观点，势必会打击学生主动思考的热情，让孩子很"丢面子"。于是，王老师改变了原来的教学设定，决定让学生们自主讨论对这个问题的看法。

于是，孩子们就此问题展开了激烈的辩论。

一个学生说："我也认为彭总司令是个爱发脾气的人，当他看到把改建弹药库的事耽误了，就'电闪雷鸣'地发作了，这个词形容快、急。所以我认为彭总司令遇到事情就很快发作，证明了彭总司令爱发脾气。"

另一位同学站起来反驳道："我不同意，从课文第二节看出前沿阵地上，团长有些问题回答不出来，彭总司令脸色有些不好看，说明他担心祖国，但还是忍着没有发火，但看到弹药库修在前沿阵地，不符合标准就再也忍不住了，此时更能说明彭总司令认真负责的工作态度！"

一石激起千层浪，同学们纷纷举手发言支持第二位同学的见解。之前那位认为彭总司令乱发脾气的学生也急得站起来说："我又有新的看法，联系上文，当彭总司令问几个首长谁到过这里，听到并看到弹药库的问题，而忙于别的事把改建耽误了，才发作的，是一忍再忍，此时大家想一想彭总司令心里是非常着急的，弹药库这么重要的地方不被人重视，敌人只要一发炮弹就可以使我们灭亡，难道出了这么严重的问题彭总还不能发火吗？此时他心里想的是祖国、是全国人民。"

从这一番话中，可以看出这个孩子经过认真阅读文本，重新认识到了彭总司令对工作的负责，体会到了文章的主旨和用意。此时无需老师过多地讲解，学生已然在与文本的对话中实现了真正的领悟。

此刻，王老师也暗自庆幸刚才没有因学生的提问不在预设之内而置之不理，也没有因为学生的答案"离经叛道"而擅加评论，而是给学生充分的时间和空间，让学生自己去讨论、去求得答案。

罗素曾经指出，学生的观点自由是儿童在学习过程中必须予以保证的三种自由之一，是学生独立思考、自主学习的重要表征。强调学习者在学习中的主动性、积极性和发展愿望，这正是我们一直倡导并推行的教学理念。应该努力给学生提供时间和空间，让学生自主去感悟、自主去体验、自主去探究。课堂并非是设定好的程序，教师更不应该扮演程序执行者的角色。课堂应该是灵动的、鲜活的，教师应该是包容的、机智的。当学生提出设定以外的问题时，教师应当见机而作，适时调整，因势利导，拓展延伸，让学生各抒己见，畅所欲言，从而使课堂焕发出夺目的光彩，这也正符合学校一直推行的"自主教学"理念，让学生成为学习的真正主人。

百瓶图闪耀课堂

"一节好课就是让学生动起来、学起来、感兴趣。"这是中关村一小在"师生关系改善年"中对课堂教学提出的要求。如何在良好的师生关系氛围中让学生动起来、感兴趣呢？我们的老师开始了尝试和摸索。

美术组田老师最近在给一年级上"漂亮的瓶子"一课。一年级的孩子由于年龄较小，无法长时保持注意力，"感兴趣"就成为田老师设计课程时关注的重点。

上课伊始，田老师先给孩子们变了一个魔术，她拿出一张普通的白纸，对折之后在其中一面画下流畅的线条，剪刀飞舞了几下，田老师将对折的纸展开，一个形状匀称的漂亮瓶子图案就呈现在孩子们面前。

孩子们看着老师像变魔术一样瞬间就"变"出了一个瓶子图案，一下子兴奋起来。然而，当田老师询问孩子们是否看清楚瓶子是怎么"变"出来时，孩子们脸上的表情发生了变化，由兴奋渐渐变成疑惑。看来孩子们光顾着看热闹了，并没有仔细观察老师剪出纸瓶子的过程。无奈，田老师只好又把魔术变了一次，这次孩子们总算看出了点儿门道，有学生开始举手发言了。

课后，田老师对此进行了反思。学生们容易被魔术吸引，但却很容易忽略制作的流程，原因就在于课堂上一直是老师在动，而学生们只是在看。看来，在课堂教学中，只注重让学生"感兴趣"还不够，更重要的是让学生"感兴趣"的同时，能够更好地"动起来""学进去"。为此，田老师重新设计了教学方案。

同样的一节课，不同的班级，田老师这次没有再变魔术，而是把事先剪好的各个形状的瓶子贴在黑板上，让学生给这些瓶子起个可爱的名字。怕孩子们不理解，田老师自告奋勇地先给一个细长的瓶子起了名字："细脖子"。

孩子们听了乐得哈哈大笑，小手纷纷举了起来："矮胖子""花脑袋""小头爸爸""大肚汉""楼梯脚"等一个个新奇有趣的名字出现在黑板上。田老师心中暗喜，孩子们已经不知不觉中认识了几种瓶子的特征。田老师进一步引导学生寻找瓶子之间的共同点，聪明的孩子们一下就看出了玄机："这些瓶子都是左边和右边一样的！"

虽然一年级的他们没说出"对称"这个词，但已经抓住了瓶子图案的本质特征。此时，田老师才将自己的魔术秀出来。经过田老师的引导，孩子们马上投入到热火朝天的折、画、剪一系列操作中。田老师还精心准备了一张长长的板报纸，让大家把各自亲手画就剪成的瓶子贴在上面，各式各样的瓶子在板报纸上活灵活现。孩子们自豪地将其命名为"百瓶图"。

田老师的这节课不仅让学生感兴趣，更让孩子积极动手，在自主操作中去发现知识的关键点，不但看得热闹，而且"做"出了门道。有趣味，又能亲自动手实践，还可以制作自己喜欢的作品，这样的课堂谁不爱呢？

人的发展只有经过主体实践活动才能实现。学习归根结底是学生自己的活动，是"为我自己，由我自主"的活动。学生学习的过程是一个调动原有的知识、经验，尝试解决新问题、内化新知识的积极建构的过程。这个过程必须靠学生自己完成，任何高明的教师也不能替代学生。因此，真正有效的教学必须保证学生的主体地位，真正让学生动起来，参与学习活动的全过程。

"老师，您的腰围是多少"

英国著名哲学家怀特海曾指出，"无活力的概念"是教育的一大忧患，教学过程中那些仅仅被吸收而不能被灵活运用或重新组合的概念使得教与学过程死气沉沉。教师应当引导学生灵活地将所学知识和概念运用到实践中去，培养学生善用知识解决实际问题的能力。

在学习了测量的知识以后，莉莉老师给学生布置了测量自己腰围的任务。正打算继续讲解其他内容，有一名学生突然发问："老师，您的腰围是多少啊？"同学们听了哈哈大笑。莉莉老师愣了一下，淡淡地笑了："你们先估计一下我的腰围是多少吧？"同学们兴致高涨，七嘴八舌地猜测起老师的腰围尺寸，"60厘米""76厘米""85厘米"。学生们夸张地用双手比划着，其他同学不时发出会心的笑声。

莉莉老师继续引导道："估得准不准，还得动手量一量才知道。但今天只有直尺，没有卷尺，怎么办？"

孩子们开始思考。不一会，一个同学跑上讲台，拿着直尺，小心谨慎地比着莉莉老师的腰量了一圈，得出了一个大概尺寸，"73厘米"。

同学们并不满意这个方法，另一个同学站起来说："老师，这样量不准。可以用一张长长的纸条，对着直尺，把刻度画下来，就可以当卷尺用了。"

自己制作一根软尺，想得不错。马上又有一个同学站起来说："不用那么麻烦，我们可以拿一根绳子，围着您的腰绕一圈，再量一下这根绳子就可以了。"莉莉老师微笑地点点头，这已是她心目中的理想答案了，她正准备结束这个小插曲时，发现仍有不少小手高高地举着，孩子们开动脑筋，又想出了不少方法。

"一般裤子的侧面都有尺码说明，看看那个标签就可以了。"

"只要把老师的皮带取下来量一量就知道了。"

"我一拃有10厘米长，看看老师的腰围有几拃就可以了。"

……

开始，孩子提出量教师腰围这样一个看似玩笑似的要求，从一个侧面反映了班级师生关系的和谐，也表现了学生把教师作为学习的同伴，把教师拉到学习过程中来的强烈意愿，这恰恰是教师在课前未能预料到的——因为教师在备课过程中通常只考虑学生的需求，而自己却往往不自觉地退出学习之外，充当旁观者，而不是共同学习者。经验丰富的莉莉老师在意识到这个问题之后，很巧妙地把学生提出来的问题转变成一个有活力的概念，从学生身上寻觅到新的课程资源，从而使学生学得主动有趣，使课堂更加精彩。

不可否认，"无活力的概念"仍然普遍存在于我们的课堂教学实践中。面对这种困境，教师应该引导学生学会如何在实际生活中运用所学知识，使抽象的概念获得一种现实感。特别是在小学阶段，知识教学更应该尽可能地根据一些直观例子帮助学生理解抽象概念，多给学生提供练习和实践的机会。

让习作成为学生生命的精彩体验

在美国纽约皇后区的一所小学里，童话作家山姆·史沃普在应邀作了为期10天的公益教学之后，决定留下来教小学三年级的孩子们写作。这个第一次被称为"史沃普老师"的人，陪伴着一群不同肤色、精力旺盛的孩子从三年级成长到五年级，为他们精心设计了各种教学活动：带他们到中央公园各自认养一棵树，观察树的生长变化，并写信给它；带他们到博物馆看盒子展，再让他们制作盒子，创作一本诉说盒子故事的"盒中书"；让他们把身体的轮廓画成一座小岛，并写出自己的小岛故事……史沃普老师耐心地诱导着孩子们写出了一个个故事，看着他们手中的铅笔成为开启写作魔法的钥匙。

与史沃普老师充满生趣和想象力的习作教学活动相映照的是我们仍然刻板生硬的作文指导所导致的学生讨厌写作文的尴尬现状。一个题目、一份写作要求、几种叙述方法、如何加入心理描写、如何情景交融……作文课上，教师在干巴巴地讲解完作文要求之后，学生就开始了冥思苦想、抓耳挠腮，甚至是愁眉苦脸的"创作"过程。虽然老师备课下足了功夫，课堂上也极力耐心讲解，但结果却事与愿违，学生的一篇篇习作往往达不到预期的效果，甚至令人大失所望。

如此"创作"，确实令人生厌。

问题究竟出在哪？传统的作文指导课最大的弊端就是程序的一成不变、思路的拘囿闭塞、教师的包办代替、训练的整齐划一。在习作教学中，我们应该尽量减少对学生思维和表达的限制，给学生一个充分自主的空间，让学生的习作言为心声且言之有物。为此，我们提出要让习作真正成为学生生命的精彩体验。

体验的精彩源于精彩的生活。生活是创作的灵感之源，社会、学校、家庭生活中的见闻，都可以成为习作的源泉。但是由于许多学生体察生活与世情的敏感度不够，不能将精彩的生活体验转化为习作的资源，写作空间受到许多限制。

生活是多姿多彩的，要想化生活体验为精彩文章，就必须培养学生的观察能力，给学生一双慧眼，引导学生认识生活、品味生活，进而更好地表现生活。在具体的观察指导中，我们引导学生既可以对一事一物做描述和评价，也可以对自然和社会生活进行理性地辨析；既可以抒发自己的感受，也可以进行理性的思考；既可以完整记述日常发生的事情，还可以描写令人感动的瞬间。

在习作教学中，我们还注意培养学生敏感的心灵感悟能力，引导学生关注与外界事物相对应的内在心灵的感受。"登山则情满于山，观海则意溢于海"，一切社会事物、人文景观、自然景物都是"我"眼眸或心灵的呈现，都打着个体情感的烙印。父母亲温柔的叮咛、上学路上翱翔于天际的风筝、风帘雨幕中拾荒的老人、一张旧照片中不为人知的往事、春意阑珊之际的花褪残红，还有日月星辰的明灭、风霜雨雪的考验、大千世界的变迁等，都是生活的滋味和生命的体验，都可以成为学生笔下的素材。习作教学就是要把这些对生活的感悟和思考化作生动而富有活力的语言，使生活在学生的笔下变得丰富多彩。

如果说生活是习作教学生命化的源泉，那么以先写后导为核心的预作则为学生提供了充分自主的创作空间。先写后导，就是让学生先依据已有的生活体验和写作基础来进行写作，没有教师的指导干预，学生能够自由发挥想象力和创意来书写对生活、生命的感悟。教师依据学生的预作，寻找其中的共性问题，并从中选取具有代表性的预作当堂展示、赏析和评议，进而给予有针对性的指导。之后，学生进行重点修改，当堂反馈，并再次修改，最后抄写成文。在后续的习作评价中，在教师面批之外，增加学生自评、同伴互评、家长评价等多元主体评价方式，给予学生习作以最大范围的支持、肯定与鼓励。

习作是学生思想观念和内心世界的一种呈现方式。在没有教师干预情况下的自由创作，往往能反映学生最真实、最本真的想法。这也为老师了解学生提供了一个很好的平台，老师可以从中洞察学生思想上的变化，进而开展必要的教育和引导。比如，刘老师在讲《我的理想》这篇习作时，从收上来的预作中，看到了大多数学生的热诚、善良和坚强勇敢，也看到少数学生的冷漠、自私和贪图享乐。刘老师意识到这些学生在人生观和价值观方面出现了偏差。在她的倡导下，全班开展了人生观、价值观大讨论，使学生认识到远大的理想要靠一步步的行动来实现，美好人生要靠一滴滴的汗水来浇灌的道理。

重视学生在课堂之外的生活积累，引导学生善于观察，敏于感受，将习作的学习迁移到更广阔的空间，这样的习作教学，尊重了学生自己的生命体验，把创作的自主权交给了学生，使学生真正成为学习的主人。我们希望通过培养学生作文的自主性，激励学生想说想写，鼓励学生爱说爱写，帮助学生会说会写，引导学生说好写好。

从森林到树木：教师要有效关注"每一个"

一间 50 平方米的教室，40 个学习速度、个性特点、知识水平、认知需求、兴趣爱好等各不相同的孩子，在同一堂课上，使用的是同一个学习目标、同一套知识内容、同一种评价工具，这是目前大多数课堂教学的现状。

当前，仍然有很多教师依据过往的经验和教参进行备课，在上课之前，对于大部分学生的知识掌握程度、哪部分该提供重点指导和帮助等问题，只有一个相对模糊的认识。这样做的结果就是，教师精心设计的教学内容不能兼顾全班几十名学生的实际需求，往往会出现有些学生"吃不饱"，有些学生"吃不下"的情形。

课堂教学是促进学生发展的主阵地，课堂教学的质量在很大程度上影响甚至决定着学生的发展水平。复杂的课堂环境、多元的学情特点、个性化知识体系的建构等要求教师在课堂上必须关注每一名学生，了解每一名学生的成长现状和最近发展区，并针对不同发展阶段、不同成长需求的学生特点，制定个性化、多元化的学生学习目标，构建一种基于学生独特生命体验的课堂教学秩序，让每一个学生在课堂上能够好学、乐学、学好，让学生真正成为课堂的主人。

为此，我们在课堂教学中进行了一些探索与实践。

从教案到学案。教案是上好一堂课的重要前提。传统的教案普遍存在两种倾向：一是单向性，即以教师和教材为中心，更多考虑教师采用何种教学方法准确呈现教材内容，忽略了学生个性化的现实需求和自主学习的可能性。二是封闭性，即教案指向的是教师的"教"，而学生的"学"则不在考虑范围之内。有效的课堂教学必须关注每一名学生的学习需求，因此，在上课之前教师应该先了解学生的认知水平、知识经验，参照各方面信息，制定一套基于学情分析的学习方案，以学案进行导学。简言之，学案就是教师为指导学生学习而编写的讲义，学案中至少包含本堂课的学习目标、重难点、恰当的能够引发学生求知的问题，以及用于自评的练习题目四个要素。

从教学目标到学习目标，从教案到学案的转变，要求教师将原来的教学目标转变为学生的学习目标，教学的重心由教师如何"教"转变为学生如何"学"。对于学习目标的确定，最理想的状态当然是 40 名学生拥有 40 个不同的学习目标。但是在最初的变革实践中，我们先尝试的是动态分层法，把班上相似知识结构、相当认知水平以及相近兴趣爱好的同学设为同一层次，依据实际情况将班上的 40 名孩子分为 A、B、C、D、E 不同的层次。教师依据各层学生的特点制定相应的学习目标，设置相应的学习任务，使各个层次的学生均得到相应的成长。

从单一评价到专业测量。为了有效地评估每一名学生独特的学习体验和进步情况，我们改变了传统学业测评中的课后作业、练习册、单元测试、期中期末考试等形式，探索由教师自主建构的、指向学生学习的专业测量方法，这种测量方法不拘泥于知识的考量和成绩的排名，更多关注学生的学业进步状况和需要改进的问题，使不同层次的学生尽可能地实现向最近发展区的跳跃。

所有这一切的改变，都是基于学生生命个体成长需求的差异。我们将每一个独特的生命个体放在课堂教学的关注点上，我们希望每一名学生都能在课堂的变革中体悟到成长的真意，每一名学生都能在求知的天空展翅翱翔。

/ 二 / 创意改变课堂

自主学习、主动发展是学校一直秉承的教育理念，表达了对学生在学习过程中主体地位的高度认同。但也需看到，学生自主意识的增强给教师的每日教学提出了更加严峻的挑战，学生实际意义上的自主也还需要教师改变传统的角色意识，真正以自己的教育智慧和创意来组织课堂，机智地应对教育教学过程中不断涌现的新问题。

对手组里的有效合作

如何让学生爱上课堂？这要求教师能够根据学生的实际情况和教育情境及时作出决策或选择来调整教育行为，使学生保有对学习的热情，人人都积极投入到课堂中去，不因枯燥、学困等原因放弃。基于这样的思考，刘老师在原来小组合作学习的基础上设置了对手组的合作学习模式。

原来的小组合作学习以自然组为单位，采用小组整体评价的方式，在最初的一段时间，确实收到了一定的效果。但随着孩子们年级的升高，学生之间的学习能力、水平以及学习成绩越来越显现出差异，再以小组为单位绑定在一起评比显然不适合。为此，刘老师经过近两年的反复思考、试验，设计出了更合理的"对手组"伙伴活动。

对手组将学习能力和认知水平基本相当的 3 ～ 6 名学生分为一个组合，从课堂学习到课后作业，再到考试成绩，进行全方位评比。对手组的成员既是合作者也是竞争对手，如果对手组中一人回答问题，另外一人有优先质疑、补充、更正、回答下一个问题的权利，不用举手可以直接站起来抢答；如果组员有不明之处，另一个人则负责讲解。这种对手组合并不是固定不变的，而是根据学生们平时的学习情况定期进行调整。

"友善"的座位、模糊的排名、小组式学习，是这种竞争兼合作的学习方式最大的特点。在对手组中，孩子们在相互的合作与质疑中，逐渐进入了一个良性的竞争与互助循环，师生之间、生生之间形成了多层次、多角度的交流模式，小组中每个人都有机会发表自己的观点与看法，也乐于倾听他人的意见。过去内向、不自信，或懒惰、不愿动脑的学生也开始跃跃欲试，许多孩子还因此交到了新朋友。

建立一种合作兼竞争的交往模式，能够使团体成员之间的交往更为频繁，每一名成员都能在相互的帮助与激励中，更大程度地感受到自尊和被其他成员接纳的喜悦，因此使得他们在完成任务的过程中更为积极，学习水平也提高得更快。

雅斯贝尔斯在《什么是教育》中从哲学视角审视教育的本质："教育本身就意味着：一棵树摇动另一棵树，一朵云推动另一朵云，一个灵魂唤醒另一个灵魂。"我们往往将摇动、推动、唤醒的主语理解为成人、教师，然而在多年的办学实践中，我们发现，摇动更多的树、推动更多的云、唤醒更多灵魂的往往是儿童自己。而改变学生之间的交往关系，则能够使学生自己唤醒彼此之间的成长动力，对手组的意义正在于此。

"特殊"老师进课堂

这一天，二年级（2）班的孩子们迎来了一位特殊的教师：班里霁函同学的妈妈。霁函妈妈将为大家带来一堂别出心裁的水粉课，教同学们画"我的自画像"。

原来，新学期刚开学，班主任小刘老师就给各位家长发了一封"英雄帖"，希望"身怀绝技"的家长们能带给孩子别样的课堂，和孩子一同分享成长的喜悦。信的内容如下。

亲爱的家长朋友：

您好！

如果您是一位科研工作领军者，您可以把您的研究成果介绍给孩子，带领孩子们领略科学的魅力……

如果您是一位动植物专家，您可以把有趣的动物、植物介绍给孩子们，带领孩子们感知大自然的神奇……

如果您是一位音乐家，您可以把经典的歌曲介绍给孩子，带领孩子们欣赏怡人的音乐，和孩子们一起快乐轻唱……

如果您是一位艺术家，您可以把名家名画介绍给孩子，带领孩子们欣赏优美的画作，和孩子们一起尽情涂鸦……

如果您是文字达人，您可以把经典美文介绍给孩子，带领孩子们畅游精彩的文学天地，和孩子们一起愉快地诵读……

不管您擅长什么，只要孩子喜欢，能够让孩子们真切地感受大千世界，唤起孩子对生活的热爱，都希望您参与到班级的建设中，为孩子们打开一扇别样的窗。

全体孩子期盼您，感谢您！

霁函妈妈是一位设计师，酷爱美术，常常在家里与小霁函一起搞一些创意画作。一接到"英雄帖"，她第一时间回应了小刘老师的邀请。"我的自画像"一课，拉开了家长课堂的序幕。

上课时，霁函妈妈先引导学生思考自己最显著的面部特征，然后放飞想象，尽可能地把自己的特征放大，再加入性格的元素，或调皮，或可爱，或活泼，或文静。之后结合孩子们在色彩、构图等方面的技法欠缺，霁函妈妈详细给孩子们讲解了自画像的创作手法，特别是颜色的搭配和使用。

霁函妈妈讲得生动有趣，学生们画得也格外专注。看，有的学生为自己画了大大红红的嘴巴，看起来格外开心；有的把自己画成吐舌头的样子，显得特别调皮；有的为自己画了长长卷卷的睫毛，像卡通人物一样可爱；还有的画了大大的、亮亮的脑门，看上去特别博学……

下课了，霁函妈妈耐心地把孩子们的作品一一拍照，制作了精美的板报。孩子们看到自己的大作展出了，兴奋极了，在"自画像"前流连忘返，小刘老师和霁函妈妈看到孩子们的相互欣赏，商量后决定将全班同学的"自画像"放在一起，制成明信片。没过几天，精美的明信片就发到每个孩子的手中，孩子们都爱不释手。40幅自画像整齐排列在一张明信片上，这张精美的明信片，已经成为二年级（2）班专属的名片。

上完这节特殊的美术课，孩子们高兴地在日记里记录下自己的心情和感受。

奕澎：我第一次画水粉画，拿起毛笔，才发现软软的笔并不像铅笔那么听话，刚画了不一会儿，脸上，手上，衣服上就变得五颜六色……

晗宁：我把自己画得很安静，很漂亮，大家都觉得我画得漂亮极了，别的组的同学也都跑过来看，我的心里美极了……

天伊：我希望以后成为一个优雅的人，所以我把自己画得很优雅美丽，哈哈！

文博：通过这次画自画像，我更喜欢画画了！

随着自画像一课实践的成功，家长课堂已经变为二年级（2）班的常态课程。张宇的爷爷把自己生物研究室的科研项目深入浅出地为孩子们做了讲解；明琪的爸爸则带着孩子们到他的工作室进行实践体验；还有的家长是著名记者，也来到教室里教孩子们写新闻稿……

孩子们徜徉在家长开设的不同课程中，享受着惊喜，发现着自己的与众不同。学校以二年级（2）班为例，把小刘老师的做法进行了推广。在学校的鼓励和引导下，家长课堂在各个班级开展得更加活跃：航天员聂海胜和航天研究员组成的家长团队给三个年级开设了"航天课"，记者邓兴军带着记者家长团队给学生开设了"小记者课"，学校把大学生志愿者和留学生也引进了课堂。

家长是学校重要的课程资源。中关村一小的家长们来自不同行业，其中不乏行业精英、高端人才和行业的领军者。这是学校重要的教育资源，也是学生宝贵的知识来源。家长们走进学校课堂，教学内容精彩纷呈，教学课件精益求精，从习惯的养成到爱的表达，从房屋的结构到物质的构成，从昆虫的奇妙到宇宙的奥秘……无不让孩子们为之雀跃，孩子们的视野开阔了，知识拓展了，探究知识的需求也得到了满足。

家长和老师是孩子成长过程的共同见证人，也是对孩子影响最直接、最深远、最重要的引导者，家庭教育和学校教育应当相辅相成。因此，在教育过程中，要适时打破两者之间的壁垒，整合利用丰富的家长资源乃至社会资源，使之有机地融入课堂，从而为孩子开启更多探索奥妙的大门。

从"瘦问题"到"胖问题"

在真实的课堂教学现场，我们常常能够看到师生之间基于问题而展开的互动讨论，课堂上充满了各种各样的问题，简单易答、不须太多考虑的"瘦问题"，开放性的、可以引发学生高水平思考的"胖问题"。有效的课堂教学应当尽可能减少"瘦问题"，增加"胖问题"，或者把"瘦问题"变为"胖问题"。

海宏老师先后两次教授《古诗二首》(《江畔独步寻花》《游园不值》)，这两首诗的重点教学环节是这样的：

①导入新课，让学生自己读题目并说说读懂了什么，引导学生理解题目。

②学生依据自学提示，用自己已掌握的学习古诗的方法理解基本内容。

③分别引导学生交流两首古诗的内容。在此过程中引入相关资料，并引导学生有感情朗读古诗。

④引导学生体会两首诗异同。

⑤有感情朗读、背诵古诗。

在第一次的教学过程中，海宏老师大致通过这样的问题串联起整个课堂教学：这两首诗的题目是什么意思？每句诗的意思是什么？这两首诗中诗人的心情、观察的地点有什么异同？在教学过程中，教师引导学生在理解古诗意思的基础上有感情朗读。同时，引导学生进行两首古诗的比较，在比较中进一步丰富学生的情感体验。因此，教学进行得很顺利，课堂气氛热烈，学生学得也有滋有味，课后受到了听课教师的一致好评。

但是，是否好评如潮的课就没有遗憾呢？在回看录像的过程中，海宏老师敏感地发现：在教学中，自己提了太多的具体性问题，师生的一问一答看似热闹和谐，但这样的"瘦问题"却很难激发学生的深度思考。比如，在学习"留连戏蝶时时舞"这句古诗时，他引导学生思考："留恋不舍，这是一种什么样的心情？"这样的问题，学生可回答的空间很狭窄，难以触及问题的本质。

因此，海宏老师调整了教学教案，将原有课程设计中的类似"瘦问题"变成"胖问题"，同样是"留连戏蝶时时舞"这句古诗，老师把问题调整为："到底是蝴蝶留连还是诗人留连，为什么？"并请学生做主持人，同学之间展开辩论。这样一来，课堂发生了令人惊奇的变化。同学们在小主持人的带领下，纷纷发表自己的看法，学习过程中出现了精彩的一幕。

留连的当然是蝴蝶啊。因为蝴蝶翩翩起舞，仿佛留恋着千朵万朵压枝低的鲜花而不肯离去！

我觉得应该是诗人才对啊！因为这句诗就是在说诗人为这幅彩蝶戏花图而流连忘返。

不对，是蝴蝶。你看，它还使用了拟人的修辞方法呢！赋予了蝴蝶人的思想感情，让蝴蝶也会留连啦。

诗人，诗人才懂得留连。我觉得这就是我们学过的借景抒情。看到美景，产生了不忍离去的感情。

…………

就这样，学生们在思维的碰撞和交流中更深刻地体会到了诗中的意境。海宏老师不断给予学生肯定的微笑和鼓励。等到同学们都发表完自己的意见，海宏老师才给出了他的意见："同学们，其实你们刚才讨论的问题，是文学创作中一个非常重要的问题。著名的国学大师王国维先生在《人间词话》中也谈过这个问题。他认为：'有我之境，以我观物，物皆著我之色彩。'这也就是我们所说的移情。诗人看到美景动了心，生了情，转而用充满感情的眼睛去观察万物，所以连景物也浸透着和诗人一样浓厚的情感。在这首诗里，是蝴蝶在留连，也是诗人在留连啊！"

孩子们恍然大悟。这样的一堂课，气氛热烈且内容充实，海宏老师看着孩子们一张张因为思考和讨论而涨红的小脸儿，感到十分欣慰。

课后，海宏老对两次教学《古诗二首》的过程进行了整体回顾，梳理了教学中的"瘦问题"和"胖问题"，并将教学过程转化为直观的图表。

实际的教学内容	第一次教学（瘦问题）	学生表现	第二次教学（胖问题）	学生表现
1. 理解题目内容	这两首诗的题目是什么意思	学生从字面理解题目意思	你从题目中读懂了什么	学生在理解题目意思的基础上融入了自己的思想
2. 理解古诗意思	每句诗是什么意思	学生结合自学内容说诗句的意思	透过诗句，你眼前仿佛出现了什么画面	学生在理解诗句意思的基础上发挥想象，个性化地体会古诗的意境
3. 体会两首诗的异同之处	这两首诗中诗人的心情、观察的地点有什么异同	学生仅仅结合诗人的心情和观察点进行发言	这两首诗的异同点是什么，你从哪儿感受到的	学生能够拓展思维，从不同的角度比较这两首诗的异同点

由上表可以看出：当教师的问题是"胖问题"时，学生的思维才能够得到进一步的拓展和发散，相对"瘦问题"而言，"胖问题"给学生的思维挑战性更强，思考空间更大。

老师的问题如此，学生的问题也是如此。在自主课堂上，学生经常会生发出很多意想不到的问题，这些问题有时候是浅层次的，是封闭的，是"瘦问题"，这时候教师应该有意识地从学生的真实问题出发，找准学习的起点，把学生的"瘦问题"变成"胖问题"，给学生创设更加开放的问题情境。只有这样，才能更好地为学生的"学"服务，也才能真正构建基于学生成长的"学"的课堂。

西瓜变冬瓜的启示

最近，科学李老师心里很着急，因为这一次的科学课没有达到预期的效果。这周上的是第二单元中《拱形的力量》一课，主要是带领学生在活动中探索出"拱形本身会把受到的压力分解成向下的压力和向外的推力，因此只要拱脚固定，拱形的承受力会大大加强"的结论。书中设计了测试纸拱承重能力和搭建西瓜拱的两个活动，而失误就出现在这两个活动上。

课堂上，李老师完全按照教科书上呈现的顺序一步步引导学生探究。实验花费时间太长，最后的趣味活动搭西瓜拱已经没有时间展开了。无奈，李老师只好向学生们简单描述了一下，大部分孩子都没什么反应。看来这种直接告知的方式调动不起孩子的积极性。

趣味活动最能调动学生学习的积极性，能不能从西瓜拱开始探究呢？情境来源于生活，学习形式又很新颖，学生们肯定高兴。经过反思，李老师开始尝试改变教学方式，从学生最感兴趣的实验探究入手。

于是在第二个班的课上，李老师给大家出示了准备好的西瓜，告诉他们今天的学习内容从吃西瓜开始。吃完后再布置任务：搭建西瓜拱。

课堂上充满了欢声笑语，气氛轻松愉悦。但是探究过程中，又发现了新的问题：一是吃西瓜这一举动与本节课的教学内容没有太大关系，放在这里虽然生动有趣，但分散了学生的注意力；二是学生们将西瓜皮啃的薄厚不一，增大了搭建难度；三是学生从始至终不明白这节课的教学目标是什么，目标不明确，教学有效性也就难以落实。

从课堂上学生的参与度来分析，用趣味情境引入的思路是正确的，但呈现的方式上有问题。怎样在保证学生兴趣的前提下，既不浪费时间，又不分散教学注意力，顺利完成课堂内容的教学呢？李老师把突破点聚焦在了实验原材料上。替代西瓜的材料皮要厚、拱形要大、最好还可以反复使用，成本还要最低。经过反复思考，李老师最终选择了冬瓜。

在第三个班的课上，李老师把任务向学生表述清楚后发下材料，学生们开始了趣味探究，在规定时间内有几个小组顺利地搭建出了冬瓜拱，另外几个小组却失败了。小组交流中学生们分析原因，他们发现成功组的冬瓜拱都建造在粗糙的纸面上，而不成功的小组都是在光滑的桌面上尝试。同样的材料由于接触面的不同而出现了截然不同的结果，这种结果的差异很自然地激发起学生深入探究的兴趣，40分钟在不知不觉中过去了，这节课的重点和难点都很顺利地解决了。

三次课堂实践终于解决了困扰李老师一周的难题。

以上的实例告诉我们，课堂总是处于一种流动的、未完成的状态，无论教师事先备课多充分，也会有各种各样意想不到的情况和事件发生，尤其是在学生主体地位日益凸显的课堂上更是如此。形形色色的突发状况时刻挑战着教师的智慧，这就要求教师根据自己对课堂的各种信息的捕捉和把握，审视自己的教学行为，机智地找寻解决方案，以促进学生的主动发展。当智慧充盈在教室空间，热情洋溢于教学过程，师生共同享受着课堂、享受着学习时，我们才能自豪地说：这个课堂是有生命的课堂，是师生幸福成长的殿堂。

变教材为学材

教材是教学内容的载体，传统意义上的教材一直扮演着"教科书"的角色，更多强调教师如何教，而非学生如何学，在很大程度上弱化了对学生成长的应有关怀。在学校自主教学理念的引领下，我们提出变教材为学材，师生共同站在学材的视角上对教材内容、结构、呈现方式等做出理性建构，使教材真正适应学生的成长需求。

对此，美术老师秋伶进行了很好的尝试。新课改进行了多年，许多学科的教材都在不断更新，但六年级美术课使用的仍然是几年前的老教材。美术是一门视觉艺术，美术学科是以对视觉形象的感知、理解和创造为特征，在对自然美、美术作品和美术现象等进行观察分析的基础上，运用描绘、雕塑、拓印、拼贴等创作手法，着重于学生造型设计与表现、美术欣赏和综合探索能力的提高。但学生手中的教材却仍偏向于单一的美术知识学习与技能临摹，远远不能满足学生的认知与成长需求。为此，秋伶老师决定和学生一起改造教材。

开学第一天，秋伶老师就对学生提出了重编教材的设想，鼓励学生补充自己喜欢的美术内容，并更换过于陈旧、枯燥的内容。孩子们非常支持，提出了很多好的建议。经过共同研究和选择，师生对教材内容做了一定调整。

如学生觉得教材上纯粹的国画课既艰深又枯燥，而喜欢画卡通画，于是调整国画课的学习难度和时间，适当增加了卡通内容的学习；手工制作类的课程除了传统的泥塑、木偶、折纸等学习方法之外，还增加了学生喜欢的面塑、剪纸、粘贴画、立体纸制作等创作手法……在之后的美术课上，学生学习着与老师一同编写的学材，显得更加兴趣盎然。

从教材到学材

美术教材的学习内容	调整之后的学习内容
一、我心中最美的感受	一、我眼中的绘画世界
二、学画中国画——树	二、大师画我也画
三、学画中国画——山水	三、奇妙的色彩
四、用泥条盘筑陶罐	四、色彩画中的明度对比
五、诗配画	五、色彩的冷暖
六、色彩的世界	六、线描画
七、色彩的强烈对比、柔和对比	七、学画卡通画（1）
八、纸公鸡	八、学画卡通画（2）
九、留给母校的一幅画	九、京剧脸谱
十、外国美术作品	十、为童话寓言配画
十一、荣宝斋	十一、学画中国画——花卉
十二、泥塑彩绘——兔儿爷	十二、民间手工坊——面塑、剪纸
十三、木偶	十三、纸的立体制作——小动物、我的小伙伴
十四、北京的现代建筑壁画	十四、邮票设计、贺年卡
十五、法海寺壁画	十五、变废为宝——报纸粘贴画

在变教材为学材上，教师们的探索还有很多。在一年级第一学期的教学过程中，数学胡老师发现，班上有 4/5 的学生能够正确计算 20 以内加减法，2/3 的学生已经学过 100 以内加减法（含进退位）。面对学生如此高比例的已有知识经验，胡老师决定不再依纲据本地讲一单元停一停、等一等，而是根据数学的知识框架把单元教学的内容进行重新整合，给学生提供更连贯、更具有挑战性的学习内容。于是第二学期的教材有了新的组合：首先认识生活中的数，在认识百以内数的基础上，整合数的运算单元，即把第一、第五、

第六单元的内容放在一起学习，从而使数的认识与数的运算两个内容紧密联系起来，给学生创设了更完整的知识学习环境。

教材原有的学习目录		调整之后的学习目录	
单元名称	知识要点	单元名称	知识要点
第一单元 加与减（一）	20 以内的退位减法	第一单元 生活中的数	100 以内数的认识和大小比较
第二单元 观察物体	观察简单的物体	第二单元 加与减（一）	20 以内的退位减法
第三单元 生活中的数	100 以内数的认识和大小比较	第三单元 加与减（二）	100 以内不进位加法、不退位减法
第四单元 有趣的图形	初步认识图形（平面）	第四单元 加与减（三）	100 以内进位加法、退位减法
第五单元 加与减（二）	100 以内不进位加法、不退位减法	第五单元 观察物体	观察简单的物体
第六单元 加与减（三）	100 以内进位加法、退位减法	第六单元 有趣的图形	初步认识图形（平面）

在学习人教版二年级第一单元"春天"这一主题时，语文穆老师和学生们先整体感知了这一单元的教材内容，包括《找春天》《古诗两首》《笋芽儿》《小鹿的玫瑰花》四篇课文和语文园地一，学生们提议学习《找春天》之后可以组织学生春游和春游感受分享会，学习《笋芽儿》后摘抄一些描写美好春光的句子，学习《小鹿的玫瑰花》可以结合植树节种花植树，装点校园和自己所住的社区等。这些内容的安排，实际上都与"语文园地一"中的"口语交际""写一写""展示台"等内容直接相关，因此在学习过程中，要切实关注并体现这种整合。据此，穆老师根据学生的建议重新编排了这一单元的学习内容和顺序。

课时	原有的教材安排	调整之后的教材安排	补充说明
第一课时	《找春天》	《找春天》	重点感受春天的美好
第二课时	《找春天》	《笋芽儿》	摘抄描写春天的好句子
第三课时	《古诗二首》	综合实践：寻找身边的春天	组织学生春游，并举办寻找春天分享会

第四课时	《古诗二首》	"语文园地一"中的口语交际内容："说春天"	将"语文园地"内容与课文内容融合
第五课时	《笋芽儿》	写话练习"写春天"，并进行赏评	"语文园地"内容
第六课时	《笋芽儿》	综合实践活动：展示春天	"语文园地"内容
第七课时	《小鹿的玫瑰花》	《古诗二首》	尝试创造关于春天的诗歌
第八课时	《小鹿的玫瑰花》	赞美春天诗歌朗诵会	积累诗歌和自由创作
第九课时	语文园地一	《小鹿的玫瑰花》	结合植树节种花植树，装点校园和自己所住的社区
第十课时	语文园地一	"语文园地一"中的"我的发现"和"日积月累"	巩固所学知识

学材是激活了的教材，站在学材的视角上对教材做出理性的建构，更多关注学生的年龄特征、知识水平和已有经验，能够有效地激发学生的学习兴趣与发展潜能，使学生真正体会到学习的乐趣与价值。

教科书中有了儿童，儿童心中才会有教科书，它才能在儿童的心灵中鲜活起来、灵动起来，并构成儿童生命活动的一部分。学材与教材最大的不同就在于学材是基于儿童立场重新建构的。当然，教师还必须明白：学材也不是学生的全部学习内容。我们应当把全世界都拿来当孩子的学材，而不要把学材当成孩子全部的世界。

搭一座能站人的纸桥

六年级科学课《形状与结构》单元有《造桥梁》一课。邓老师设计了两个课时的学习内容：第一课时让学生先自己尝试搭桥梁，引导学生发现问题并思考如何解决。第二课时从问题入手，一起寻找解决办法，争取搭建一座既漂亮又坚固的桥梁。

课程伊始，邓老师让同学们观看了不同时代桥梁的图片，让学生仔细观察并分析桥梁的结构，然后分小组讨论桥梁的设计图和搭桥的关键点，最后发给学生报纸、小棒、胶带、剪刀等工具，让学生分小组合作学习搭桥。

孩子们纷纷动起手来，不时小声讨论着，不多时几座歪歪扭扭的桥梁雏形就建成了，邓老师进一步引导孩子们思考如何将桥梁加固。

在分组指导的过程中，邓老师发现第六组的讨论极其热烈，但迟迟没有完成。于是走到那几个孩子旁边，轻声问道："你们想造一座什么样的桥梁？"他们拿出一张设计图："我们想把它搭得稍大点儿，最好能站得上去人。"

由于是第一次搭建，这几个孩子没有任何经验，而且桥梁的支架都是用报纸卷做的，相对来说坚固程度不够。在操作过程中，他们又因为过分用力将用作桥梁支架的小棒捏扁了，这样整个桥梁就更加不结实了。讨论之后，他们决定先从桥梁的底座开始，用小棒做一个长方体。接着做立柱，由于立柱能用的材料只有报纸，因此很难稳稳立住。这时，组内的一个同学想出一个主意：在立柱上方也搭建一个长方体，绑在立柱上应该会稳定一些。但做好之后，他们发现桥梁支架仍然立不起来。

到这时，孩子们有些陷入了僵局，邓老师适时引导道："可以使用加固的办法，先让支架立起来。"孩子们听了眼前一亮，开始尝试使用双层报纸加固立柱和上下两个长方体，果然，支架确实稳定了许多。但新的问题又出现了：双层报纸的使用加重了立柱上方的长方体重量，使得整个支架有些下塌……一直到下课的时候，他们的桥梁也没有搭起来。邓老师总结道："孩子们，你们发现没有，我们最需要解决的问题有两个：一是支架的加固与稳定；二是纸桥的抗弯曲能力。纸桥要能在压力的作用下不发生弯曲和破坏。你们想想，我们学过哪些增加抗弯曲能力的方法，下节课我们一起来解决这个问题。"

在下一节科学课上，邓老师和孩子们一起讨论了如何增加支架稳定和桥面的抗弯曲能力，学生们提出可以继续使用双层报纸加固支架的底座，然后通过改变桥面的形状来增加抗弯曲能力，如做成O型、L型、U型、矩形等，也可以通过改变桥的结构增加抗弯曲能力，如拱形、索桥等。邓老师充分肯定了学生的想法，并提醒道："造好的桥不能过分承重和过久承重，如果压塌一次，恢复形状后载重量就会大大降低。"

就这样，孩子们又一次进行了桥梁的设计，在加固桥梁底座的基础上，或改变桥面形状，或改变桥的结构，经过一次又一次失败的尝试，他们终于搭成了一座座相对坚固的桥梁。而第六组做出的纸桥尤其坚固，他们派出组内最瘦的一名女同学站了上去，居然稳稳地连塌陷的痕迹都没有。同学们连连惊呼，把最热烈的掌声送给了第六组。

科学学习是一个主动参与和能动实践的过程。科学不是讲出来的，而是做出来的。在科学教育中，教师应当给学生提供亲自动手、动脑，主动探索的机会，让学生亲身经历真实的研究过程，尤其是失败的过程，让他们在失败中学习，在直接观察、亲自操作的科学探究过程中体验"做科学"的乐趣。

可以说，学生是天生的科学家，把动手与实践的机会还给学生，让他们在"做科学"中学科学，孩子们获得的将不仅仅是知识，更有合作的意识、创新的精神和实践的能力。

课堂中的"即时贴"

学习性评价，是近年来在西方基础教育改革中出现的一种新的评价理论和方法，同时越来越受到中国教学研究者和教育实施者的关注。由于对西方基础教育改革的学习和关注，王老师对"学习性评价"产生了兴趣，并在自己执教的六年级展开了"即时贴"式评价方式的尝试。

王老师所教的《品德与社会》是对学生的情感、态度、价值观进行教育与引导的课程，很难使用量化评价指标，课堂教学评价一直是该学科的难点。如何客观真实，又简便易行地评价学生，是王老师一直在思索的问题。

在阅读英国评价改革研究小组的研究材料之时，王老师发现，着重于学生学习发生过程的学习性评价，有别于其他学科的量化评价方式，它跳出了传统的教师单一评价，更鼓励学生进行积极的自我评价，并倡导学生就如何改进自身学习进行思考。

王老师仔细研读了英国教育家伊恩·史密斯所著的《学习性评价丛书》，并借鉴丛书之一《促进学生的自我评价》中的研究案例，设计了"即时贴"自我评价，引导学生在"即时贴"上记录他们对学习中某一内容的想法、感受和采取的学习方法，随后粘贴在相应的知识、情感、行为方面的表格项目中，以此记录一节课中自己的思考、收获、问题、方法、小组合作等情况。通过这样的记录形式，王老师为学生提供了自我观察、判断、反思、矫正乃至完善的平台。

启动研究实践时，王老师选择了以点带面的方式。她先选择了差异较大的3个班作为实验班，希望通过实验组和对照组的不同分析出有价值的信息。

这一周的课程为第二单元，单元主题为"不屈的中国人"。单元主题下设的三个主题：①不能忘记的屈辱；②起来，不愿做奴隶的人们；③为了中华民族的崛起。在教学时，王老师发给学生自评图表和"即时贴"，鼓励学生对自己做出真实的评价。

课后，王老师仔细阅读并整理了学生的自评图表，发现存在如下问题。

其一，部分学生不能完成全部自我评价项目，如作品1、2都存在这种情况。

其二，学生还不习惯使用"即时贴"这种形式，部分学生在表格中直接填写，如作品1。

作品 1

作品 2

其三，有的学生虽然填写比较完整，但是填写内容描述与问题提示的期望有距离，如作品2。

发现了问题的王老师开始反思：为什么学生没能完成需要填写的全部评价项目。细究起来，大概有以下原因：学生对课堂自评的方式比较陌生，没有经过相关的训练，因此很不适应；自我评价的项目偏多，需要比较长的填写时间；学习内容多，教学密度大，真正留给学生思考的时间并不多，导致部分学生听讲与自评难以兼顾。

据此，王老师开始做出调整：不再采用全班整体性实验方式，改为以学生自我评价个例跟踪的研究形式进行；学生自愿选择是否使用"即时贴"，允许直接填写在表格里，将填写项目精简一些。

于是在第二阶段，王老师按照学生自愿参加的原则，3个班各选出若干名参与评价的学生固定下来，来完成一个单元学习的实验过程。没有了强制性，给予学生自己决定是否使用的权利，再加上孩子们对自我评价环节的逐渐适应，这一次孩子们的反馈让王老师感到欣喜。

与第一阶段比较，学生填写的内容逐步丰富起来，对每一节课的学习内容能够作认真的记录和思考，并能够将自己真实的感受、想法反馈到自我评价图表中。随着学生对"即时贴"评价形式的逐渐熟悉，课堂自我评价能够保证在当堂完成。

课后，王老师对参与实验活动的学生进行访谈，结果惊喜地发现孩子们对"即时贴"自我评价的方式还比较认可，并且还吸引了原来对照组的学生一起参与。如今，"即时贴"自我评价已成为王老师课堂里的保留环节，王老师也在学习—实践—改进—再实践的过程中对这种评价方式的运用更加成熟。

在中关村一小，像王老师这样乐于学习、积极接纳教育前沿知识、勇于进行研究实践的研究型教师还有许多。她们既不满足于单纯积累教学经验，也不做纯粹的教育理论研究者，而是将二者有机结合，主动吸收新理论、新概念的滋养，对自身多年积累的教学经验和方法进行审视、更进和完善，在教育研究方面逐渐形成了自己的特色。教师在自己的研究天地里绽放魅力和光彩，学生也可以从教师的研究实践与改革中获益，一举两得，何乐而不为呢？

/ 三 / 给孩子适度自由的学习空间

在孩子的生命成长过程中，有两种元素是不可或缺的，一种是爱，另一种是自由。正像泰戈尔诗中所表达的，"让我的爱像阳光一样包围你，而又给你光辉灿烂的自由"。如果说一小的孩子们像朵朵映日的葵花，那他们被赋予的不仅仅是师爱的阳光，还有自主表达、自主选择的自由。当然，自由并不是让孩子随心所欲，为所欲为，无限度、无节制的自由带来的只有对生命成长的戕害。给予学生自由，同时也给予他们相应的规则，在适度的自由中，孩子更能够发展出独立、自尊、勇于探索、乐观向上等人格特征。

"老师，我不喜欢学口琴"

最近，米老师开设的口琴课遇到了困扰——"老师，我不喜欢学口琴！"刚刚上了3次课，就有孩子"大胆"地向老师表达了自己的观点。

一时间，诧异、尴尬的情绪在米老师心中涌起，内心弥漫着一种强烈的挫败感。但是米老师努力让自己静下心来，学生敢于直接向老师说"不喜欢"，这说明自己的课堂起码是安全的。学生内心感到安全，才会勇于直言，充分表达自己最真实的情绪。

对此，米老师在班里做了一次现场访谈，调查有多少孩子不喜欢学口琴，以及不喜欢的原因。结果发现，对口琴"不感冒"的孩子还真不少。原来孩子们觉得口琴练习过于单调乏味，而且曲目太难，有时候练习很多遍还不一定能学会，很没有成就感。

听了孩子们的心里话后，米老师开始认真地思考：一年级的学生好奇心强、爱表现，喜欢新鲜好玩、可以表演的内容。于是，米老师改变了原来选定的教学内容，重新选择了《玛丽的小羊羔》《粉刷匠》等朗朗上口、充满童趣的儿歌曲目。这些歌曲有着共同的结构特点：同头异尾。如《粉刷匠》，一共4个乐句，16个小节。一句、二句运用了"同头异尾"的创作方法，一句、四句旋律相同，这样的曲调减少了学生的记忆负担。

果然，在之后的口琴课上，听到这些熟悉的、好听的旋律，孩子们都兴奋不已，迫切地想用口琴把这些乐曲吹奏出来。这种乐器对熟悉旋律的崭新演绎让孩子们对口琴产生了一种独特的感觉，对口琴的兴趣也明显有了提高。

为避免长时间的吹奏练习让学生感到单调、乏味，米老师给学生提供了更多表现的机会：让学生自由地上台演奏，并采用独奏、重奏、齐奏、合奏等多种演奏方式。经过一段时间的练习，最初不喜欢学口琴的孩子开始喜欢上了口琴课。一个学期之后，孩子们已经可以吹奏3～5首简单的乐曲。

在教学中，教师经常会遇到不喜欢自己所教课程的学生。在充满信任的课堂中，学生更会大胆地表达这种不喜欢。这是对老师的一种考验，是置之不理按部就班执行原定的教学内容，还是根据学生的特点和需求进行相应的调整？米老师用实际行动做出了回答。

可见，学生的真实表达是我们改进课堂设计，提升教学品质的极为重要的契机。当老师更愿意聆听学生，了解学生的心声，根据学生的需求改变课堂，我们课堂中的自由、平等与温暖就能真正落到实处。

语文课上那个看"闲书"的孩子

"自主发展，主动适应，自我超越"是学校六十余年办学积淀凝练出的办学理念。其中，"自主"的首要内涵是要尊重并承认学生的差异，尊重学生基础的不同、学习方式和学习速度的不同，对不同的学生提出有差别的学习要求，并制定个性化的学习目标与进度，而不是让每一个学生都按照同一个水平发展，学习完全相同的知识。

在一年级（6）班的一节语文课上，王老师正激情澎湃地讲着课文《雪地里的小画家》，忽然发现梁梁低着头在看一本课外书。王老师假装随意地走到他身边，一边继续讲着课，一边悄无声息地拿过他手中的书，放到自己的讲台上。下课了，王老师拿起这本课外书一看：嗬，竟是一本简装版的《资治通鉴》！

晚上，王老师给梁梁的家长打电话，了解到孩子的妈妈是一名编辑，天天都要看稿子。梁梁从小就跟着妈妈一起看书看稿子，所以识字量特别大，非常喜欢看书。入学不久，孩子就已经读完了《格列佛游记》《尼尔斯骑鹅旅行记》《三个火枪手》《三国演义》，最近爸爸还想带着他读读《史记》。

低年级语文教学的重点是识字，这一学习任务梁梁显然早已完成。如果硬把他拉回同龄人的学习水平，这无疑是在浪费孩子的时间。面对如此出色的梁梁，王老师想，他应该有自己的学习进度。

从那以后，当梁梁在语文课上再看课外书时，王老师开始"睁一只眼闭一只眼"，有时课后还会和梁梁探讨一下书中的内容。在班会课、午休时间或写完作业的自习课上，王老师经常请梁梁向其他学生推荐一些他读过的好书，引导更多学生利用课余时间阅读经典。同时，她还结合调研结果，给孩子们开出了适合一年级学生年龄特点的书目。

一年级（6）班必读的30本书

1.《三字经》	2.《百家姓》	3. 《千字文》
4. 《安徒生童话》	5. 《格林童话》	6. 《影响孩子一生的101个经典童话》
7. 《阿凡提的故事》	8. 《二十五史故事》	9. 《资治通鉴故事》
10.《伊索寓言》	11.《成语三百则》	12.《十万个为什么》
13.《少年儿童不知道的世界》	14.《一千零一夜》	15.《尼尔斯骑鹅旅行记》
16.《木偶奇遇记》	17.《冒险小虎队》	18.《幽默水浒》
19.《海豚爱上热咖啡》	20.《画画猜谜唱儿歌》	21.《中外神童故事》
22.《稻草人》	23.《小兵张嘎》	24.《绿野仙踪》
25.《我的野生动物朋友》	26.《中外神话传说》	27.《流浪狗之歌》
28.《昆虫记》	29.《洋葱头历险记》	30.《动脑筋乐园》

慢慢地，一年级（6）班的师生共同开辟了班级图书角，举办了各种读书交流活动，如班级图书推荐会、亲子共读分享会、师生共读交流会等，一种爱读书、会读书、读好书的氛围在班里悄然形成。课余时间，经常会看到一年级（6）班的孩子在班里、楼道里，或蹲或坐，静静阅读。

不用统一的、强制性的标准去要求所有的学生，为不同学习进度的学生提供有差异的学习支持和个性成长空间，已经逐渐成为全校老师的共识。五年级的小茹同学英语水平很好，英语老师在确认她已经熟练掌握课堂教学内容的基础上，特许她在英语课上阅读《哈利·波特》《老人与海》等英文原版书；还有在音乐课上负责给老师伴奏的小钢琴家，在数学课上担任"小助教"的数学小天才……

生物的多样性是生物生存和健康发展的必要条件，一个生命个体所体现出的个别性或差异性是个体显示其生命力和存在价值的独特形式。社会发展实践证明，越是高度个性化的社会，它的整体力量就越强；相反，越是缺乏个性的社会，其整体力量就越弱。同样，在教育场域中客观存在的学生差异，是教育生态的必然因素，也是促进教育发展、学生成长的不竭动力。

因此，作为教师，不仅要承认学生的差异，适应学生的差异，更重要的是要学会利用差异，把学生个体差异转化为一种宝贵的教育教学资源，通过真正自由的对话、交流和互动，形成一种相互激发、相互提高、互补共生的生态关系，才能更好地实现每个孩子独一无二的成长。

数学课堂上的"货比三家"

元旦将至，各大商场都在开展促销活动，各种促销信息都与百分数直接相关。丁老师收集了几家商场的打折信息，心里有了初步的教学构想。这一天，丁老师以自己家中想要购买一台彩电作为导入，列出了4个商场的彩电优惠信息：

家乐福：本店所有商品一律降价 30%。欢迎选购。

国　美：本店所有商品一律 75% 出售。欢迎选购。

苏　宁：在本店购物 1000 元商品送 300 元。欢迎选购。

翠微大厦：本店所有商品一律打七折出售。欢迎选购。

这些信息刚一呈现，立刻就有学生提出家乐福和翠微大厦的商品最便宜，原因是打七折意味着现价是原价的 70%，也就是降价 30%，而国美只降价 25%。

还有同学细细地为老师算了一笔账：苏宁要购满 1000 元才奖励 300 元，看上去好像也降价了 30%，但必须满 1000 元才送 300 元，如果是 800 元就不送了，如果买 1800 元也只是送 300 元。所以，苏宁的彩电最不合算。

有同学补充道："这种送的 300 元不是现金，而是一种购物券，其实是引导顾客再次购物，这是商家的一种竞争手段。而且，那 300 元也不打折，不知道的人常常上当。"

短短几分钟的导入，丁老师自然地将百分比的知识引入课堂，课堂氛围因为生活情境的导入而异常活跃，之后学生学习百分数的过程就变得十分容易，这节课上得有滋有味，有声有色。连平时对数学不太感兴趣的孩子也积极参与其中，发言思考。

数学源于生活，同时又服务于生活。数学家华罗庚先生说过："宇宙之大，粒子之微，火箭之速，化工之巧，地球之变，日用之繁，无处不用数学。"因此，有效的数学教学一定是建立在丰富、真实的生活背景之上。这就要求数学教师结合学生的生活经验和已有的知识，适时地将学生熟悉的生活情景和感兴趣的事物作为教学活动的切入点，通过搭建课堂与生活之间的情境桥梁，为学生呈现一个五彩缤纷的数学世界，使学生感到数学就在身边，生活中的许多实际问题都可以用数学来解决，由此增强学生对数学的亲切感和应用意识，进而培养学生的自主创新能力。

"每日一题我设计"

在杨老师的班里，每天都有一道神奇的数学题，它刺激着学生学习的兴奋点，引导学生主动地思考与展示。这一道题不是老师的硬性作业，更没有任何人的监督评判，它是在学生自主选择下完成的，这就是呈现在班级小黑板上的"每日一题"。

最初，为了培养孩子的思维能力，杨老师每天将一道思考题抄在小黑板上。开始的几天，杨老师还能记得每天讲一讲这些题，可有时候一忙起来，这事就被抛到脑后了。一番思索之后，杨老师决定把"每日一题"交给孩子们来管理。每天由一个同学负责把题抄到小黑板上，并且在题目的后面签上自己的名字，然后挂在墙上。

没想到，孩子们对"每日一题"异常踊跃。在积极报名管理"每日一题"的孩子中，有勤学好问的孩子，有平时内向不善言语的孩子，更有调皮好动让老师经常操心的淘气包……杨老师被孩子们参与的热情感动了。看来，这个数学小天地也许真能为他们提供一个展示自我的机会。

在孩子们的自主管理下，"每日一题我设计"的活动顺利开展起来。短短一个学期，孩子们就自觉形成了学习团队，自己找题、抄题，自主思考讨论，明理解析……在每一天的积累中，孩子们慢慢地收获着、成长着。

对于许多老师来说，"放手"是一件很难的事。有的老师不愿放手，因为很多事情如果放手让学生做，必须要研究更多问题，在哪放手、何时放手、如何放手都需要认真考虑，精心设计，这远不如教师包办来得省事和轻松；还有的老师不敢放手，担心学生会变得自由散漫、难以管教，担心师生之间、学生之间会因为意见不统一而争执不休，教学进度难以保证。

教师放手让学生自主成长，就如同父母放手教孩子走路。我们决不能怕孩子摔跤而整天将他们护在怀里，那样孩子永远也学不会走路。只要教师循序渐进、有的放矢，开始"或则扶其肩，或则携其腕""既而去扶携，忧恐足未健"再则"翼护之，不离其身畔""继之更有进，步步能稳践"，学生必将不会辜负教师的这份信任。因此，老师要学会智慧地"放手"，做个"懒教师"，但"懒"字背后有学生，有目标，有方法，在信任与放手中培养勤奋的学生。

让日记"转"起来

日记，是学生习作的练习场，更是记载学生心灵成长的地方。当日记作为习作的一种自然形式在学生手中"转"起来时，会带来怎样的风景？

张老师开始带领学生写循环日记，如今这已经成为学生生活的重要组成部分，分享循环日记更是孩子们课堂中的一大乐事。在最初布置循环日记任务时，张老师并没有"一刀切"式地提出统一的标准和要求，而是根据全班学生男女性别、个性差异、能力强弱等情况，进行合理搭配分组，每组4人，以每个合作小组为单位，每天以一人为主完成一篇日记并不断循环。

班上每个小组都有颇具特色的名字，孩子们可以自由发挥创意，为日记本设计精美的封面及插图。每一篇日记，组内成员都会定期品评、赏析并修改，参加全班交流。每学期班里还会评出"最佳日记""最佳版面设计"等奖项。

"循环日记"是学生学校生活的真实记录。同样的生活，不一样的体验，在厚厚的日记本中，同学们有的倾诉内心的苦恼，有的讲述进步的喜悦，有的描写风雨美景，有的记述同学间的温情……在循环日记的欣赏课上，同学们争相传阅、欣赏，日记中的独特感受让人回味，风趣的语言让观者忍俊不禁。

一名学生因自己的懒惰而不去找丢失的书，同学帮助了他。他自责地写道：

我瞬间体会到什么是感动了。他的笑容触动了我，他满教室帮我找书的身影使我不能忘怀，虽然我什么都没能说出口，但心里暗暗思忖如何报答他的善良。

还有一名同学因无资格参加比赛而苦恼时，这样写道：

放手有些不甘心，若是不放手却仍然让人操心。不相信事实，而事实终究不会改变，是该放手了……试过，做过了，那就是放手的时候，因为那样不会让我们再次浸泡在痛苦中，放手吧！

翻阅着手中十几本由学生用心书写而成的循环日记本，望着那一篇篇充满着童趣、闪烁着童真、跳跃着童心的日记，张老师欣喜地看到学生们长大了，成熟了。同一题材，由于学生从各自不同的角度去观察、去思考，写出了文风、视角截然不同的文章，孩子们也真正从写循环日记中获得了乐趣。这种循环日记在学校的推广下开始在校园中流行，许多班级在借鉴的同时加入了各自的创意，有的日记变成接力创编的幻想小说，有的成为图文并茂的图册，还有的日记直接做成班级日志……

除了日记，在平时的习作课中，老师们也十分注重对学生观察、思考和表达能力的培养。秦老师在教学生完善读后感之后，会把每个孩子的选材都进行梳理。有时候发现学生的题目比较空泛，秦老师就会及时举些例子，引导学生用文章的主要内容作为题目。郁老师讲《假如》，因为文章选材与他们的生活息息相关，学生们积极参与，畅所欲言，抒发自己真实的感受，语感、评价能力都得到充分地培养和锻炼。

教师的退位是为了学生更好地进位。在这样的习作课中，教师不会多讲，表达的机会都留给学生。我们相信，当学生表达得更流畅时，他们的习作也会更精彩。

语文教师应该善于让学生把情感宣泄出来，习作便是引导学生抒发所思所想、宣泄感情的最佳途径。让学生用真诚的态度言说生活、描写世界，沟通彼此之间的感情，更能促进他们用心观察生活、感受生命。写作不是为了写出华美的文字，而是让我们回归真正有意义的生活，在学生七彩童年生活的记录中，老师们也能随时感受并观察着他们的成长。

学生自己编教材

学期初，李老师发现孩子们学习科学课程的兴趣不是很浓厚，特别是课程中最重要的科学记录环节，许多学生都只是漫不经心地写上几笔，应付了事。对此，李老师想出了一个新点子：这学期由学生自己编写科学教材：第一，这本书不是印刷的，而是手写的，每一名学生就是本书的作者、编者和校订者，因此要自始至终为这本书负责；第二，写作的内容以每课书的探究过程为主，中间可以穿插各种科学名词释义，本子的右边留白处可以记录自己的思考、问题困惑等；第三，记录本的第一页为本书序言留白，第二页为本书目录留白，最后一页为后记留白。这样写出来的教材全世界上只有一本，无法复制。

让孩子自己写教材，这个带点儿噱头性质的创意一下子吊起了孩子们的胃口，孩子们连连点头，一副跃跃欲试的表情。

以《生物的分布》一课为例，其中有一项重要内容是了解中国的珍稀动植物，孩子们对于大熊猫、银杏等珍稀动植物都很熟悉，但是并不了解这些动植物的珍稀之处在哪里，也不清楚世界上还有哪些动植物也濒临灭绝。所以李老师安排了一个课后探究的内容：查阅中国珍稀动植物的相关资料，说明原因，并在中国地形图上把这些动植物的分布地点标注出来，为期3周。

这种由学生自主探究的课程，受到了孩子们的热烈欢迎。一天晚上十点多，一位同学的家长给李老师发来了一条短信："连续两周了，孩子一回到家就开始查资料，做标记，乐此不疲，从不让我们插手。感谢李老师对孩子科学兴趣的培养，孩子的自信心越来越强。提起中国的珍稀动物，孩子能滔滔不绝地说上一个小时。"

不久之后，李老师拿到了这位同学自己编写的科学书，惊讶地看到"中国珍稀动物"这一个主题，孩子写了满满三页，不但详细列出了中国不同地方的珍稀动物及其地域分布图，思考栏里还密密麻麻地记录了她的思考："东北虎数量的减少主要是由于环境污染和人类的猎杀，大量的树木被砍伐使东北虎的栖息地遭到了严重的破坏。许多不法商贩收购虎皮、虎骨，也让东北虎不断被猎杀。真是令人痛心。照这样下去，大自然的生态平衡被破坏，人类早晚也会尝到自己酿的苦果。"

李老师怀着激动的心情翻阅着这本科学书，深深为孩子们的成长感到高兴。毫无疑问，编写科学书的经历让这个孩子不再把学习当任务，在积极主动的探究中学会了分析和思考问题。李老师郑重地在全班同学中间传阅了这本科学书，孩子们深受鼓舞和启发，逐渐发展出了不同风格的科学书。

在《观察身边动植物》单元里，擅长绘画的祎烔同学在自己编的科学书上图文并茂地展示了杨树、油松、龙爪槐等植物的生长特点；颇有研究意识的益瑶同学采用实地考察的方法，详细梳理了教室、校园、社区乃至路边每一种动植物的生长范围、数量；紫竹同学则更细致地考察了蚂蚁、蜗牛、金鱼等身边常见动物的运动方式、赖以为生的食物、生活地点和遇到危险时的反应，并总结出了动物的共同特征：都会运动、遇到外界刺激都会做出反应、都需要进食、都能繁殖后代、都需要在一定环境中才能生存。

就这样，教材中抽象的理论知识在孩子们的实地观察中变得真实可感，孩子学习科学的兴趣愈加浓厚，研究科学的意识逐渐增强，一种愉悦的、富有成就感的、高效的学习氛围悄然而生。

有效的教学不一定是教师教学生，学生自己也可以教自己。创造性地使用教材，引导学生走进教材，发现并理解教材的意义，进而补编教材，创造适应学生发展的新教材，是学生进行自主学习的一项很好的实践。这样的学习不刻板、不枯燥，让孩子乐于去实践去探索。更重要的是，教材是课程的

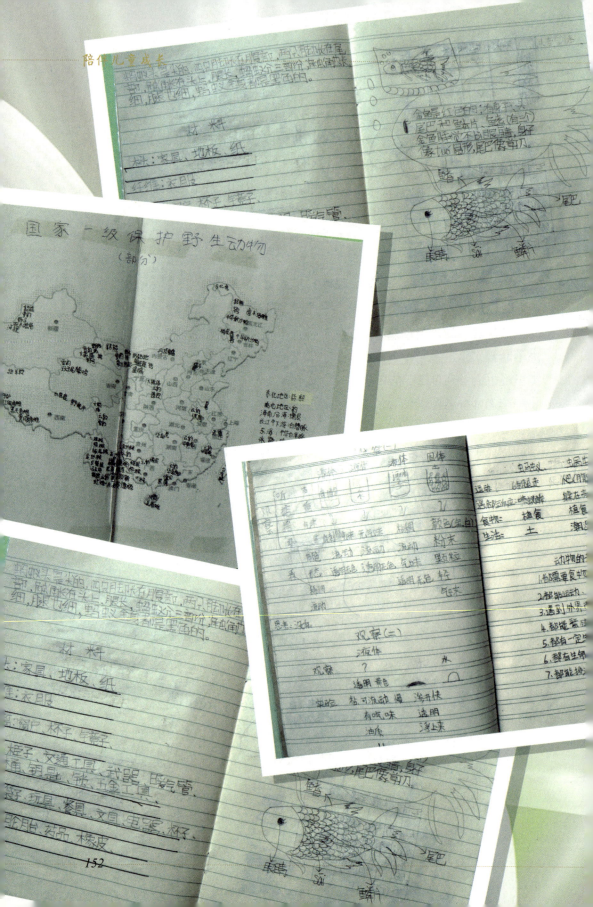

文本表现形式。学校让学生自己编教材在一定程度上是有意识地把孩子纳入课程研发过程中来，使之成为课程开发的主体，进而成为学习的主体、教育的主体。

源自于学生的课堂"论语"

课堂是一段未完成的对话，期待着教师的挖掘与完善，等待着学生的生成与创造。因此，教师应尊重每一个学生在教学过程中的独特体验，抓住稍纵即逝的生成性资源进行开发，激发学生的生命活力。

荣霞老师已经接班一年了，经过一学年的磨合，学生们在课堂上思维越来越活跃，发言越来越踊跃，语言表达越来越精彩。渐渐地，荣霞老师发现每节课上都会涌现出一些学生创造的经典语言，让老师和同学们惊叹。可这些课堂上凝聚着学生智慧的火花因为没能及时记录下来而一闪即逝，时间一长，大家也就淡忘了。许多时候，荣霞老师都会为此深感遗憾。

学习了《荷塘旧事》这篇散文后，学生们对文本产生的热情及对文章深刻的领悟都令荣霞老师难以忘却。那精彩的课堂语言，那个性化的独立思考，促使荣霞老师有了将学生的语言立刻记下来的冲动。这些妙趣横生的语言都是孩子们灵感与智慧的折射，如果只是一带而过那真是太可惜了！可怎样才能将这一幕幕精彩而风趣的情景留住呢？

荣霞老师想到了一个好办法。她引导学生写课堂语录，将课堂所想、所言落到笔头上，记录又是一个回味学习的过程，也是对语言组织运用的润色过程。学生们自己也很满意课堂上的精彩语录。大家调皮地形容："一闪一闪亮晶晶，课堂闪烁小星星"，我们来一起欣赏一下这些美丽的"星星"吧。

学生课堂语录

《荷塘旧事》

1. 这样的景色，真可谓是"风吹水面层层浪，光照塘面点点星"啊！我来改编一句诗："欲把荷塘比西子，淡妆浓抹总相宜。"

2. 荷塘多会打扮自己呀！以碧叶做青衫，用粉荷当花裙。

3. 这有限的荷塘，给了"我们"无限的乐趣。

4. 这"桑拿"是天然的，是大自然送给我们的礼物呢！

5. 整个荷塘像一个大眼睛，在用柔和的目光看着我们，而荷塘中又有许多小眼睛在顽皮地眨着眼，这是多美的景色啊！

6. 现在天上有星，水面上也有星，都分不清哪个是水，哪个是天了。

7. 这繁星，这明月，这景象，真是宁静迷人啊！

《别挤啦》

1. 在思想的王国中，你可以为所欲为，但在现实生活中，你不能越雷池半步。

2. 生活就像一场跑步比赛，在你的跑道上，你可以纵情驰骋，但你决不能串道，决不能违规，否则黄牌提醒后就该红牌罚下。

3. 在这无限大的世界里，每个人都有自己的一方天地，心胸狭隘的人啊，不要再挤了！

4. 在心门上为善良写出"欢迎光临"，为丑恶挂上"丑恶免进"！

5. 敞开心窗吧，让善良的阳光照进来。

6. 做心灵的看门人，不要让丑恶偷偷潜入你心底。

7. 丑恶就像传染病，只有打了"善良"这支预防针，才能将丑恶拒之门外。

8. 好事可以聚沙成塔，坏事可以集腋成裘。

9. 你尽可以让你的思想成为一匹脱缰的野马，可是在现实生活中，还得用尺度约束着点儿自己。

《黑孩子罗伯特》

1. 尽管丽莎这朵玫瑰花凋谢了，但黑人与白人间的友谊之花却悄然绽放了。

2. 丽莎和战斗机就像天平的两端，罗伯特都不知道该倾向哪一方了。

3. 破败的家境、卑微的地位、无理的辱骂，小罗伯特该有多痛苦啊！

4. 为了给这朵逝去的玫瑰送上自己最后的祝福，小罗伯特付出一切在所不惜。

5. 丽莎的脸蛋如玫瑰花般美丽，罗伯特的心灵如玫瑰花般美好。

6. 家，本应是温馨的港湾，可在小罗伯特的心中，却成了痛苦的泥沼。

7. 小罗伯特有一颗淳朴、纯真、纯洁的心。

《企盼世界和平的孩子》

1. 雷棣懂得了，他要用自己柔弱的肩膀，为妈妈撑起一片晴空。

2. 不要让和平之花在战火中凋谢，不要让和谐之树在硝烟中枯萎。

3. 战争，不要！硝烟，不要！

4. 父亲的殉难，使雷棣找到了心灵的方向，努力的目标，一生的宏愿；给了他前进的动力，进步的源泉和一颗顶天立地的男子汉的勇敢、自信的心。

5. "最高的圣德是为旁人着想。"这不就是雷棣吗？

6. 原来雷棣是享受别人的爱，现在他是让别人享受爱。

……

瞧，一旦解放了学生的脑，解放了学生的口，解放了学生的思维，解放了学生的情感后，尽情释放出的就是这些原汁原味、源自学生心灵的话语。他们聪明的头脑、敏锐的思维，创造出了精辟的、睿智的、深刻的、耐人寻味的"语录"。每堂课都成为学生们绽放智慧火花的时机。

每个学生都是一座宝库，只要用心挖掘，就会获得惊喜。荣霞老师的灵机一动，让学生用"课堂语录"将灵动的课堂瞬间固化成永恒，也将自己激荡的智慧和美好的回忆永远留驻。这样的语录仍然在继续着，课堂的精彩不仅写在了孩子们的语录本上，也写进了孩子们美好生命的记忆里。

第四章

教师是儿童成长的知心人

教育是一个春风化雨的过程，儿童的成长离不开教师耐心、细心和智慧地陪伴。在儿童成长过程中，我们提出，一名好老师就是一门好课程，甚至可以说是最重要的课程。当教师以一颗童心，去看待孩子们的每一次喜怒哀乐，接纳他们成长道路上的每一次成功，宽容他们的每一次失败，以孩子们的方式，主动走进他们的内心，成为陪伴他们成长路上的知心人，那么教师的专业发展就会充满智慧的光芒与阳光的温度，师生之间就能够息息相通、心心相印，在彼此心领神会间走向共同成长。

/ 一 / 用"心"疼孩子

疼爱孩子，是教育工作者毋庸置疑的职责所在。从某种意义上说，一个人的成长，最大的问题不是他的生活处境如何，而在于他能否得到陪伴、抚爱和鼓励。疼爱是陪伴教育的要义之一。可以说，在一个有爱、有鼓励、有帮助的教育环境中，即便在其他方面有些错失或遗漏，孩子照样可以很健全、很健康。

给孩子涂鸦的空间

低年级的孩子喜欢模仿，教室前的大黑板便成了孩子们眼中的一块"圣地"，他们崇拜老师，羡慕老师能在黑板上绘图、写字。每到下课，孩子总会借着擦黑板的机会，悄悄地捏起粉笔画上几笔，歪三扭四地写上几个字，有时还会兴奋地体验一把当老师的感觉。

在多年的教育实践中，我们发现，很多成长中的孩子往往会把自己的心事写进草稿纸，或者通过无意识地写写画画表达心情以及成长的各种烦恼。可以说，孩子们随手涂鸦的方式为我们教育工作者深入儿童内心、了解儿童心理创造了可能。但是，孩子们的涂鸦仍需要正确引导，因为随意涂鸦并不是一个好习惯。

二年级（1）班的班主任陈老师找到一块上届学生留下的小黑板，将这块小黑板挂在教室内侧的墙壁上，专门为孩子们开辟了一块涂鸦区，让学生每天按学号轮流使用这块小黑板。孩子们高兴极了，每次轮到自己都异常兴奋。

涂鸦的时间长了，慢慢地，孩子们不再单纯满足于乱涂乱画，而是不约而同地开始在涂鸦区进行"绘画创作"，不太擅长绘画的孩子还会邀请同伴一起创作。每天的课间、上完操的间隙、清晨早读前的几分钟、放学整理书包的片刻等，都能看到孩子们认真涂鸦的身影。

有一次，班里的显庭同学病了。当天涂鸦的同学就画了一幅《病房图》，病床上的孩子盖着厚厚的棉被在输液，窗外小朋友在为他唱歌跳舞，上边还写着一行小字："祝罗显庭早日康复。"陈老师被孩子的善良和真诚深深打动，她把照片发给显庭同学的妈妈，显庭妈妈十分感动，给陈老师回信说："孩子高烧4天，情绪很低落，看到照片，高兴极了。"

到今天，涂鸦区早已成为学生们创意的天地，除了抒发心事、诉说苦恼，孩子们还在这里写谜语、讲故事、写成语、出脑筋急转弯、讲数学题等。陈老师根据涂鸦内容时常和孩子们沟通、交流，更好地走进了孩子们的内心世界。初秋时分，孩子们在涂鸦区画上了飘散的落叶，陈老师就引导孩子们下操后捡自己喜欢的树叶做树叶画儿；深冬雪季，孩子们在涂鸦区兴奋地写道："啊，下雪啦！"陈老师就带着孩子们来到操场堆雪人、打雪仗，在雪中寻求课堂之外的快乐体验；周一的涂鸦区通常只有寥寥几笔，陈老师观察到因为刚过周末，孩子们的注意力一时很难集中在学习上，所以陈老师将周一定为展示分享日，让孩子利用班会、午休、管理班时间展示自己的拼插玩具、小手工，分享读书心得等。就这样，小小的涂鸦区成了孩子们班级生活的一块乐土。

孩子们的涂鸦不仅仅是简单、随机地画画，更是孩子心灵世界的展现。孩子们通过涂鸦传递出来的心声被老师用心地捕捉到，既可以满足孩子的愿望，又能体会到校园生活的乐趣。可见，小小的涂鸦空间不仅为孩子们提供了一方释放童年生命张力的舞台，更为师生关系的改善搭建了沟通、交流的平台。

特需便签中的关爱

对于接手新班级的班主任来说，开学初的一段日子很重要。教师面对的是一个新的学生群体，群体中每一个孩子的个性特点与成长需求不同，有些孩子很快会引起老师的注意，有些孩子却不然。如何能够尽快了解全班学生的特点和特殊情况呢？张老师想出了一个好主意：特需便签。

在开学第一天与家长的见面会中，张老师发给每位家长一个便签，让各位家长填写自己孩子的特殊需要，如饮食方面有没有什么过敏源、身体有没有什么特殊情况、性格特点如何、有何特长爱好等。

收到家长交上来的便签后，张老师开始细心整理便签的内容。果然，张老师在特需便签中了解到孩子的许多情况。比如，班上一个孩子在肩膀处有一个血管瘤，因为藏在衣服下面，平时根本看不出来。张老师得知此事后，迅速和体育老师交流情况，请体育老师在安排活动时考虑到孩子的特殊性；还有一个孩子患有哮喘，张老师就将孩子父母的电话号码写在讲台的注意事项表上，一旦有突发情况，不管哪位老师上课，都可以尽快联系到孩子父母；有的同学对海鲜过敏，张老师牢记于心，每次都会细细叮嘱前来值班的老师，保证孩子的饮食安全；还有的孩子视力不好，每周都会去医院矫正视力，张老师常常提醒他写字时坐姿要端正，下课时间一定要看看窗外和远方，放松眼部肌肉。

"特需便签"中表达的是孩子们的特殊需要，折射出的是老师对每一名学生的深切关爱。疼爱孩子，就是关注孩子每一点细微的需求，给予孩子每一次无声的关怀；疼爱孩子，就是不忽略、不遗忘每一个孩子，让每一个孩子都有被关注、被重视，甚至被珍视的感觉；疼爱孩子，就是要用真挚的情去感染孩子，用浓浓的爱去熏陶孩子，带给孩子更多的心灵正能量。

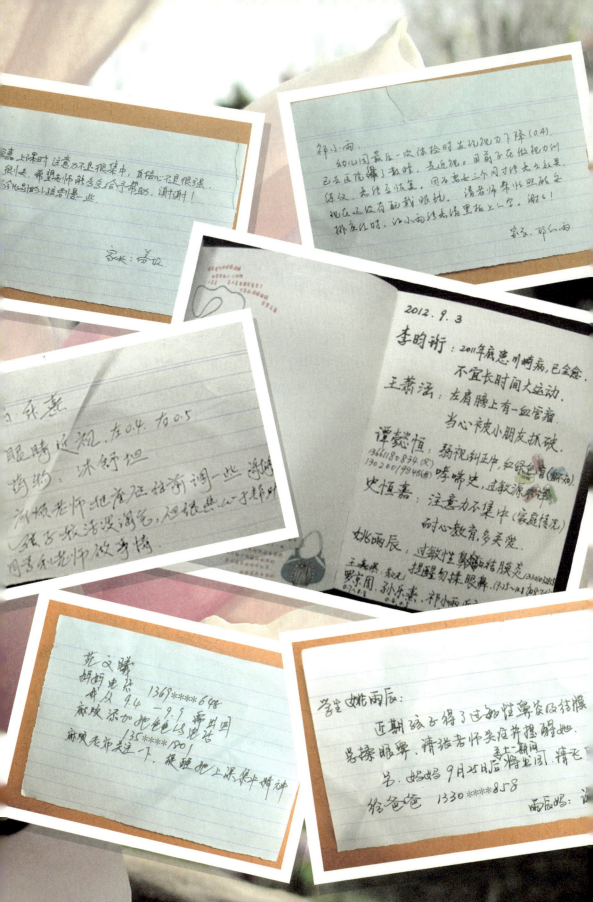

创造表扬的理由

我们常说，"要用放大镜去寻找学生的优点"，这是让老师寻找学生的优点。不过，董老师棋高一着，在她的班里，她让学生自己找自己的优点："孩子们努力吧，想办法让老师表扬你们。"

一年级刚入学，有几个男孩子特别淘气。每次课前，董老师都会不厌其烦地提醒他们遵守纪律，认真听讲。不过，其他老师来反应情况的次数并没有因此而减少。几个淘气的孩子每节课都不消停，不是随意说话，就是任性打闹。一连几周，董老师有些按捺不住了，必须得想个办法解决这几个小家伙的问题。

一大中午，董老师把班上几个出了名的"小闹将"请到了办公室。一进办公室，董老师先沉默了大约5分钟，孩子们也由刚进来时的无所谓逐渐变得严肃紧张。感觉时机差不多了，董老师便假装一边判作业，一边若无其事地说："积分榜上你们早就不够100分了，反正你们也不在乎，这样吧，我一会儿和同学们说，你们不参加积分活动了，看哪个小组要你们，如果没人要，就一人一个位子在教室后面坐一排吧。"几个小家伙一听立刻急了，马上承认错误："老师，我们改！"

这句话几乎是他们的口头禅了，但每次都是三分钟热度。这时，董老师转向他们，说："要给老师表扬你们的机会。我特别想给你们加分，可是，劳动看不见你，学习成绩排不上你，纪律上你表现最差，老师怎么给你加分呀？即便加上，同学们也不服气呀。"接下来，董老师列举了许多可以受到表扬的例子，告诉他们，只要被连续表扬两次，肯定能加10分。"看你们几个谁先得到加分。"

接下来的日子变得很有趣。孩子们一改往日的吊儿郎当，开始非常认真地对待加分这件事。上课举手可以加分，主动拖地板可以加分，作业交齐可以加分，认真书写也可以加分……几个顽皮淘气的孩子在期待老师的表扬中慢慢地改变了。

莎士比亚说："赞赏是照在人心灵上的阳光。"在现实生活中，每个人的内心都渴望得到阳光，孩子们尤其如此。有时候我们不经意的一句话就会伤害了他们的心灵，有时候一句鼓励的话却可以成为他们前进的动力。没有不渴望表扬的学生，尤其是对于一些淘气的、期待成功的孩子，赞扬和鼓励的力量远远胜于批评和嘲笑。孩子的转变轨迹恰恰体现出了人性中最为本质的东西，即渴望获得承认与赏识。发自内心的承认、赏识与赞许像一剂良药，最能治愈人的心灵。

让学生自己给自己找优点、加优点、学优点、长优点，为学生创造因为优点而获得表扬的机会，让他们感知表扬带来的心灵正能量，学生的成长就会成为自然而然的事。

帮助孩子从跌倒处爬起来

翠新老师班上有一个叫小岷的男孩，人长得虎头虎脑，宽亮亮的脑门，胖嘟嘟的笑脸，大大的眼睛，很是活泼可爱。开学初的班会课上，听到要选班干部了，这个小家伙和大多数学生一样表情严肃地坐好，挺直了腰杆。然而，在学习委员、纪律委员和卫生委员三个职位竞选中，他都名落孙山。此时的小岷委屈极了，带着一种困惑、求助与期待的目光望向翠新老师。翠新老师的心被小岷的眼神拨动了，心想一定要好好地保护小家伙的自尊心。她先是当众表扬了小岷愿意为大家服务的决心，然后引导其他学生说出小岷需要改进的地方，争取下次竞选成功。小岷听到同学们的意见后，脸红了。

课后，翠新老师把小岷叫到了身边，和他一起分析课上同学们给他指出的问题。然后，又取过自己的记事本，为小岷写下了两句话："从小事做起，时刻守纪律，给大家留下好印象；从跌倒处爬起来，更多的机会在等着你。"小岷看着上面的话，重重地点了点头。

此后，翠新老师课上课下也给予了小岷更多的关注：当他桌上乱糟糟时，翠新老师一个眼神，小岷就立刻开始清理；当他埋头玩耍耽误听课时，翠新老师走过去看似无意地摸摸他的手，小岷会赶紧端正坐好；当他精神抖擞地行走在队伍中时，翠新老师适时表扬，为他注入"兴奋剂"，让小岷骄傲地前行……

后来，班上设立了"我是班级勤务员，集体事情大家管"专栏，由同学们自领任务，为班级做贡献。小岷以较高票数当选了"课桌长"一职，负责摆齐桌椅的工作。这一次，站在同学面前，小岷的脸上露出了成功的喜悦。

此后，每天课间和放学后，小岷都会认真地站在课桌椅前猫着腰，直直地伸出手臂，衡量着桌椅的整齐度，翠新老师看在眼里，心里充满了欢喜。

做一个有思想、有温度的教师，让学生感到温暖、安全和快乐，这是中关村一小全体老师的工作准则。班主任的温度，既不能太热，也不能太凉，那是一种适合学生、让学生感觉最舒服的温度。学生被这种温暖所包围，跌倒了也不会害怕，能够迅速重新爬起来。

拥抱时间

红波老师的班里有两个经常斗嘴的"小冤家"，入学两个月来，两个6岁的小姑娘经常因为一点儿小事争吵得不可开交。尽管红波老师多次开导、协调，但没过多久，两个人又会吵起来。

习惯了以自我为中心，凡事多从自我利益出发考虑问题，这是目前独生子女的通病。特别是从幼儿园到小学，刚刚进入一个新的集体，不少孩子不知道如何与人相处，如何建立良好的同伴关系。与同伴发生矛盾时，也不知道如何面对和处理。这时，如果老师只是简单地告诉学生"要团结同学""要谦让"之类的道理，处于衔接阶段的孩子很难理解。既然这样，老师就应该帮助学生拉近情感之间的距离，让学生学会接纳同伴，建立信任感。

如何让孩子接纳彼此，拉近情感之间的距离？一件看似不经意的小事给了红波老师启发。一次午休时间，红波老师照例带着孩子们来到操场上活动，被两个紧紧抱在一起跳着、笑着的孩子所吸引。当红波老师询问他们为何如此高兴之时，两个孩子大声地说："因为我们是好朋友，所以他抱我我就很开心。"

是啊，孩子们拥抱在一起的时候是那么开心与快乐，那为什么不让孩子用拥抱来拉近彼此之间的距离呢？于是红波老师和孩子们共同约定：把课间操结束后的时间定为"拥抱时间"，在这一刻，孩子们可以尽情地和同伴拥抱。

第一次的拥抱时间到了！孩子们围在一起新奇地四处观望，寻找想要拥抱的同伴。班里最瘦小的司晨同学笑着对红波老师说："老师，我要和赵博文拥抱。"胖胖的博文同学一下子把瘦小的司晨抱起来，全班同学都大笑起来。有的孩子还打趣说："赵博文是大力士！"教室里充满了快乐的笑声。于是，

　　孩子们纷纷地和自己的好朋友拥抱了起来。连平时关系紧张的佩佩和瑶瑶也被教室里的友好气氛所感染，尽管没有和对方拥抱，但两人看向对方的眼神明显多了几丝笑意和友好。

　　看着孩子们溢满快乐的笑脸，听着孩子们发自内心的笑声，感受着孩子们之间的温暖与友善，红波老师深深地体会到孩子是多么享受来自他人的关爱。同样，在拥抱时间里，红波老师也享受着来自学生的爱。一个平时经常会被老师特别提醒的女孩小声对红波老师说："老师，我想和你拥抱。"红波老师笑着说："来吧孩子，老师也想抱抱你。"羞涩的小女孩给了红波老师一个深深的拥抱，同时还送了一个甜甜的吻。其他孩子看到也纷纷过来和老师拥抱。

渐渐地，"拥抱时间"成了一天中孩子们最期待的时刻。孩子们之间的相处更加融洽了，心灵的沟通更加顺畅，争吵声少了，交流变多了；告状声少了，笑容变多了。一个小小的拥抱，不仅拉近了学生间的距离，也让老师和孩子们的心贴得更近了。生活在这样一个充满温暖和爱的集体中，孩子们不断收获着成长的幸福。

心理学研究表明：拥抱是人类心理和精神发展的重要因素，经常能获得拥抱的孩子，性格和智力会得到很好的发展。当孩子接受来自他人的拥抱时，他们内心会涌起一种感觉："我是被爱的，我是重要的。"这份感觉会带给孩子一种积极向上的情感体验，避免潜意识中的不安全、孤独、焦虑，乃至自私，让孩子获得一种集体序位感和归属感。另外，拥抱还是一种带有治愈性的肢体联结，日本曾有一位医生用拥抱来治疗孩子的心理问题，效果出人意料地好。

爱是简单的，伸出双手将对方纳入心怀，爱就开始萌芽。

随身携带的"灭火器"

急躁是小学生常出现的情绪反应之一。美国脑神经科学家们研究发现，发育期的青少年，正处于大脑前额叶皮层发育的阶段，大量的神经连接正处于"改造"之中，这会导致发育期的青少年情绪变化激烈、举止急躁、爱发火。这时候，教师就要学会"灭火"，使学生顺气、宽心、明理。

作为海淀区首届十佳班主任、海淀区班主任名师工作室导师，李老师就随身携带着一台"灭火器"。

李老师教的六年级（2）班有一名脾气火爆的孩子——韩韩。一天，在李老师进教室上课时，韩韩正在班里咆哮着："周周，你等着，你出了校门，我揍死你！"全班同学都吓得呆住了。

当韩韩第三次站起来咆哮的时候，李老师平静地、面带微笑地看着他。韩韩吼声一落，李老师立刻向他竖起了大拇指。同学们见李老师不但没发火，反倒是要表扬韩韩的意思，都惊讶极了。李老师不温不火地说："韩韩，勇气可嘉啊！敢于在老师和同学面前怒吼，真性情！来，给你几张作文纸，把你刚才说的话和你还没来得及说的话一并写下来，好吗？"韩韩诧异地接过作文纸，虽一脸气呼呼的，但一句话也不敢再说了。

李老师转过身，又对吓得一声不吭的周周笑着说："周周，你真棒，能让韩韩不顾形象在教室里大喊，真有能耐！不过，一个巴掌拍不响，以后注意说话要三思啊！"周周眨着眼睛点点头。这两句话说完，刚刚还火药味十足的气氛渐渐缓和下来，同学们悄悄地松了口气。这时，李老师又发现小画家卓儿正捂着胸口喘气，又灵机一动："卓儿，你绘画水平高，又受了惊吓，怎么释放好呢？这样吧，把你看到的、感受到的画下来吧。"孩子们会心地笑了。

经过李老师的一番"灭火"，两个孩子的火气和全班同学的惊恐都消失了，教学正常地进行了下去。下课后，李老师才把两个吵架的当事人叫出了教室，两个孩子早没有了刚才的水火不容之势，很快握手言和。

为什么李老师能这样迅速地"灭火"？是因为李老师懂孩子，了解孩子的心，知道如何化解孩子的矛盾。这就是李老师随身携带的"灭火器"。

面对暴躁的韩韩，李老师面带微笑，没有当众批评，而是给他稿纸让他把未发泄的愤怒化为笔下的文字，既给了他面子又让他知道乱发脾气是有代价的；对周周，李老师也没有仅限于安抚，还指出了他的错误，避免以后又与同学发生矛盾；甚至这场"战火"的旁观者卓儿惊恐的情绪也得到了安抚。李老师就这样既维护了孩子的自尊心，又解决了课堂上的问题。

知名教育学者成尚荣曾经说过，教育要从研究儿童出发，要研究儿童、回到儿童。只有这样，教师才能从朴拙走向智慧。从入职的第一天起，李老师就给自己提了要求，要研究孩子，读懂孩子。从带第一个班开始，李老师就会通过家访、电话、短信等方式与每一位家长联系，尽可能详细地了解孩子的学习习惯、兴趣特长、脾气秉性等。李老师又是一个好学的人，多年来，她不断地研习儿童心理学，学习教育哲学，从苏霍姆林斯基、霍懋征、陶行知等中外教育名家的专著中寻找滋养，积淀智慧，积累了许多教育心得。因此，遇到学生出现问题，李老师能够用最容易令孩子接受的方式进行处理。

如今，李老师又收了几个"徒弟"，几位年轻老师也在李老师的指点下练就了自己的"本事"：妍妍老师带班严谨，注重学生生活与学习规范的养成，教出了一个个"小绅士"和"小淑女"；晓霞老师善于抓住学生的兴趣点，调动他们的积极性，班上的孩子思维非常活跃，班级文化墙上处处都是学生的大作；小征老师的研究能力很强，善于积累和总结，各种管理的小妙招令学生受益匪浅；学文老师是一个非常有爱心的老师，并且以身作则，注重用爱心感染和熏陶学生，班级氛围友爱和谐；小伟老师年轻有活力，带出的学生也非常活跃，学生的创新意识和创新能力较强。

教育是长久之力，不是一日之功。在中关村一小，像李老师这样的班主任还有很多，他们用无限的耐心和爱心呵护着不断成长的儿童，用专业的智慧和能量引领着学生的精神成长，用无私的情怀对"徒弟"倾囊相授。他们构成中关村一小高素质的教师团队，一个拥有着大气、雅气、灵气特质的教师团队。

没有找到好的方法教会你，老师很抱歉

六年级监测成绩出来了，党校校区三个班的语文成绩全 A！一听说这个消息，老师们的脸上都露出了欣慰的笑容。

其实，在关注学生全面发展的中关村一小，考试和分数从来不是评价学生的唯一手段和标准。全 A 的成绩之所以令老师们如此高兴，是因为党校校区六年级的学生多半都是外来务工人员子女，原来的学习环境不佳，知识基础也比较薄弱，能取得这样的成绩着实不易。

为什么学生们会取得如此大的进步？走进六年级的教室就会明白。老师们辛勤工作没有怨言，对孩子们发自心底的关爱从他们时而焦虑、时而欣喜的表情中就可以感受到。老师的付出也潜移默化地影响着学生，老师疼爱学生，尊重学生，学生也会更信赖老师。在这样的氛围中，孩子们越来越懂事，越来越愿意主动学习，遇到不明白的地方也敢于直接质疑，老师总是耐心地为他们讲解，直到明白为止。

"没有找到好的方法教会你，老师很抱歉。"这是老师们常挂在嘴边的一句话。还有什么话语能让学生如此感动呢？正是师生之间如此亲密融洽的关系，让六年级的学生和老师互相信任，和谐相处，形成教育合力，才最终取得了如此优异的成绩。

好的师生关系就是好的教育，此言不虚。对于学生而言，一天之中与老师相处的时间比父母还长。只有师生关系和谐了，教室的环境才是自由、安全的，一天的学习生活才是快乐的；只有师生关系融洽了，教师和学生的心

才会向彼此敞开，教育的奇迹才会发生，孩子们也才会带来与众不同的惊喜。基于这样的思考，学校将 2013 年定为"师生关系改善年"，意在引导教师更加注重改进与学生的关系。

其实，就如何改善师生关系这一论题，富有教育智慧的老师们早已开始了自己的实践与探索。红波老师的"爱我你就抱抱我"，鼓励学生与老师、学生和学生之间通过拥抱变得友善亲密；陈静老师的"教室涂鸦区"是孩子们心中的圣地，老师在孩子们自由的表达与宣泄中了解孩子的所思所想；霖林老师的"爱孩子就要尊重差异"，强调对不同层次的孩子倾注一样的爱。还有文慧老师的"与孩子相处我就想两句话——假如我是孩子，假如是我的孩子"，杨海老师的"不必苛求孩子，给孩子一个台阶有何妨？退后的一小步换来孩子前进的一大步"等都是老师们改善师生关系的智慧。

高尔基说过："谁最爱孩子，孩子就爱他。只有爱孩子的老师才可以教育孩子。"教师用浓浓的爱与智慧构建起了良好的师生关系，良好的师生关系成就了好的教育，进而使学生的学习动机由单纯的认知需求上升为情感需求，使教师的工作动机由职业需求上升为价值需求。

我们相信，一个充满爱与智慧的教师，一份良好的师生关系，将会激发出强劲的教育正能量，实现教育质量的不断提高。改善师生关系，改变从我做起。中关村一小的校园中弥漫着师生融洽的和美气息，相信这种气息会让更多的教育奇迹在这里发生。

好老师什么样

在每个生命成长的初始岁月里，教师都扮演着重要的角色。"古之学者必有师。师者，所以传道授业解惑也。人非生而知之者，孰能无惑？惑而不从师，其为惑也，终不解矣。"有好的教师才有好的教育，对于童年时期心智尚处于蒙昧状态的孩子，遇到一位好老师，不仅能够开启其生命智慧的大门，更能够实现其个体价值内涵的完善与补充。

成为一位好老师，这应当是每一位一线教育工作者终身的追求。

好老师什么样？在学校教育场域内，教育工作者对于好老师的理解与认知，意味着他此后的教育教学实践，将建立在他所期望成为的那种教师标准的基础之上。传统观念中公认的好教师的标准就是要教好书、让学生考出好成绩，但随着考试这一评价手段的合理性不断受到质疑。这早已不再是评判教师的唯一有效标准。

在大量的教育教学行为中，我们不断深化对好老师的理解，但一直以来，教师们的心中并没有一个统一的认知。于是，我们开始思考，如果能够通过讨论、研究、学习、梳理，鲜明地将好老师的内涵与标准呈现在教师们的面前，这无疑是对教师未来努力方向的一种有效的专业引领和自我鞭策。据此，中关村一小在 2013 年初秋的新学期工作计划中，将"好教师在这里"明确为重点工作之一，并引导教师们在结合 2012 年"疼孩子"和"中美英课堂教学研讨会"两期教师论坛的基础上，对于好教师的内涵与标准展开了初步讨论。

我们认为，好老师必须要疼爱孩子。教师的爱是学生成长的源泉，陶行知先生曾说："爱是一种伟大的力量，没有爱便没有教育。"教师的爱是开启学生心灵大门的密钥，教师只有把"爱"放在首位，去倾听学生内心深处最真实的声音，与学生建立起信任、平等、和谐的师生关系，才能获得学生的充分信任，才能真正走进学生的心灵，拨动学生精神成长的琴弦。心灵的自由驰骋、生命的色彩斑斓、智慧灵光的不断闪现……这一切都有着爱的底色。像汤普森夫人爱泰迪一样去爱每一个独特的生命，做孩子一生遇到的最棒的老师。

幽默也是好教师必备的要素之一。在孩子们的世界里，他们更喜欢能教给他们丰富的知识和能力，同时又能给他们的学习生活带来快乐的老师。这样的老师往往能够用具体生动的事例丰富课堂，能够将深奥的道理讲得深入浅出，引人入胜；这样的课堂充满了教师鲜明的个人风格，40 分钟的课时，教师妙语连珠、风趣幽默，学生聚精会神、思维激荡，学习不再是沉重的包袱，而成为一件快乐的事。

就像人的指纹一样，每一个学生都有自己独特的标识和生命的印记，都有着自己不同的来路，也终将有着各异的发展方向。但在现实的教育情境中，我们更多强调的却是统一，学校就像工厂，学生如同机器零件一般被流水化的作业批量生产。在这加工厂般的教育背后，隐藏的是同样没有个性的大一统的教师队伍。陈寅恪先生一再推崇的"独立之精神，自由之思想"，在我们校园中还有多少人在践行？"不自由，毋宁死"的精神，又有多少人还依然保持？教师中独立的思想者的稀缺，不仅是教育的遗憾，更是民族的悲哀。一个没有个性、精神缺钙的教师怎么可能教育出个性鲜明和创造力丰沛的学生呢？因此，教师们明确提出，好老师应该是有个性的、独立的、自由的思想者。

好老师的"好"是形形色色的、因人因事而异的，好老师的内涵也是随着时代发展而不断丰富和拓展的。要穷尽对好老师的理解那也是不现实的，但我们应该始终保持对好老师的理想追求，既要把好教师当作一种教育追求，更应该把做好教师当作一种教育信仰。这样的教育信仰一旦形成，就会成为一种相对稳定的精神力量，影响着教师看待和推进教育的真意。

"古来何物是经纶，一片青山了此身。"当我们一生都为了做好教师而努力时，也就此生无愧了。

/ 二 / 教师的智慧从哪里来

学高为师，身正为范。好教师本身就是一种潜隐或外显的教育力量。教师与孩子在一起的每一分每一秒，都是在通过自己的行为示范引领着孩子的成长。因此注重教师自身的专业发展，引导教师通过持续地学习与研究不断开阔视野，实现自我提升，是陪伴学生成长过程中至关重要的因素。学术大师的专业引领、教师同伴的智慧共享、异域文化的鲜活灵动等，都可以成为教师专业发展的源泉。

学术休假

学术休假是 1880 年由哈佛大学首创的美国大学教师发展的重要形式，研究者每隔一定年限，在全薪或减薪的情况下，就会休整一年或用稍短的时间来外出学习、休养或旅行，借助异域文化的新鲜和精彩来激发研究者的创造力。受此启发，学校利用寒暑假休息的时间，积极安排教师们走出校门，走出国门，并邀请校外、国外教师团队到校，进行学术研讨活动，我们也将这种学习形象地称为"学术休假"。

近年来，学校先后派出大批教师到北京大学、北京师范大学、首都师范大学聆听大学教授关于中外文学、比较教育研究、教育科学研究方法等课程的培训；到江苏洋思中学、山东杜郎口中学、东北师大附小等教改示范学校共话高效课堂的建构；组织英语教师团队与上海高安路第一小学英语教师共同探讨课堂教学方式改革、再构文本等；带领班主任教师赴哈尔滨与当地班主任名师工作室的教师们一起研讨如何上好班会课；与香港英基学校协会、美国俄勒冈州西北中文书院深度合作，在交流互访中吸纳与融合优秀教学经验；到新加坡南洋小学、圣婴女子学校、秘鲁若望秘中小学等进行短期进修，拓展教师专业成长路径；邀请英国剑桥教育集团资深教育顾问为教师开设高效课堂教与学的专题讲座等。

走出校门、国门，感受不同地域文化的独特之处，能够引导教师从不同的文化视角对诸如如何让反馈更有效、如何提更好的问题，以及如何通向高效课堂等问题进行深度思考。以英语教师的上海学术之旅为例，在领略过这颗璀璨的东方明珠的风采之后，英语教师与上海的同行们进行了上海英语新课程"教与学"（T&L）观摩研讨活动，共同探讨有效的英语课堂教学方式。在交流学习中，老师们接触到不少新的英语教学理念与方法，如"文本再构"，上海的英语课堂提供给学生的学习文本是在教材所提供的材料基础上通过整合再构之后的文本，语言丰富生动、情节引人入胜，再加上生动有趣的课件和教师绘声绘色的表演和讲解，可以使学生在 40 分钟的学习中始终保持一种兴奋的状态。

学习结束后，老师们立即把学习到的知识在自己的课堂中进行了转化：有的老师带给学生全新的"Three little pigs"的故事，也有老师带领学生穿越时空，环球旅行，感受"Times Around the World"，还有的老师带领学生走进舰船博物馆感受科学的魅力，在低年级的学习中渗透"You are the one, be yourself"的人文思想，在高年级的学习中渗透关爱别人、爱我家乡的教育。

异域的教育理念极大地拓展了教师视野，对教师固有的认知体系造成了很大的冲击，教师们开始对自己习以为常的教学理念、教学方式自觉反思，达成了许多共识：学习就是要让学生创造出新的、更有力量的想法；让学生作为小老师去教自己的同伴是最有效的学习方式；高水平的思考取决于良好的生生关系和师生关系；教师要对学生的回答有所期盼并及时反馈，这种鼓励最能让学生感到亲切等。就这样，教师在智慧的碰撞与融合中不断进步，成长由此深入。

去北京大学听课

教师的专业发展是一个长期的工程，如果说入职前的学习是发动和储备，那入职后的学习和培训则是更具针对性的加油和充电。因此，在教师专业发展的平台上，让教师们重回大学，聆听"大师"的声音，与学者专家面对面共话教育是其中有效的一环。受"菜单式自主选择课程"的启发，我们开始考虑为老师提供类似的进修课程。

由于学校地处中关村高科技园区核心地带，毗邻北京大学、清华大学、中国人民大学和中国科学院等多所高等院校和科研院所，学校充分利用社区资源，主动联系北京大学教育学院，将教育学院为研究生开设的课表发给各位老师，鼓励老师们前去旁听。课程内容非常丰富，从古典文献的阅读与理解到现代教育大家的理念解读与分享，从学校领导的管理创新到创新人才的培养探究，从学生课业负担的现实解读到教育科学研究方法的使用，涵盖面广，能够有效兼顾不同学科、不同研究兴趣的教师学习需求。这种方式的学习具有较大的自主性，一方面教师可以自主选择感兴趣的课程，能够满足不同教师的个性化需求；另一方面听课时间可以自主安排，教师可以根据课程安排自己调课参加。

到北京大学听课带给了教师们各方面的成长与收获。语文张老师在聆听了蔡元培教育思想课程之后，深深感动于蔡元培先生为了自由的教育和为了教育的自由而奋斗终身的精神，写下了这样的话："教育的目的在于使受教育者养成自由的人格，成为一个自由的人。这种自由既包含捍卫真理、说实话、做实事的莫大勇气，更意味着安贫乐道、一箪食、一瓢饮的坚定心力。教育在发展，时代在前进，重温蔡元培先生的启示，作为教师的我们，更应保持思想之自由，为学生自由之人格的养成而不懈努力。"

数学王老师因身体不太好，特意选择了免疫与养生课程，听完之后他感叹道："以前总觉得要学习就应该学和自己工作有关的内容，那才专业、实用。今天真是让我开阔了思路——如何认识自己的健康状况，如何调节自己的身体平衡，如何利用科学合理的方法使自己的身体达到最佳状态……只有让身体达到最佳状态，我们才能保持最佳的生活状态、工作状态。这样，我们将是个积极的'发光体'，我们会给周围的人不断带来正能量，对学生也会有一种积极的影响。"

而对于教科学的邓老师来说，到北京大学听课更是意义重大，可谓是一场圆梦之旅："我是周三上午上完课去的，上北京大学可是我儿时的梦想。没想到，现在我真的有机会去北京大学上课了，也算圆了我的梦吧。"

教师们的思考与成长给了我们进一步丰富课程的动力。2013年初，学校组织全体教师到北京师范大学进行专业研修，从对现代课堂的重新认知到如何做一名阳光教师，从教师职业旋转门到教师心理健康的自我调适，开阔的视野带给了教师一种真实、学术、积极、主动的学习氛围。之后，学校还陆续邀请了大学教授到校进行专题讲座、课堂观察和研究方法指导，为教师进行各级各类课题研讨提供专业支持。

大学菜单式自主选修课程有效促进了高校教师与我校教师之间的自然对话和深度交流。通过系统课程的培训和零距离的指导，教师们获得了高校教师们的持续支持与帮助，切实提高了教师专业发展的学科素养与研究能力。

从"师徒"到"研伴"

为了促进青年教师的培养，几乎每一所学校都会实施师徒帮带活动，市骨干、区学科带头人等优秀教师每人带一名年轻教师，从班级管理、课堂教学、课题研究等各个方面引领和指导青年教师的成长。但坦率地讲，这种数十年不变的师带徒模式，很多时候都会流于形式。

原因有很多，与青年教师，特别是与新入职教师相比，骨干教师和学科带头人或许经验丰富，但理论素养和知识积淀未必占优势，"弟子不必不如师，师不必贤于弟子"，教师与学生之间尚且会出现知识倒挂，更何况教师与教师之间！

因此，学校葵园学术坊启动的"伙伴互助工程"在传统的师徒关系中融入了新的内涵：指导教师和青年教师的关系不仅是师徒，更是研伴，即共同研究的伙伴。研伴之间共读一本好书，共磨一节好课，共研一个问题，共做一次展示，共享教学智慧，彼此之间都获益良多。

令人欣喜的是，在研伴互助专业成长的同时，教师们还收获了友情与关爱。梁老师送给研伴尚老师一枚漂亮的小葫芦，或者说是一只优雅的会转脖颈的"鹅"。这个葫芦是梁老师自家种的，因为长得干瘪，原本打算扔掉，但是她无意中发现这个小葫芦歪歪扭扭的形状很像一只白鹅，于是就找来水粉和画笔，就着葫芦自身的形状进行精心修饰，将这个不起眼的小葫芦变成一个人见人爱的工艺品。尚老师收到礼物爱不释手，说："我明白梁老师送我这个小礼物的意义，我们面对学生也要有一双发现的眼睛，每个孩子都有他的闪光点和与众不同的一面，关键是教师如何因势利导，帮助每个学生成为最好的'我'。"

小范老师带来了一个小巧精致的文件匣，希望和自己的研伴王老师一起收集整理共同研究中的资料；小李老师送给自己的研伴杨老师一个便于携带的小书包，希望能帮助她更好地整理上课的教具和资料；小张老师收到了研伴赵老师送出的"宝葫芦"，漂亮的面塑作品巧妙地嵌入一只剖开的葫芦，小张老师表示他会努力往这个宝葫芦里装上更多教育教学的好点子……

研伴，是教师与同伴之间的深度对话。成长需要共同支撑，从师徒到研伴，这种教师关系的演进，一方面使教师进一步开放自己的心灵，在相互的切磋研磨中实现了思想的增量、观念的增值、互助的增效，达到经验分享与共同成长的目的，促进了教师的专业成长。另一方面，也加深了伙伴之间的友爱与信任，逐渐呈现出一种对话、合作、开放的气场。

老师们的选修课与必修课

教师面对的是成长中的、每天都在发生变化的孩子，教师的职业特点决定了教师必须成为终身学习者，要能够在教的过程中不断注入活水，适时调整自身的教学理念与教学行为，以适应孩子们日新月异的变化。我学故我在，教师如果停止学习，在教育体系中势必会成为落伍者与保守者。

为此，学校始终重视教师的个性化学习和团队学习，搭建了比较系统的教师专业发展支持性平台，如伙伴互助行动计划、1+X 教师培训计划、NBC 协同网络资源共享、专家资源网络支持等。在此基础上，为有效整合教师培训资源，进一步给教师提供更多领域、可选择、有针对性的培训课程，学校组建了一个新的教师学术机构——"葵园沙龙"，成立了包括学校骨干教师、科研院所的教育名家、各行业精英、周边共建单位的专家学者、来自不同地方的访学校长和研修教师以及来自国外友谊学校的外国同行等在内的葵园沙龙讲师团，为教师们开设了丰富多彩的选修课与必修课，课程以互动讲座、系列研讨、小型座谈会、"一对一帮扶"等多种形式开展。

举例而言，2012 年 10 月，学校聘请新东方英语口语教师为老师们开设了口语选修课程，依据兴趣为先、自愿申报的原则，为有意愿学英语的老师开设了不同级别的口语课程。该课程受到了老师们的热烈欢迎，连正在家里休产假的老师也赶来上课。美术梁老师说道："我英语一直不好，前段时间有来自英国代表团的师生到我们班交流学习，我跟他们连比带画说，还是没法交流，最后还是班里的孩子们给我做翻译。这次我一定要好好学习了。"教数学的小刘老师也补充道："现在学校的对外交流越来越多，不会英语越来越受局限了。"

除了选修课程，葵园沙龙还定期开设必修课程，如请来北京大学精神卫生研究所的闫俊博士为全体老师进行心理健康辅导，组织"小团队成就大事业"的年级组长培训，聘请从事食品流通领域工作的一年级（4）班王海墨妈妈给教师们讲解食品安全卫生相关知识，并请在午饭管理方面颇有心得的闫老师和其他老师们一起交流学生午餐的管理妙招。

葵园沙龙提供的丰富的选修和必修课程既立足于为每一位教师提供丰富前沿的学习资源，让老师们的视野更加开阔、专业素养和能力更加全面；也立足于教师成长中实际问题的解决，进一步强化了教师们主动学习的意识，教师群体渐渐呈现出可喜的变化：在教育教学过程中，遇有不足和困惑之处，教师们开始自发地找途径进修，或求学于书籍，或问计于专家，或求教于同伴，有些教师甚至主动到附近的北京大学、清华大学、中国人民大学等高校听课充电。葵园沙龙在强化教师主动学习、终身学习意识的过程中必将发挥更加重要的作用。

小学课堂里的"大学生"

在教学过程中，我们经常会有这样的体会：自己精心准备的教案，上课时却教得很费劲，学生学得也很被动，师生之间缺乏默契；有时候，题目明明给孩子们讲了很多遍，可他们就是不能理解。其实，这些问题大多与教师不能换位思考有关系。让老师再做一次小学生，以学生的角色全程参与课堂教学，重新感受在学习过程中可能存在的困难和不足，对于增进师生相互理解、营造和谐师生关系有着意想不到的作用。

"以学生视角看自主教学——中关村第一小学自主教学课堂教学研讨"就是这样一次现场培训课程，卫老师和刘老师分别执教了美术和英语学科的现场课，来自三个校区的英语、音乐、美术、科学、信息和体育教师成为这节课的学生。上课前，老师们拿到了速写纸、绘图铅笔和橡皮，以及英语课上使用的课堂活动纸等学习材料和用具，每两位老师坐在一起结为学习伙伴，重点感知学生在学习中可能存在的困难，评价教师提供的学习资源是否充分，思考老师提出的课堂问题能否激发思考，发现授课教师能否引导学生自主学习的巧妙设计。

老师们一丝不苟地加入了课堂学习，时而屏息静听，时而小声讨论，时而动笔尝试，时而阅读沉思……唯一不同的是，老师们还在不时阅读和思考着授课教师的教学设计文本，不时做些批注，听到一些格外令人欣喜的地方还要拿出课堂观察表奋笔疾书。

现场课之后，美术组组长田老师现场点评了老师们在课堂上完成的美术作品，大家像学生等待着分数一样期待着田老师的讲评，那份激动和忐忑，老师们都直言"久违了"！田老师在点评时谈到有四位"学生"的作品（见下图）超出了教师讲授的"视平线""消失点"的常规布局，更加灵活地运用了课上讲授的知识，但是这几位"学生"并不是美术老师。

这让教师们再一次认识到，其实孩子们的学习也是一样，课堂上的预设往往只是教师个人的视角，在学习过程中，孩子们往往会有意想不到的理解和创意，成功的课堂教学一定是能够激发学生奇思妙想的教育。教英语的王老师说："我们要多站在学生的位置思考问题，考虑学生现有的知识状况、理解能力以及抑制他们思维的因素。在今天的美术课上，卫老师就做得很好。

他没有直接传授给孩子抽象的美术知识，而是通过许多画面的呈现，让学生自己回答、自我发现，进而获得知识。"

让老师再做一次小学生，这是学校"以学定教"自主教学研究的实践探索。与此相应的其他教学研究活动，如学情调研、小组合作学习的对比研究、基于学生错题的教学研究、"做学生喜欢的教师"教师论坛、捕捉教育痛点的"说出我的教育教学故事""倾听爱的声音，分享疼孩子的故事"等，都是为了引导教师从不同角度关注学生、研究学生，在教学中凸显学生元素。从研究学生出发，我们的课堂才会更具实效，学生的自主性与活力才能更强。

葵园名师屋

从 1997 年开始，美国每年秋天都会举办"全美教师团队"评选活动，这是一个由全美中学校长协会、全美小学校长协会、美国教师教育大学联合会、全美教育协会共同主办的年度优秀教师评选计划，其目的在于表彰一批工作表现杰出的中小学教师，此举极大地激励了美国中小学教师的工作热情。这些入选的教师作为"领头羊",带动了一大批同伴教师的成长与进步。

在学校教师队伍建设中,我们也始终重视"领头羊"教师的示范和辐射作用。除了常规的市区学科带头人和骨干教师带徒弟、伙伴互助工程、教师沙龙专题研讨等活动,学校依据德、能、勤、绩等标准,在教师自我推荐、组内推荐的基础上,推出了10位葵园名师,成立葵园名师屋,将10位教师作为种子教师,鼓励他们再带领其他更多的教师在不同的学科、在每一间教室开出亮丽的花朵。

10位葵园名师都是经验丰富又充满职业激情的老师,在他们的教育教学实践中有着许多美丽的教育故事,让我们借此走近他们……

以读书丰实教育底蕴

井兰娟

作为一名数学教师,如果每天只看教材和教参是远远不够的,应该博览群书,用渊博的知识和丰富的语言去教学,去感染学生。

在教《圆的认识》一课时我就有所体会。圆作为数学中的一个几何图形,如果在课堂上只教会学生认识圆的特点以及用圆规画圆,那这节课就会很枯燥乏味。如何把握这节课的教学呢?我认真阅读了《数学的魅力》一书,看到圆中原来蕴含着很多的历史文化,这正是我这节课需要的。于是,我巧妙地将它整理出来,在沟通圆与人类社会的联系上,除了教材呈现的硬币、钟面、车轮之外,我从自然、历史、人文三个维度,结合学生认识圆的不同阶段,补充了大量有关圆的图文资源,学生整堂课都置身于鲜活的文化背景之下。从学生发自内心的惊叹中,我感受到了学生的求知欲望。

从"懂你"中找到方法

田春娣

很多男孩子总爱画打仗,你越拦孩子越爱画,我索性不拦。曾经碰到一个低年级孩子在画一个人追杀另一个人,我问:"两个人你希望谁赢?"

孩子答："好人赢。"听得出来吧，虽然画面是追杀，但是内涵是弘扬主旋律的，于是我顺着他的思路说："好人与坏人争斗很容易被伤到，能不能给好人设计一套防护服，或者让好人永远不受伤的武器呢？"孩子兴致勃勃地开始了服装道具的创作。

高年级孩子画游戏战争图时，每次见到老师走近都要急匆匆地藏起来，害怕被批评。我故意忽视他们的行为，反倒给他们提建议，告诉他们画面上不能写太多的字，还给他们从网络找魔兽世界的游戏画面，一起欣赏设计师是如何表现战争场面的。孩子们不再"偷偷摸摸"地隐藏自己的爱好了，而是与老师同学一起热烈地讨论画面如何设计效果会更好。懂得孩子的心理，就能更快捷地找到合适的方法，实现教育的目的。

老师，您out了！

米丽霞

一节音乐课上，六年级（2）班紫涵同学要用口琴展示张韶涵的歌曲《隐形的翅膀》，并要求我钢琴伴奏。天哪！这首歌我只会几句。硬着头皮弹了前奏。"老师您别弹了，我自己吹吧！"孩子善意地说。课后我得到了一句评语："老师，您out了！"这节课让我想了很多：我将怎样借着这个机会去重新成为学生们佩服的"榜样"？怎样让学生既不断成长又乐于提升呢？如何去主动面对和适应学生呢？

又是一节六年级（2）班的音乐课，"紫涵，咱们来合作一下《隐形的翅膀》好吗？我准备好了！"一曲之后我们迎来了一片掌声……这次"被动"后的"主动"，让我和学生的关系更近了！之后，我还和孩子们建立了音乐公共邮箱，共享优秀的流行作品。当我把孩子放到心里，我也回到了孩子们心里。

2012年底，校长听取了10位教师的三年发展规划。10位教师就"学情调研与分析""学案的效度与信度""更多关注学生如何学"等问题进行了交流和分享，校长与10位葵园名师也就好教师与好的教学标准等问题展开了深入对话。大家彼此分享教学心得，沟通教育智慧，都颇受启发。

"老师们，你们都是不同学科的火车头，是在不同领域取得了出色成绩的

卓越教师。在你们眼中，什么样的老师是好老师？什么样的教学是好的教学？你们怎么理解好的教学和好的教育之间的关系？"校长抛出了三个问题。

经过大家的思考和讨论，老师们给出了自己的理解。李荣霞老师说："好的教学是学生乐学、教师乐教，师生都幸福地学。"林秋伶老师认为好的教学最重要的是学生喜欢，黄立新老师把好的教学的关键词确定为等待，"好的教学应该有一个等待的过程，孩子就像一个小小的蜗牛，需要在等待过程中被欣赏与包容"。

两个小时的研讨之后，校长就讨论中涉及的三个关键问题提出了建议：第一，要处理好学科教学与学科教育之间的关系。要从学科教学逐步走向学科教育，作为一名好老师，不只是把学科教学做好了，更重要的是时时刻刻都要渗透对学生的人格教育，用自己的人格修养熏陶培养学生。第二，要处理好教学成果与学生的学习成就之间的关系。教师的专业发展是以学生进步为衡量标准，没有学生的进步，就没有教师的发展。要尊重差异，每节课都要为不同能力的学生设置不同的学习目标。第三，要处理好个人成长和团队

进步的关系。带动葵园中的每一位教师做葵园中的香泥，为孩子们的成长提供丰富的营养。

会上，10位老师达成共识：在今后的工作中要做好"四个一"，即建好一个工作室，引领一批教师成长；主持一次主题讲座，不断形成教育主张；实践一次研究课，形成独特的教学风格；撰写一篇学术文章，丰富提升教育智慧。

2013年，在老师自荐、同事推荐的基础上，我们又推出了15位葵园名师。比如，张江老师基于低年级学生的成长需求不断进行教育创新，尝试换一种方式来教育学生，家长说："把孩子放在张江老师的班里，我觉得特别放心。"张宇老师针对学生课间操单一、无趣的现状，带领着体育老师开发出了两套新的课间操，中关村一小版的《江南Style》深受学生喜爱。同一年学校成立"一会两院"，面向全体教师招聘，所有岗位人选均由教师自愿申报、同伴推荐、教师之间协商产生，一大批具有领导力的优秀教师加入"一会两院"中。这些教师富有激情，善于反思，主动担当，敢于迎接挑战，在工作中发挥出了无限的创造力，并让自己的职业生命焕发出新的神采和活力。

好教师成就好学校。培养教育家教师，打造一支具有引领作用的骨干队伍，从而带动并促进学校教师队伍水平的整体提升，这是学校建立葵园名师屋的重要目标。葵园名师屋为培养教师领导者点燃了星星之火，我们相信，葵园名师的影响力与辐射作用将在教师群体中渐成燎原之势。

让教师与自我"相遇"

如果将教师的专业发展视为一次生命的旅行，那么在旅行的道路上"与谁相遇"就显得无比重要。从教育哲学的视角审视"相遇"这个命题，不难发现，教师专业成长之路上离不开最重要的三个相遇：与职业的相遇、与学生的相遇、与自我的相遇。与职业的相遇源于教师决定进入教育行业的一刹那，与学生的相遇则由教师教书育人这一职业本身的特点决定，这是每一位进入教育领域的教师都无法避免、必然要面对的两次相遇。然而，与自我相遇并不是每一位教师都能够做到的。

与自我的相遇是不断挖掘自我潜能，不断发现未知的自己的过程。在教师专业成长的道路上，我们引导教师通过持续不断地学习与研究开阔视野，实现自我提升。专家工作室、大学菜单课程里学术大师的专业引领，伙伴行动计划、葵园名师屋中教师同伴的智慧共享，学术休假、中外互访交流活动中异域文化的冲击和影响等，都是引领教师专业成长、不断发现与寻找自我的探索与实践。

在渐行渐远的教师专业成长之路上，我们对内着重于内省与反思，对外借势于专家与名师，我们在国内教育情境下的专业思索与实践绵长而深远，但对国外教育发展的认知与理解仍停留在参观、考察、互访，以及偶然性、片段性的听课观课等活动中。西方课堂光鲜亮丽、自由民主的表现形式迷惑了不少人的心，我们跨过大洋彼岸的同时，不期然间对自身的优势与传统生出了颠覆性的怀疑。

然而事实真的如此吗？我们开始思索，如果将中外教师聚在一起进行一场跨越大洋的深度教学对话，抛却中外课堂教学形式本身，让我们的教师在横向的国际比较中，认识到中国传统课堂教学的优势和缺点，然后实现教育自觉，坚持我们传统中的好东西，学习西方教育的民主观、公平观。这样，我们的教师是否能够借他山之石进一步认识、发现、丰润和提升专业素养，并在专业成长的旅程中不断发掘、发挥自己的潜能，并走向自我实现、自主发展，进而成长为一个自醒、自觉、自主、自由的生命体呢？

于是，我们召开了"关注儿童，促进学习——2013 年中美英小学课堂教学研讨会"。我们把北京 4 所名校的教师聚在一起，又将海外教师请进来一起授课，以一中一外组合的方式分别在 4 个分会场展示了 8 节精彩的研究课。

以来自美国芬顿特许公立学校的盖比•阿罗约老师执教的五年级数学《分数、小数、百分数之间的关系》和来自我校的唐春璐老师执教的四年级数学《平行四边形面积》两节研究课为例。对比中美两堂数学课，两位教师的讲课思路都是精讲、多练，练的过程中突出重点和难点，并让孩子们动手，通过实践获得认知并从中提炼出运算公式，这是中美两位教师不约而同的选择。然而令教师们感到震撼的是，尽管美国教师的课堂上师生之间、生生之间的互动比较充分，但教师在课堂的主导性贯穿始终，而且短短 40 分钟的时间，美国老师通过随机抽签的方式 6 次检验学习效果，以此作为之后教学环节进度的重要依据。这正是被我们摒弃的课堂传统。而中国教师的课堂上所呈现的以学生兴趣为价值导向的小组合作学习和互动探究式教学，却是西方

国家课堂上的普遍做法。

这样一场跨越大洋的课堂教学对话带给教师们的启示是多方面的。教师们走进英美优秀教师的教学空间进行全方位的观摩和学习，在此过程中，我们不断反思自己的课堂，对于中外课堂中不约而同的"撞衫"中呈现的坚守与创新，对于中外有效教学的关键因素和学生综合能力的相关性，对于学具使用中自然呈现的由具象思维向抽象思维的过渡，对于随机检验学习成果中自然折射出的学生公平观等，有了更深刻的认识。同时，在这样一种国际视野下的专业发展平台上，教师们在鲜活灵动的中外教学对话中深化了对有效教学的理解，进一步培养了主动研究的习惯和气质，对于自身的教育教学水平和专业发展程度也有了更清晰的定位和认知。

由此，重新审视教师的专业发展，我们发现，教师的专业发展从本质上讲首先应该是人的发展，这至少包括三个基本内涵，即发现人的价值、发挥人的潜能、发展人的个性。教师不仅应当具有良好的职业道德、学科知识、教育教学能力，还要成为研究者，对自己的工作具有反思态度和积极探索的能力，能够通过主体间的理解和主体的创造活动去实现自我的发展和学生的成长；教师应当将教师这一职业当作安顿自己灵魂的所在，在专业成长的旅程中不断发挥、发掘自己的潜能，找寻迈向自由王国的理想境界，寻找那个身在远方的、最美丽的自己。

苏联教育家苏霍姆林斯基曾说："人的心灵深处有一种根深蒂固的需要，希望自己是个发现者、研究者、探索者。"对学生如此，对教师也是如此，朝着这个目标迈出的每一步，都值得尊重。

优秀教师是怎样成长起来的

在踏入教师队伍的那一刻，每个人都渴盼在教育之路上有所作为，成为学生喜爱、家长信赖、同行佩服、社会敬重的名师。然而随着时光流逝，我们却发现，有些人已经到达了理想的彼岸，教育人生竟风流；而有些人却在路途中徘徊、止步，乃至消沉，得过且过。同样在教育领域，每天面对同样或相似的教育情境和内容，教师之间最初的差异也并不算大，那么究竟是什么原因，导致了若干年后如此巨大的差异？那些优秀的教师，究竟具备什么样的心智模式和成功基因呢？

基于这样的思考，2013 年仲夏，中关村一小葵园教师研究院召开了"分享'葵园'故事，提取'最好'基因"的微论坛活动，引导教师们思考与讨论优秀教师是怎样成长起来的，初步梳理出教师成功的三大基因，即能自主、会学习、善研究。

成功基因之一：能自主。

当代教学论专家朱永新说："成功有两个条件：一个是相信自己能成功；一个是追求成功。"这两个条件，一个指向思想；一个指向行动。思想主宰着行动，每个人的思想及思维方式决定了他的现状和未来。思想有主动和被动之分，成功的教师在专业成长之路上必定是在积极寻求主动发展，具有自主意识。因此，能自主，是教师成功的第一大关键基因。

自主意识的萌生，来自于对生命的感悟。毕淑敏曾写过一篇文章《我很重要》，文中有这样一段话："回溯我们诞生的过程，两组生命基因的嵌合，更是充满了人所不能把握的偶然性。我们每一个个体，都是机遇的产物……我们的生命，端坐在概率垒就的金字塔的顶端。面对大自然的鬼斧神工，我们还有权利和资格说我不重要吗？"生命是一场偶然但又十分重要的旅行。在生命的旅程中，充满生命热情、能够自主发展的心态，是对自我生命的珍惜与尊重。

做自主发展的教师，在其专业成长的道路上，应当以积极的情感体验追求自我发展，利用一切时空中的一切事物为自己的成长服务，如每一点空闲时间的读书学习、每一次教研活动的积极发言、每一个教学痛点的认真反思、对每一名学生的深度研究，甚至大千社会的历史变迁、大自然的雨落花谢等，都能成为教师丰盈自身内涵的动力和源泉。在此基础上，还要充满激情地全身心投入到工作中，勇敢地面对和克服前进路上所有的困难和挫折，所谓心胜则兴，心败则衰。

成功基因之二：会学习。

很多人认为如今教师的处境愈加艰难，当老师非常难，原因之一就是随着时代发展，教育的文化背景、教育内容和教育对象都在不断发展变化。当前，我们已经处于"后喻文化"时代，即在信息技术的辅助下，教师在知识量上不再具有绝对的优势。在这样的时代，真是"弟子不必不如师，师不必贤于弟子"。在这种境况下，应该如何建立教师的权威性就成为一个亟须思考的问题。另外，今天的教育，无论是内容还是形式都已经不同于昨天的教育；今天的孩子，无论是认知还是个性也已经不同于昨天的孩子。教师若想驾驭这种"多变"的教育环境和教育对象，就必须持续不断地学习，充实自我，拓展生命的深度与广度。因此，会学习，成为教师成功的第二大基因。

教师的学习意识，萌生于对进步的与生俱来的渴求。"问渠哪得清如许，为有源头活水来"，教师的职业性质决定了只有通过学习，才能不断地丰富自己的知识储备；只有通过学习，才能不断地更新自己的教育理念；只有通过学习，才能实现教育教学的锐意创新。

为自己营造一种学习的心境，时时想到学习，处处需要学习，事事贯穿学习。向前人学习，在宁静的心境中，潜入阅读的世界里，与经典和大师对话；向今人学习，阅读最前沿的权威刊物，把握最新的教育教学发展趋势；向同伴学习，切磋教育教学心得，磨砺自己的教育教学技能；向学生学习，面对"知识倒挂"的尴尬，放下师者的威严，和学生共同成长进步。

成功基因之三：善研究。

在我们的教师队伍中，有许多教学经验丰富的教师。但是教师要成功，只有经验是远远不够的。成功的教师必须能够从复杂的教育教学情境中提炼出教育智慧，在经验和智慧之间搭起一座相互支撑的桥梁，这样才能为教师的专业发展插上一双翱翔的翅膀。成功的教师必定是善于不断学习和反思的研究型教师。因此，善研究，是成功教师的第三大关键基因。

美国心理学家波斯纳曾给出了一个教师成长的简洁公式：教师成长＝经验＋反思。经验＋反思，实际上就是要求教师将平常的工作看作一种研究，以研究的态度来工作。一谈到教育科研，总会听到一些教师说自己教育教学工作忙，没时间搞研究，将教育研究视为可有可无的事情。实际上，在一定程度上说，教育教学即研究，我们对教育规律的每一点认识、教育实践水平的每一次提高、教育问题的每一次解决往往都来自于教育研究，所有优秀的教育教学过程必定是和研究交织在一起的。可以说，研究是名师成长的摇篮，是普通教师走向优秀教师乃至卓越教师的必要的阶梯。

做一名研究型教师，要有一颗敏锐的心灵和一双善于发现的眼睛。我们每天的教育教学生活中都会碰到许多有价值的事，教师应当有意识地选择、确定、审视和检讨自己的教学行为，不仅要把教材、课程、学生等客体作为研究和认识的对象，而且也要把自己的教学行为和过程作为研究和认识的对象，把教学行为和教学反思紧密地结合起来，使自己的教学行为经得起理性思维的审视。从某种意义上讲，会不会科研、搞不搞科研，是"教书匠"与"名师"的分水岭。

当教师能够自主发展，持续不断地学习，并以一种研究的态度对待教育场域中发生的每一件事情，我们相信，教师的专业发展便欣然可期，教师的成功便指日可待。

专业测量：中国教师最需要补上的一课

课后作业、练习册、单元测试、期中测试、期末统考等，在如今的学校，所有教师对学生进行的学业测评，都不外乎这个范围。同样的测评形式、统一的标准答案、针对同一知识习得水平的考核目标、经年不变的考核内容等，指向的是不同发展阶段、不同兴趣需求、不同知识水平，甚至是不同性格特点的孩子。这样的学业评价导致的最终结果是，学生的学习效率低下，学业进步状况得不到有针对性的评估，学习兴趣和求知欲望逐渐被消磨。

专业的测量知识是中国教师最为缺失的一种专业素养。我们长期以来习惯使用约定俗成的测量工具，课后布置什么作业是基于以往的教学经验和老教师的传授，练习册是由学校统一筛选之后购买的，单元测试和期中期末测试卷子是由学校统一研究出题并印发的。这其中，没有教师的智慧融入、没有学生的个性表达，这样的测量怎么可能有效？

事实上，学业测量应当贯穿于学习和教学的全过程，教师需要用测量结果来调整教学策略，并关照和促进学生的后续学习。针对学生的学业测量首先应该解决的问题就是"学生学会了什么"，在任何课程测量的操作过程中，教师必须回答三个问题：①基于国家课程标准，这节课应该达到哪些目标；②这些目标可以细化为哪些具有可操作性的细则；③这些细则如何转化为学生的研究性作业。

由此可见，有效的学业测量的关键在于教师对学科课程标准的分解或具体化。学科课程标准反映的是国家对学生学习成果的期望，但是由于课程标准相对比较抽象，这就需要教师对课程标准逐一进行分解，并依据学生现实需求、知识特点、学习目标等要求进行课程标准细则的再建构。

这种由教师自主建构、指向学生学习的专业测量呈现出三个特点。

第一，从关注选拔到关注成长。教育面对的是一个个鲜活的生命，教师应该关注学生作为一个独特生命个体的个性化发展和成长。由教师自主建构、促进学生学习的专业测量方法淡化了评价的选拔功能，更关注学生的学业进步状况、需要改进的问题。

第二，从测试分数到查找问题。学业测量的目的不是简单地根据分数对学生进行成绩排名，而是帮助教师发现学生学习过程中遇到的问题。在不同的学习阶段，教师应该运用不同的测量手段作为开展教学的依据，包括初始性测量、发展性测量、诊断性测量、终结性测量等，及时发现和解决问题。

第三，从考查学生到反思教学。学会专业测量，也是教师专业发展的助推器。教师可以从学生的学习问题中，反思自己教学中的问题，改进教学方式，更新教学方法，提高教学质量。学业测量就像一把双刃剑，使教与学的双方都能互为映照，在问题中找寻教育教学的新的生长点。

鉴于专业测量的重要意义和价值，2013年秋我们正式提出让教师学会专业测量的理念，鼓励教师在各自开设的选修课程中，根据各学科课程标准进行目标的详细分解和内容的重组叙说，侧重于教师有针对性地自主建构与现实可操作性。我们相信，在指向专业测量的思考、研究与实践中，教师们的专业成长之路会走得更加稳健而深远。

/ 三 / 走出惯性的天空

陪伴孩子成长并不是形影不离、事事过问的包办代替，也并非袖手旁观、无所作为的被动等待。教师应该把握好陪伴的度，走出陪得太紧或太松的惯性天空。那些基于学生独特成长需求而发生的教育变革，是教师在研究中发生的教育智慧，是学生在成长中闪烁的思想火花，更是师生在实践中追寻的教育幸福。

"文明礼貌火车棋"

每年在一年级新生入学之际，学校都会开设为期两周的"行为习惯培养"课程，教给孩子们如何整理书包、有序就餐、排队上操、认真听课、举手发言等日常行为习惯。但是，学生的行为习惯养成是一个长期的过程，尤其对于刚刚入学的一年级孩子来说，"行为习惯养成周"所学习的内容更需要强化、巩固和提高。

对此，一年级（3）班的赵老师开始琢磨：与其自己拍脑门想主意，不如问问孩子们对什么感兴趣，从孩子的兴趣入手。课间聊天时，赵老师发现不少一年级孩子都喜欢玩大富翁游戏。想起自己的孩子以前也经常缠着她一起玩大富翁游戏，一段时间下来，游戏里涉及的几十个国家，她竟然都了如指掌。如果设计一个文明礼貌棋，想必孩子们一定会喜欢。

赵老师先是从互联网上收集到各种游戏棋，然后结合小学生的认知特点进行修改加工，并把学校、家庭、社会生活中的文明礼貌知识融入彩色的图案，勾画出一个充满童趣的游戏场景，终于设计出一副"文明礼貌火车棋"。赵老

师还动员了家长的力量，请家长委员会为班里印制塑封了许多张棋盘，试着发给孩子们玩。

这副棋一发到学生手中，简直是"一发不可收拾"，学生们兴奋极了，几乎每个课间都能看到孩子们三五成群地玩"文明礼貌火车棋"。他们一会儿哈哈大笑，一会儿皱起小眉头，这使得赵老师心中暗暗窃喜，没想到这样一个小小的"文明礼貌火车棋"竟然引发了学生如此大的兴趣。

为了让孩子们更加深刻地领悟"文明礼貌火车棋"中的深刻含义，班会时间，赵老师特意拿出棋子和棋盘，领着孩子们一起熟悉棋里介绍的文明礼貌知识，让孩子们在玩的同时有意识地培养自身的良好行为习惯。因为火车棋还涉及了家庭中的文明礼仪，所以孩子们放学回家后还会和家长一起玩，家长们也非常乐于陪孩子们玩这项游戏。

其实，通过棋类游戏引导学生自我教育在学校早已有之。2008年奥运前夕，五年级（3）班的宇昕同学根据北京奥运会倡导的各种文明礼仪规则，结合学校的"三个学会"的理念，设计制作了"奥运文明礼仪趣味棋"。这副棋以2008的字样作为棋盘线路，用五个福娃做棋子，背景为各个奥运场馆。假使你从起点中关村一小出发，当骰子转到5时，你可以前进5格，这时，你就会看到这样的语句"主动与老师同学问好，语言文明，前进两步"。当你从5前进到8时，便会看到这样的要求"停车拍照鸟巢，停止一次"。如果你每一个问题的答案都能符合文明礼仪标准，你就将成为这场比赛的胜利者，率先到达终点——鸟巢。这副棋子因为设计精美，内涵丰富，寓意深刻，现今已被国际奥组委珍藏。

当然，只靠游戏培养学生的文明礼貌是远远不够的。礼仪教育更多的是一种养成教育，还需要通过持之以恒的训练才能实现。比如，加强对身边文明事件的探讨，树立身边典型形象，评选班级"文明礼仪小标兵"等，让礼仪榜样影响和带动更多的学生。

爱玩是孩子们的天性，顺其天性，结合孩子们喜欢的游戏开展教育活动，往往能收到事半功倍的效果。聪明的教育者一定要学会引导孩子们有意义地去玩，让他们玩得开心，玩得有收获，在玩中健康成长。

给学生发"工资"

教育要能够培养孩子终身受用的技能，如懂得合理安排和分配时间，学会支配和使用金钱等。在《第56号教室的奇迹》一书中，雷夫老师通过在班里建立独特的经济制度，引导学生学习存钱、保持收支平衡以及规划未来支出等自我管理能力。受此启发，秦老师也在自己所教的五年级（1）班给孩子们发起了"工资"。

基于孩子们的讨论和建议，秦老师在班里设立了很多工作岗位，除了传统的小组长、课代表之外，还设立了灯官、卫生官、低碳生活官、环保节约官、图书管理官等岗位，让学生根据自己的兴趣挑选适合的岗位，然后根据任务的工作量和强度每天给孩子们发工资，工资可都是亮闪闪的金币！

以课代表的工作为例，语、数、英学科的课代表需要协助老师收发作业，登记作业完成情况，每天可以挣8个币。其他学科的课代表一般没有收发和登记作业的任务，主要负责上课前后给同学们收发本学科的课本，所以每天挣6个币。

再比如组长，组长需要每天检查组员的值日情况，督促组员按时完成作业，协助老师维护组内纪律等，任务相对比较重，所以每天挣8个币。而那些灯官、卫生官、低碳生活官、环保节约官、图书管理官等岗位，也依照不同的任务量相应地挣到 5 个或 6 个币。

为了更好地记录每天的收入与支出情况，每个孩子都为自己准备了一本记账簿。同时，师生们还一起讨论了加币和减币的规则：每天高效、高质量地完成作业，加币；做"小先生"主动帮助其他同学，加币；为班级或学校活动提出金点子，加币；离开教室时主动关灯断电，实践低碳生活，加币。不遵守学校和班级纪律，减币；不能按时完成作业，减币；打扫卫生不及时、不合格，减币。类似的加币、减币规则在不断补充和完善中。

学生每天都会进行细致的记录，在月底进行收支结算。根据统计结果，师生们还一起讨论设立了相应的奖励：①工资在 150 个币以上的同学可以获得一个合理的在校愿望，如课间自由支配班上的电脑、部分作业免检等；②工资在 100 个币以上，150 个币以下的同学，可以获得一个合理的家庭愿望，如周末出游、适当玩游戏等（教师会提前与家长沟通，尽量满足学生的要求）；③其他币值不足 100 的同学，可以用自己挣到的币抵换奖品，或在定期的班级拍卖会上购买自己喜欢的物品。

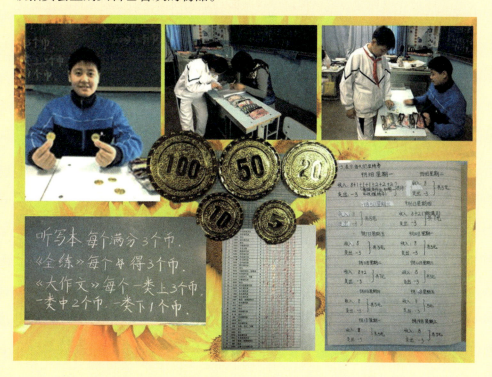

孩子们都"疯狂"爱上了这种方式，子麒同学形容自己领工资的情景高兴得手舞足蹈："每个人都能挣到钱，还能用钱买到自己想要的愿望，太好玩儿了！"调皮的嘉珩同学负责给清洗黑板抹布的水盆换水："哈哈哈，我就负责换水，很简单，但秦老师说了，事情甭管大小，付出就有回报。"美术课代表雨田同学把每天负责的工作当成游戏："老师跟我们玩挣币的游戏，这样的工作可太有趣了。"孩子们不但每个人自备了零钱包，还小心翼翼地把钱包放到书包最底层，一领到"工资"就赶紧存起来，没事儿还会喜滋滋地数数自己近期的收入。

就这样，孩子们的记账簿上每天都清晰地记录着自己的奖励与惩戒，记账的习惯使得孩子们渐渐明白"钱"的来之不易。在这一过程中，学生们逐渐学会悉心支配每一分钱，认真计算和规划自己的结余开销，不但掌握了一定的经济学知识，更体验到了延迟享乐的妙处，这项技能将令孩子们终身受用。

争当"小地主"

美国教育家杜威曾说，你可以将一匹马牵到河边，但你绝不可以按着马头让它饮水。马若饮水，必是在其想饮之时；如同孩子的成长，也必是在其愿意进步之时。这就告诉我们，优秀的教师能够通过让学生积极参与来获得新知，并主动寻求进步。因此，在班级管理中，放手让学生进行自我管理是一个很好的尝试。

新学期一开始，四年级（4）班的教室调整到了主楼二层拐角处的那间大教室，面积足有其他班级的一倍半。望着略显空荡的大教室，班主任赵老师开始思索：如何开发这片宝贵的资源呢？

赵老师在班会课上与学生展开了讨论，学生提出了不少新奇的想法，之后连部分家长也通过飞信、邮件提出了宝贵的建议。梳理之后，赵老师抽取了最有用的 10 条意见。

★学生反馈

赵雪扬——我是图书委员，很希望有个角落，向大家推荐书目，咱们班很多男生只爱看漫画书，如果多推荐好书，也许这种情况就会改变。

贝知蕾——咱们班的展示角都在展示作文、书法、作业，希望有小笑话、小窍门、小故事这样有趣味性的内容，丰富大家的课余生活。

关胥楠——可以让我们自己布置教室墙壁，我想把自己的剪报给大家看看，里面有很多有趣的动植物。

王玉——我喜欢读书，我希望能有一个展示自己读书收获的地方。

卞莉雯——上学期，我剪的窗花被用来装饰学习园地，我很高兴，现在我还会剪各种小动物、很多形式的花边，能不能带来装饰新学期的教室呢？

★家长反馈

贝知蕾妈妈——系列的展示不如自由发挥更具魅力。

陈嘉科妈妈——让家长、孩子都能参与班级布置，孩子们会更爱这个家，会更关注班级事务。

王希玥爸爸——我的孩子不善语言表达，但善于动笔，有很多爱好如书法、美术等，能否为这样的孩子开辟个人展示的空间，如园地中的一个角落？

王识旗妈妈——孩子的特长是篮球，能否展示比赛中的照片与大家分享？

刘逸飞爸爸——评比、记分占了班级布置的1/2，固然学习是学校生活的主旋律，但应该在班级文化布置上更多考虑孩子的兴趣、课间生活、个人特长等。

针对学生的这10条意见及上述家长的意见，师生们再次讨论，初步达成共识：让学生自己做主。

孩子们将教室的墙壁分成了三大区域：个人风采展示区、班级日常生活区、6块空白自留地。前两个区域学生全员参与，可以在区域内进行自我展示、同伴互评、真心话留言、好书推荐等，也可以共享学习资料、记录作业完成情况、进行值日分工、开展课堂发言评比等，完全由孩子们自主管理。最令孩子们感兴趣的是第三个区域——6块由6张绿色大墙纸分割而成的自留地。

6块自留地在一天之内就被认领完毕，其他跃跃欲试的同学不甘心地找到赵老师，协商自留地保管的时间，最后师生共同约定两个月轮换一次。

第一批的6个"小地主"诞生了！小京剧迷知蕾同学一马当先，第二天就贴上了自己京剧扮相的大照片，还有多达十几页的对京剧知识的介绍。小画家伊婷同学在自留地里呈现了她国画、水粉、版画等各种风格的作品，当其他同学对这些作品赞叹不已的时候，小伊婷还故作矜持地说："这里展示的也就是九牛一毛啦！"小书虫文琪则贴出了自己的读书感悟和精彩词句摘抄，并且每周都通过自留地向大家推荐一本好书。

第二批的"小地主"笑宇同学展示了自己的动漫画作和软笔书法，并与同学们分享了牡丹、梅花、寿桃等素描；佳眸同学是学校女排队的小队员，她在自留地里系统地为大家普及了排球基础知识，包括排球的起源、发展历程、规则、站位、各位置的作用等；莉雯同学学习软笔书法已有4年的时间，她的自留地中贴满了"锲而不舍""大智若愚""奋斗""静"等书法横幅，并向大家介绍了书法的起源和著名书法大师王羲之和王献之的故事。

自留地的方寸天地是学生自由挥洒才情和创意的空间。在这里，学生拥有了一种超越自身的力量，他们从自我关注走向了共同分享，在展示自我的同时，也逐渐学会了欣赏和悦纳同伴，并通过同伴的才艺展示不断收获着新知。

一次触摸心灵的教育

在影响儿童成长的诸多社会因素中，家庭教育显然是最重要的。儿童早期的社会联系主要是与父母的关系，亲子之间的情感关系会影响儿童对未来社会关系的期望。然而，在快速发展的现代社会，亲子之间的冲突也日益凸显，不是每一个父母都会爱孩子，也不是所有的孩子都能理解父母的爱。

珊珊老师从教十余年，在与孩子们的朝夕相处中，她不止一次地听到过孩子们称自己的爸爸是"冷酷"的爸爸、"爱打人"的爸爸、"不会笑"的爸爸……如何帮助父亲学会爱，帮助孩子理解父亲的爱，从而消弭父子或父女之间的这种无形的隔阂呢？在六一儿童节来临之际，珊珊老师萌生了一个沟通父子/父女关系的想法。

珊珊老师通过飞信，邀请孩子们的父亲给孩子们写一封信作为六一儿童

节的礼物。短信内容如下：

各位爸爸好！

人们常说"父爱如山"，为了表达您对孩子无私的爱，在"六一"儿童节来临之际，希望各位爸爸们能根据孩子的特点，给孩子们写一封发自肺腑的、指明通向成功道路的信，作为节日礼物送给他们。我想这一定会是孩子们最难忘的、最有意义的一件礼物。谢谢您的支持与理解。

班主任：珊珊老师

一周后，孩子们陆续收到了爸爸的来信，他们迫不及待地打开信封……蓁国爸爸在给儿子的来信中这样写着：

我的大宝贝，昨天晚上我还想揍你，今天却又想叫你宝贝！这就是爸爸和你的关系：爱"恨"交织。我有时觉得，我很失败，但我又想，不管如何，我是爱你的，我也相信，你是爱我的，咱俩能不能把爱发扬光大，让"恨"消失？

还记得昨天晚上我们一块儿睡觉吗？等你睡着了，我把你搂在手臂上，仔细端详着你，还在你的脸上"咬"了一小口呢！本月前的那顿小揍，也许你还在记恨我，其实我也在责备自己。同样是眼泪，我觉得你流得比我"幸福"，因为你可以光明正大地流，而我却只能偷偷地流泪。

岸迪的爸爸在信中教给了小岸迪一些有益的生活经验：

亲爱的岸迪：又一个六一儿童节到了，祝你节日快乐！爸爸给你写封信，告诉你一些生活中的知识和经验，相信对你会有帮助。第一是关于健康，多吃新鲜的蔬菜水果，保持适度锻炼，充足睡眠。第二是关于阅读，阅读是让人终身受益的事，你已经养成了阅读的好习惯，一定要坚持。第三是关于勇气，勇气不是说没有害怕心理，而是能够克服害怕心理。害怕的时候想想爸爸妈妈会怎么做，怎么面对，你就会自然而然地模仿，慢慢就养成习惯了。第四是关于独立，我们都希望你能好好学习，全面发展，长大以后具备独立生活的能力，可以很好地照顾自己，很好地工作和生活。

孩子们默默地读着父亲的来信，一部分同学悄悄地哭了起来。珊珊老师走到默默抽泣的馨怡同学面前，轻轻地抚摸着她的头，语重心长地对全班孩子们说："同学们，父亲的爱虽然表达得很简单，但它永远是深藏在内心深处的力量，它像一盏明灯永远指引我们一路前行。读了爸爸的来信，大家有什么感受？这节课，我们把自己内心最真实的感受写出来，作为父亲节的礼物送给他们，好吗？"孩子们欣然同意。

一节课后，学生们纷纷上交了回信。令人惊讶的是，在短短的40分钟内，孩子们认真写下的文字情真意切，篇篇都流露着浓浓的父子/父女深情。

顽皮的明洋同学写道："您不像妈妈一样温柔，您像老虎一样厉害，您责骂我时，我对您真是充满了百分之百的'仇恨'，当您宽容我时，我的'仇恨'一下子到了'0'……"

颇有才气的昊睿同学这样描述自己的爸爸："在雨天您是我的伞；在大雪中您是我的暖炉；在我泄气时，您是我的打气筒……"

情感细腻的玥杉同学写道："如果我是一株寒风中的小草，您就是为我遮风挡雨的那座房子；如果我是一朵盛开的小花，您就是那片美丽的花园。祝亲爱的爸爸身体健康，工作顺利！您永远是最棒的！"

哭得最伤心的綦国同学这样说："爸爸，收到您的信后，我很感动。我哭了，哭得很伤心，我第一次哭成这样。我现在知道了，您是那么爱我，那么喜欢我。我也不知道为什么最近纪律那么差，成绩直线下滑，如果没记错，您一共说了我5次，每次我只是听一下，却没有听进去。可这次不同了，我一定会听进去，我发誓，我以后一定会有所改进。"

　　和孩子们一起阅读父亲的来信，伴随着感动的泪水读懂爸爸的心，是孩子们在体悟父爱中的一次心灵成长，也是家长们在倾听孩子声音中的一次特殊成长。这个活动很快得到了同组老师的响应，有的老师利用家长会的契机，让学生和家长通过书信往来说说心里话；有的老师把家长邀请到班里来共话亲子成长；还有的老师通过家长与孩子共读一本书来密切亲情关系等。

　　凝聚亲情，才会有幸福的家庭；凝聚真心，才会有真诚的理解。只要用心，教室同样可以成为凝聚亲情的地方。这是中关村一小的师生们用自己的切身体验证实的。

朗朗的读书声是校园里最美的声音

　　清晨鸟儿鸣叫的声音，很美；下课后孩子们奔向校园欢快的笑声，很美；午间校园里响起的《让爱天天住我家》的温馨歌声，很美。早自习时走近三年级（5）班的教室，听到孩子们洪亮的读书声，在江平老师听来，这是最美的声音。

　　作为一个语文老师，最希望自己的学生爱读书。每每不厌其烦地告诉孩子读书有多少好处，但总感觉流于形式，孩子听了，道理懂了，但仍然是"玩"字当头，效果甚微。但很快，江平老师就用自己的方式巧妙解决了这个难题。

　　升入二年级，江平老师将暑假里计划好的"读书工程"搬上了日程。首先，向所有的家长发出倡议，让家长来配合这次读书工程。班上的学生大多拥有丰富的课外读物，但往往被封闭在个人手中，应该让好书流动起来，让资源共享。江平老师将建立班级书库的目的通过飞信转达给家长，家长们都非常支持，很快班里就拥有了将近400本的图书。课间，或者是课上写完作业后，多数孩子会主动到书库翻看自己喜欢的书籍。江平老师将每本书都做了登记，到了期末还会将书发还给学生。

　　下一步，江平老师决定把早上的时间利用起来，开展"共读一本书"活动。她在墙上贴了一张报名表，孩子们可以选一个伙伴共同完成每天早上的读书任务，报名次数不限。有读书任务的孩子7:30到校，7:35开始读起，上操铃声响起结束。拥有《窗边的小豆豆》这本书的学生很多，这就成了"共读一本书"活动的第一本书。

任务布置后的第二天一早，两个有读书任务的孩子如期而至，虽然班里不足5个孩子，但稚嫩的读书声在教室响起的时候，孩子们立刻安静了下来。其他孩子陆陆续续来了，也迅速走到座位上，找出书跟上大家的进度一起读。以往大声打招呼的声音没有了，窃窃私语的声音没有了，取而代之的是朗朗的读书声。

有一天，巡视班级的老师听到了班里孩子们清亮的读书声，也被这声音吸引住了。为了鼓励孩子们积极坚持下去，巡视老师又为班里的孩子送来了三套《皮皮和神秘动物》系列丛书，并向全校介绍他们班级的读书经验，这下孩子们读书的劲头更足了。《窗边的小豆豆》和《绿野仙踪》读完了，接下来开始读《绿象大眼儿》。

一天，两天，一周，一个月，一个学期，两个学期……学生们在坚持中把读书渐渐变成自己的习惯，每天在朗朗的读书声中开始一天的学习生活，到了假期学生们就自己读，还认真做了读书笔记，随时记录自己读书的感受。

新学年伊始，孩子们又开始读童喜喜的"嘭嘭嘭"系列了。孩子们读书，还带动了爸爸妈妈跟自己一起读书，读书活动使得每个同学的家里都有了更浓厚的书香气氛。家长们都对班里开展的读书活动赞不绝口。

杨亦瑄爸爸说："通过这段时间的课外阅读，孩子是明显有变化，尤其是在词汇量和作文的构思方面。"陈馨凝爸爸也感叹说："从去年开始，感觉孩子在语言方面用词丰富了，表达准确了，一些成语的恰当运用让我都惊讶了。"陈佳慧爸爸则对江平老师感谢不已："非常感谢江平老师开展的这项活动，令孩子和我们家长都受益匪浅。""班里开展了共读一本书活动之后，感觉孩子增长了不少知识，找到了阅读的快乐。"郭梓屹爸爸这样欣慰地说。

读书让学生感受到了精妙语言的无穷魅力，知道了什么叫勇敢与坚强，懂得了什么叫真、善、美。更重要的是，孩子们在这样的阅读中找到了快乐。在大量的诗歌、散文、游记、小说里，孩子们了解奇妙的知识，汲取丰富的营养，惊叹世界的博大，感悟人生的意义。如今，中关村一小有越来越多的老师像江平老师那样，充分调动孩子的读书兴趣，在家长的积极配合与支持下充实图书资源，逐步帮助孩子养成读书的好习惯。

惠特曼曾说，一个孩子向前走去，他最初看见的东西，将成为他灵魂的一部分。所以，在小学阶段，我们让孩子读书，应选择最有价值、最具真善美的书籍给他们，在他们幼小的心灵中，种下最健壮、最美好的种子。让每一个孩子爱读书、读好书，让孩子们的心灵浸润在美好事物中，在氤氲着书香的校园里苗壮成长。

我们深信，对于孩子而言，书籍就如同飞翔的翅膀。与书为伴，每个孩子都能成为飞翔的天使。

"读而思"小讲堂

作为老师，教学中最大的苦恼之一恐怕就是课堂上学生们不爱发言。面对课堂上沉默的学生，老师常常会认为是教学内容枯燥无法吸引学生，也因此很难判断学生究竟是否真的听懂。如何创设语境，使学生敢说、爱说呢？这成为老师们常常思考的问题。

开学不久，松瑜老师就发现自己的班又出现了老毛病——上课发言集中在个别的两三个同学身上，其余同学或做观望状，或做冥思状，无论问题简单还是复杂，一律不参与。一节课的时间有限，教学内容必须要完成，老师很有紧迫感，学生不说，只好自己说，课堂又无奈地变成老师的舞台。一节课下来，老师讲得声嘶力竭，学生听得云山雾罩，老师累，学生被老师拉扯着往前走更累。

针对这种情况，松瑜老师以前曾采取过发奖的方法，回答问题和奖品、评比的分值联系在一起，"新政"刚实施时，奖品和分值的确发挥了良好的调节作用，学生发言积极，课堂气氛非常活跃。可慢慢地，当奖品变得习以为常不足以吸引孩子，或奖品不足以供应所需时，学生的课上反应又回归到了原点。

有没有更有效的办法呢？松瑜老师陷入了沉思。恰在此时，学校发起了"课前5分钟"的倡议，她抓住这个时机，把课前5分钟设计成让学生主动发言和自我展示的环节。由于"课前5分钟"活动的开放性和自主性，这项活动颇受孩子们的青睐，报名发言的人数每天都爆满。为了保证每个同学的参与，孩子们经过讨论，制定了相应的规则：轮流担当主持人和主讲人，每天更换，其余人当品评员，对当次发言的主讲人进行点评，大家可以点评主讲人的发言内容，可以点评发言人的仪表态度，可以将自己的收获跟大家分享，还可以将自己积累的与发言人发言相关的内容与大家分享。这样做的好处在于，如果当天没轮到当主持人、主讲人，但还可以当品评人，每一名同学都可以参与。

在孩子们的讨论中，小讲堂的内容也固定了下来：要针对所学的单元知识进行扩充，不能漫无边际地讲解。之后，孩子们集思广益，还为"课前5分钟"活动起了一个颇有味道的名字——"读而思小讲堂"，这个名字是从班级读书板报中"读书之法，熟读而精思，循序而渐进"得来的。在"读而思小讲堂"里，不仅要听，要读，还要思考。

例如，第一单元的学习主题是"亲情"，孩子们围绕着这个主题，进行了一系列的读书交流，有的同学分享了描写亲情的语句，有的同学讲述了感人的亲情小故事。孩子们准备得很精心，听的同学也很感兴趣。原来由老师指挥着进行的被动的知识积累，变成孩子们自发进行的单元知识拓展，孩子们的热情空前高涨。

到"可爱的小生灵"这个单元主题时，松瑜老师预想孩子们肯定要积累带有动物名称的成语。没想到，到展示时，孩子们分享的竟然是"以动物喻人"的词语，像马大哈、千里马、井底蛙、糊涂虫、旱鸭子等，还有同学向大家介绍了描写动物不同叫声的知识，像蝉（鸣）、龙（吟）、马（嘶）、鹿（鸣）、鸦（噪）等，这令松瑜老师惊喜不已，因为许多内容是她也未曾想到的。

通过这5分钟的激情参与，孩子们渐渐体验到了在课上发言的成就感和存在感，课堂上无人回答问题的情况渐渐"绝迹"了。

窄窄的三尺讲台，如果老师能淡化"表演"，甚至于退居幕后当"导演"，给学生以自由舒展的充裕空间，想方设法调动学生的主动性，激发学生的积极性、创造性，就能使学生真正成为课堂的主人、学习的主人，表达出心底最真实的声音。

葵园戏剧社——与孩子一起体验戏剧人生

中关村一小的教师队伍藏龙卧虎，人才济济，但如果没有适合的平台，教师的许多才华也许就会被湮没。鼓励教师积极发挥自身特长，将教师的才华与学生成长需求结合起来，并为教师展现特长搭建适合的平台，使教师的价值得到最大限度地体现，这是中关村一小在教师发展过程中一直努力实践的。

2012年的圣诞节，中关村一小首届戏剧节开幕了，学校的小剧场里上演了一场隆重的"戏剧大餐"。十七名小学生用心、用情地演绎了莎士比亚的《威尼斯商人》，安东尼奥的善良正直、夏洛克的阴险苛刻、鲍西娅的机智从容、巴萨尼奥的重情重义等，在葵园戏剧社小演员们的演绎下，呈现得淋漓尽致、活灵活现。

我们的学生在小学阶段就挑战了如此复杂的世界名剧，靠的是学生的兴趣、努力、毅力与吃苦精神。当然，还有活动的发起人——葵园戏剧社项目组老师们的功劳。2012年暑假，学校全体教师掀起了读《第56号教室的奇迹》的热潮，不少老师被美国教师雷夫的育人事迹感动，同时也被书中雷夫老师引导学生排练戏剧的故事吸引。

　　"雷夫能带着他的学生排戏剧，我们也可以！"热爱戏剧的老师们心中升腾起这个愿望，于是向学校表达了自己想要成立戏剧社的愿望。学校听说后积极鼓励老师们大胆地尝试。2012年初，数学学科的岳志刚老师、语文学科的彭博老师、美术学科的田春娣老师和英语学科的蒋东伟老师，四位喜欢戏剧的老师们一起组成项目小组，共同筹划组建了葵园戏剧社。葵园戏剧社从诞生的那一刻起，围绕它开展的所有活动都秉承中关村一小的自主教育理念：自建社团——由四位来自不同领域的教师（数学老师、语文老师、美术老师和英语老师）自发组织；自主报名——不选择学生；自当考官——每个人既是演员也是考官；自选角色——依据自我认知进行自我定位；自编自导自演——创造广阔的自主空间。

　　项目组的老师们带领孩子们一起背台词、做道具、设计服装。戏剧社的同学来自不同年级，每次训练要凑齐所有人员有些困难。负责老师就把每个人的台词都记下来，谁来了就帮谁把关，配合演对手戏。一次次的排练让孩子们穿越到400年前与莎翁对话，去体验莎翁巨作中人物的机智、仗义与贪婪，让学生了解生活中的善恶美丑，学会善良与宽容。

　　更难得的是，近半年艰苦的排练使葵园戏剧社的小演员们一次次战胜了排练的压力，在想要退缩时选择了坚持、在发生冲突时选择了和解，逐渐收获了忍耐、勇敢、坚强等可贵品质。

　　六年级蒋艺瑶同学面对排练和功课双重任务的压力，多次主动跟老师沟通，得到了各科老师的支持和帮助，老师们允许她迟交作业，并为她加油鼓劲儿。四年级王静萱的父母担心排练会影响她的学习，但她却表示："既然选择了，就要善始善终，演戏剧是一件幸福的事，我不能把自己的幸福放弃。"在项目组老师的积极鼓励和沟通下，静萱的选择最终获得了家长的同意和认可。二年级饰演侍卫的两个双胞胎同学，尽管一句台词也没有，却能够始终一动不动地站在公爵身后，这两个孩子没有落下过一次排练，他们用稚嫩的声音说："我一直站在那儿，我们愿意坚持。"曾经因病休学半年的沙炜同学在剧中饰演杜伯尔，虽然也没有一句台词，但是他说："因为大家都在练，如果我不练，会影响整体演出效果，是一种无形的力量支撑着我。"还有六年级的胡海若同学在面对角色被调换之时，坦诚地与同伴分享自己的心理变化："被换了角色，我最初很不高兴，甚至不理新角色扮演者。"但是，当看到二

莎士比亚名剧《威尼斯商人》第四幕

《威尼斯商人》是莎士比亚四大喜剧之一，剧中描写了威尼斯一位身无分文的贵族青年巴萨尼奥，为向富家女鲍西娅求婚，向好友安东尼奥借钱。安东尼奥是一位善良、正直、重视友情的商人，因货船尚未到港，只好向犹太高利贷者夏洛克借债，并被迫立下奇怪的约定：如不按期偿还，就从安东尼奥身上割一磅肉。原来夏洛克一直嫉恨安东尼奥，想趁机陷害安东尼奥。巴萨尼奥与鲍西娅终成眷属，但安东尼奥的货船却遭遇险未归，债务到期将被罚割下一磅肉。鲍西娅毅然扮作律师，前往威尼斯法庭营救安东尼奥。第四幕为全剧的高潮，描写了法庭上对峙的场面，安东尼奥的命运如何？我们将在这一幕见分晓！

玉　　李伯超　　胡海若　　向思媛　　赵一骏　　吕卓颖　　秦吕丹妮　　蒋艺瑶

年级小演员即使一句台词都没有也心甘情愿地坚持表演时，自己的心态就逐渐好转了很多。胡海若身边的同学也积极鼓励她："真正的好演员，即使没有台词也能博得观众的掌声。"成长就是这样悄然发生的，海若开始慢慢调整心态："首先，学会妥协，迎接新角色的挑战。其次作为团长，我要更积极地为大家服务。"

孩子的成长不仅仅是身体与智力的发展，更重要的是人格和品行的养成。在戏剧教育的天空里，孩子们渐渐意识到了责任、合作与理解的意义，学会了平等、尊重与妥协，更培养了自己对理想坚持不懈，对梦想不轻言放弃的自信。

2013年，教心理的付一铭老师和教美术的卫征老师又挑起了戏剧社的重担，戏剧社有12位新成员加入，两位年轻老师在培养新人的同时，更鼓励孩子们尝试不同的角色，在2013年圣诞节的第二次公演中，80%以上的小演员挑战的都是新角色。戏剧节当天，当汇报演出结束时，孩子们的勇敢和坚持令台下的老师们感动至极。

戏剧社将来自不同学科领域、但对戏剧感兴趣的老师聚集在了一起，为孩子们开拓了又一个自主学习和成长的平台。这让我们再一次深刻地认识到：鼓励和支持教师的想法，不仅能够充分发挥教师的特长，让教师享受到职业生活的快乐，更为学生成长提供了滋养一生的幸福。

育好每一棵苗

如果将孩子比作一棵棵娇嫩的幼苗，那么学校就是一个栽种着不同嫩苗的大苗圃。作为园丁，如果想把幼苗培育成参天大树，使苗圃成为茂密森林，就需关注每一棵幼苗的生长情况。然而，传统教育往往是"只见森林，不见树木"。郁郁葱葱的森林远远望去一片繁茂生机，然而森林里总有一些树木被遮蔽和阻挡，难以见到阳光，也总有一些树木会生虫、被风吹倒或者需要修剪枝丫。对此，教师心中并不十分了解。这其实是一种舍本逐末的教育理念。因此，我们提出，作为园丁的教育工作者，应当关注每一棵苗，认识每一棵苗，进而育好每一棵苗。

育好每一棵苗，要从了解发展学生的个性开始。传统教育对"个体""个性"

的抹杀，最隐蔽的方式就是强调知识结论的被动接受和共同感受，忽视学生个体在学习过程中情感体验和思维发展的差异性，这使得本该丰富多彩的课堂教学失去了应有的生气。因此，在教育教学实践中，我们重视学生的情感体验，鼓励学生凭借自己独特的感受、知觉和灵性，去体味和领悟知识与生活，直至再认识、再发现、再创造。比如，我们鼓励学生观察和研究校园，设计心目中理想的科技校园，并在顶楼平台建起空中小农庄，让学生"梦想成真"；我们引导学生发现校园问题，成立葵园志愿者联盟，让学生自设岗位、管理学校并自我管理；我们开设数学游戏、数学日记等与生活相关的一系列研究性课程，鼓励学生在生活体验的基础上梳理和应用课堂上所学的数学知识等。增加了情感体验的知识学习不再仅仅属于认知和理性的范畴，它扩展到了情感、心理和人格等领域，使得学习过程成为学生情操、人格和毅力健全发展的过程。

育好每一棵苗，要学会同中见异，关注学生个体课堂学习状态的差异性。同样是"端坐静听"，有的学生是性格内向，不喜张扬，有的是信心不足，怕出差错让人笑话，有的是没有理解，不明所以干脆不说，还有的是确实屡受打击而产生的厌学情绪……针对学生的不同表现，老师要给出不同的反应，关注每一个学生气质性格的不同和学习倾向的差异。特别是针对性格内向、不善表达、学习困难、没有自信的学生，有时候老师的一个鼓励的眼神、一次耐心的指导、一句简单的问候，都有可能点燃他们心中向上的火种，成为他们努力学习的力量之源。如果教师对每个学生的状态都能够了如指掌，课堂上就能根据问题的深浅，给不同学生以不同的标准和要求，为每一个孩子创造学习和发展的空间与机会，使每一名学生都能够积极参与到学习中来，实现自身最好的发展。

育好每一棵苗，要给课堂每一个独特的声音以鼓励和赞扬的微笑。课堂不仅是知识传递的平台，更是坦诚交流的场所。因此，在教育场域内，要鼓励学生大声说出自己的心里话，积极主动地表达自己的想法。比如，我们举办了科技节学生"说三道四"、挑战王学生"说一不二"、艺术节学生的"七嘴八舌"等系列学生座谈会，鼓励学生"叽叽喳喳"，为学生提供了敢说话、说真话的安全对话空间。只有倾听儿童内心深处最真实的声音，才能真正呵护儿童时期独特的童年价值。

育好每一棵苗，还要善于及时捕捉学生成长过程中每一丝细微的变化，给予肯定性的关注；育好每一棵苗，要珍视每个孩子的独特价值，让每个孩子在学校公共生活中找到他自己；育好每一棵苗，我们的思考与实践还有很多很多……当我们将目光投向每一个独特的个体，我们会发现，在倡导个性化教育的今天，学生的生命价值和潜力得到了充分的张扬。

生命的存在方式是多种多样的，丰富多彩的世界需要人们具有多种多样的个性。在学校里，由于性别、性格、身体素质、智力水平、成长背景等方面的不同，学生的个体差异性是客观必然的存在。这是教育面对的问题，也是教育享有的资源，承认与善待、尊重与适应、利用和发展学生的差异，是教育的起点和终点。作为教育者，应当建立起"关注每一个"的生命意识，以教育者的博大胸怀包容接纳每一个学生，以特有的敏锐的眼光发现和关注每一个学生，坦然面对学生不同的现实起点，为不同发展阶段的学生制定不同层次、不同级别的发展目标。如此，我们才能谈得上育好每一棵苗。

第五章

营造民主开放的管理空间

学校教育应该给予孩子足够的关爱，但比爱更重要的是给予孩子自主选择与发展的自由。自由民主的教育环境能够激发儿童的创新思维，激活孩子们源自天性自然的主动性和自主性，发现儿童最真实、最自然的生命本意。因此，陪伴儿童成长，还应当创造一种民主开放的校园管理空间，从呵护童年价值开始，建立多向的教育对话，倾听来自学生灵魂深处的脉动，进而构建起充满生命气息的教育场域。

/ 一 / 寻找效率背后的密钥

优质高效的组织源于精干的组织架构、简洁的过程控制与管理以及有效的动力机制。基于儿童视角和立场实施的规范管理流程、促进中层干部深度反思、沟通教师灵动智慧，引导学生主动参与等，是中关村一小管理变革的核心所在。

执行校长的值班日志

现代管理学认为，领导不是职务地位，也不是少数人享有的特权，而是一个组织内所有成员的义务和责任。领导力是一种积极互动、目标明确的动力，每个组织成员都可以是领导实践者，都能够承担自我开发与管理的责任。人人皆可为领导，这正是学校长期以来倡导的管理理念。

为了切实提高中层干部的领导力，学校试行了每日执行校长制度，由中层干部每日轮流担任一日校长，负责全校各项任务的统筹与安排，并在此基础上推行执行校长的值班日志制度，以质性观察和深度反思为切入点，着重对管理工作中的问题点与思考点的记录，引导干部主动研究并深度反思学校管理过程中存在的问题。

主管学校艺术工作的晓红主任看到每月一次的"挑战王日"科技活动深受孩子们的喜爱，开始思考如何才能让艺术活动吸引更多学生的参与。经过反复斟酌，她组织召开了学生座谈会。在听取学生对学校艺术工作的建议之后，晓红主任深受触动，在日志中记录了自己的思考和感受：

中午，我召开了以听取学生对学校艺术工作建议为重要议题的学生座谈会。参加座谈会的十几名学生是听到学校广播后，自愿来参加座谈的。当我问道："孩子们，你们都参加过学校每月27日的"挑战王日"，的活动，对于学校的艺术工作你们有什么想法和建议呢？"孩子们积极发表意见，提出希望每个学期都能召开一次葵园演出季，音乐演出和美术展示交替进行。

我听了备受鼓舞，我之前一直觉得艺术活动的学生参与度不够高，其实孩子们的热情很高，只是缺少表达想法、展示智慧的机会。校长常说，学校的每一项工作都要紧紧围绕学生的需求展开，以促进学生成长为最终目标。是啊，只要把学生装在心里，我们就能倾听到学生真实的心声。

最后，晓红主任和孩子们一起制订了"艺术点亮童心"之葵园演出季的方案。

晓红主任的这篇日志反映了学校中层干部团队在管理工作中不断反思、调整、形成新的工作思路的一个常态。

值班日志的撰写带给干部们管理上的深度思考，如张副校长从一次工作安排的冲突中反思管理工作一定要加大提前量，进行系统思考；负责课程管理的胡主任从学生需求的变化来反思学校菜单课程的调整与丰富，进一步明确菜单课程的开设必须更加贴近学生；主管党校校区教学工作的屈副校长在一次下组调研后反思课堂教学应当为不同层次的学生设计不同的学习目标，进行差异教学；主管天秀校区语文教学的穆主任从学生习作调研中反思习作教学要从立意、选材、构思等角度分析学生的真实困惑和不足，做到有针对性地提高等。

为了更有效地促进三个校区中层干部的智慧碰撞，校长每周末都对优秀的日志进行推荐，并在周一上午的干部例会上进行分享学习。如今，干部们已开始自发地相互推荐优秀日志。无论是管理中的问题还是经验，都源自干部对自己所负责工作的思考，智慧在观点碰撞中逐渐上升为一个管理团队的共识和成长。

推行执行校长值班日志制度，不仅提升了中层干部教育现场的思考力和学习力，更强化了干部团队的现场执行力。

危情中的温暖与扶助

安全是学校的头等大事。除了完善的安全装备、专职的医务人员和全体教师安全第一的意识，还要有一个完善的流程把这些关键要素用一种互补、协调的方式串联起来，使它们互为督促，又互为补充。只有这样，才能在事故发生的最短时间内采取最有效的处理方式，把损失和伤害降到最低。

一个课间，几个四年级的孩子在主席台边玩耍，小涛同学从台阶上往下跳着玩，却在左脚落地的一刹那发出一声低呼。几个小伙伴围过去，看到小涛抱着自己的左脚疼得眼泪都下来了。正当大家不知所措的时候，从旁边经过的小李老师感觉不对劲，马上跑过来了解情况。李老师意识到问题的严重性，马上拨通了负责安全工作的主任电话。

接到电话，主任第一时间联系班主任和医务室老师赶到现场，通知司机备好车辆，之后迅速来到操场。经过简单查看，医务室老师确定孩子的腿是骨折了。主任小心翼翼地抱起孩子，在几位老师的帮助下把孩子护送到车上，赶往积水潭医院。

在赶往医院的路上，主任联系了教导处，安排其他教师接管这个班的管理工作。同时，班主任跟小涛妈妈电话联系，把孩子的情况进行了简单的说明，告诉家长目前一行人正赶往积水潭医院，询问家长对就医医院是否同意。随后，根据家长的要求，汽车掉头开往了空军总医院……

由于处理迅速，孩子的腿及时进行了手术。负责手术的外科医生说："幸亏来得及时，为孩子接受手术节省了宝贵时间，也让孩子少受了很多痛苦。"下午下班后，副班主任、学校行政处、教导处的老师也都陆续赶到医院探望，并和家长商量孩子之后的生活与学习安排。由于学校对于此次突发事件的应急处理及时、得当，家长没有提出任何质疑。

此后，班主任老师每天都会给小涛家长发信息报告学习进度和作业安排，同学也积极打电话关心问候小涛。经过两周的休养，小涛已经能够挂着拐杖行走。为了不影响学习，小涛的父母在咨询过医生之后，决定让小涛返校学习。班主任老师在班里开展了爱心小行动，通过学生志愿报名，挑选出 6 名身体相对强壮的孩子每天到校门口接送小涛，并定期陪孩子到医院复查。

在校园里，类似事故的发生是不可预知的，但事故发生后的处理流程却是有章可循的。我们认为，当事故发生时，有这样几个处理的关键环节：第一，及时发现。学校的任何工作都坚持"首遇负责制"，因为孩子的问题不允许我们等待，特别是安全问题。当老师发现学生出现问题时，无论是否是自己班的学生，都有责任第一时间进行处理。第二，及时就医。尽可能减少让伤者等待的时间，避免错过最佳的救治时机。第三，及时联系家长。赢得家长的理解，并给予家长和学生尽可能多的支持。

为了保证这几个关键环节不出现断层，学校制定了周密的《学生安全事故处理工作流程图》，并要求每一个老师熟记于心，在遇到问题时能及时采取行动。

安全的校园环境是保障学生包括受教育权在内的其他各项权利的基础。完善的安全事故处理流程带给学生的是一种危情中的温暖与扶助，带给家长的更是一份心灵上的踏实与安稳。

中关村第一小学学生安全事故处理流程

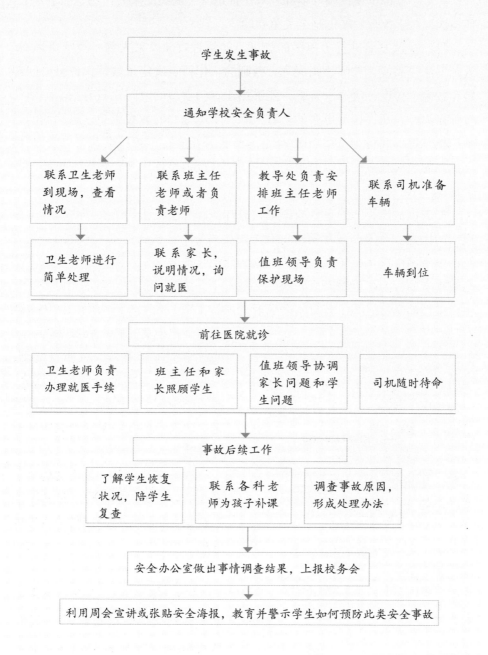

学生发生事故

↓

通知学校安全负责人

联系卫生老师到现场，查看情况	联系班主任老师或者负责老师	教导处负责安排班主任老师工作	联系司机准备车辆
卫生老师进行简单处理	联系家长，说明情况，询问就医	值班领导负责保护现场	车辆到位

前往医院就诊

卫生老师负责办理就医手续	班主任和家长照顾学生	值班领导协调家长问题和学生问题	司机随时待命

事故后续工作

了解学生恢复状况，陪学生复查	联系各科老师为孩子补课	调查事故原因，形成处理办法

安全办公室做出事情调查结果，上报校务会

利用周会宣讲或张贴安全海报，教育并警示学生如何预防此类安全事故

"校长推荐"中的环境课程

许多学校都重视校园环境课程对于促进学生成长的重要作用，但事实上，环境课程对于教师发展也是至关重要的。

我们在这方面进行了很多的尝试，如每月教师风采人物、教师摄影展、教师书法作品展、教师绘画展等。教师的工作特点决定了教师大部分时间都是在教室里传道、授业、解惑，能够用于专门学习的时间比较有限。为了让教师在不经意间去接触更多的教育大家，了解他们的教育思想，进而影响教师的教育思想和行为，从 2012 年起，学校开始实行"校长推荐"，把校长精心挑选的经典教育故事以海报的形式图文并茂地呈现出来，张贴在校园的各个角落。

在"校长推荐"的这些故事里，有叶圣陶先生在指导子女习作过程中传递出的民主、平等的教育精神；有美国纽约某小学校长皮尔·保罗的一句表扬使一个调皮捣蛋孩子最终成长为纽约州州长的故事；有陶行知先生以强按公鸡吃米的行为告诉教师真正有效的教育不是灌输、强迫，而是充分发挥学生自主性的学习过程；有日本著名教育家铃木镇一先生充满鼓励的微笑成就了一个"小莫扎特"的故事等。这些故事或生动有趣，或质朴清新，内容不多，只需两分钟便可读完，但寓意深刻，发人深省，在潜移默化中让教师们领略了教育名家的教育智慧。

教师座谈会上，教语文的小丁老师谈到了第三期"校长推荐"中陶行知先生的喂鸡论所带给自己的触动。

"前一段时间，我在楼道里无意中读到关于喂鸡论教育的故事，很受触动，回到教室看着正在午休的学生，我忽然意识到平时自己一直在扮演着强迫孩子们'吃米'的角色，生怕他们吃不饱，吃不好，但是很少考虑他们是不是喜欢吃，喜欢用什么方式吃。现在我意识到，我们应当让学生自己更多地去探究和发现，

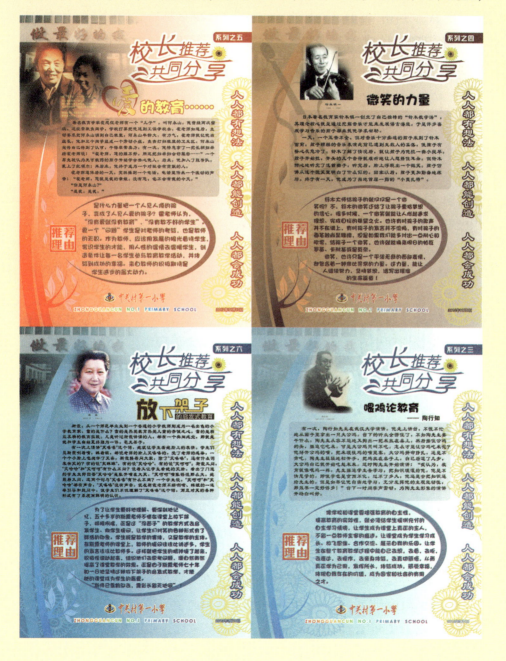

教师退到幕后。学生的自主学习才是成长的真正动力。"

"校长推荐"每月一期，如期更换，它带给老师的也许每次都只是一点点的"所思""所悟"，但是正是这样的一点点不断发挥着它们润泽的力量，不断影响着老师们的教育思考和教育行为，让校园逐渐成为师生喜爱的、充满正能量的绿色生态校园。

一条短信引发的变革——校园观察员

学校事务纷繁芜杂，有许多是学校和教师力有不逮的。因此鼓励学生参与学校管理，请学生对学校事务"说三道四"，不但能够使学校的各项工作真正落到实处，而且能有效满足学生自我实现的心理需求，激发学生自主参与、积极思考的能力，使学生的智慧有机融入学校管理的决策制定中来。

2009年暑假的一天，盛夏的晚风依然带着几分酷暑的热浪，傍晚时分，校长收到了三年级（8）班贝迪同学的一条短信：学校东教学楼的灯一直亮着，但空无一人，可能是施工的叔叔忘了关灯，这样太费电了。

看到这条短信，校长感到非常欣慰，一名普通的学生，能够这样主动地关注学校管理中存在的问题，这是学校多年来倡导学生是学校的小主人，坚持跟孩子们长期对话的成果。校长表扬了贝迪同学关注和热爱学校的责任心，并聘她为校园小观察员，鼓励她继续关注这件事，并用慧眼及时发现其他问题。

事情很快得到了解决。第二天晚上又收到了贝迪同学的短信，短信里说东楼的灯已经关了。校长表扬了贝迪同学做事善始善终的好品质，并鼓励她继续坚持下去。

受这件事情的启发，我们在学校建立了校园观察员制度，又陆续聘请了热心关注学校发展的学生、教师、家长、社区代表、人大代表，和到校参观、学习、访问的客人作为校园观察员，一起来监督和改进学校管理。

作为国家汉办对外汉语教师培训基地，学校每年都会接待来自新加坡、马来西亚的教师代表。2010年，马来西亚教师向学校递交了校园观察表，其中提到，在卫生间里，许多用过的女士用品随意地丢弃在纸篓里，不但污染了环境，同时也给他人带来不便。这确实是我们管理工作中的盲点，学校马上采取措施进行改善。三天以后，所有的女士卫生间中都多了一个小格子，格子中放满了剪裁成 B4 纸大小的旧报纸，格子外侧贴着一行绿色的提示语："请用旧报纸给用过的女士用品穿一件'衣服'吧！"

校园观察员制度让更多的人为校园管理尽心尽责，群策群力，为学校带来了很多可喜的变化，如垃圾站的三次改造、洗手间的异味清除、学生分餐制的尝试、校园志愿者的引进等，架起了学生与学校、家长与学校、社会与学校之间对话的通道，使学校的管理工作更加完善。

垃圾站的三次改造

在 2010 年针对"校园环境"的问卷调查中，有 75.6% 的学生提到学校垃圾站需要改造。

"每次倒垃圾时，我经常捏着鼻子扔了垃圾就跑。"

"我们美丽的校园里不应该有这样的垃圾站！"

学校垃圾站最初使用的是社区传统的桶装垃圾，三个宝蓝色的大垃圾桶摆放在学校大门右侧两米左右的拐角处，桶面上粘贴了三张纸条作为分类之用："可回收垃圾""不可回收垃圾""其他垃圾"。尽管那三个蓝色垃圾桶有一米多高，但仍容纳不了两千三百余人产生的生活垃圾。虽然每天晚上清洁工人都会将垃圾清理干净，垃圾回收车也会及时运走垃圾，但异味仍很难消除。

习以为常并不就是正常，无视问题也并不代表没有问题。学生心声就是我们改变的理由。通过讨论，大家达成共识：垃圾站的改造要从学生需要出发，要考虑学生的方便和舒适，兼顾整洁与美观。结合孩子们提出的"有趣一点儿、漂亮一点儿"等建议，设计一个特殊垃圾站，从全开放式改为封闭式，增加垃圾桶数量，并将垃圾桶放置在一个特制的方形小房子里，小房子中间靠下一点儿开一个大窗口，孩子们可以方便地推开窗口扔垃圾，然后在这个小房子的外壁装饰上孩子们喜欢的米老鼠、白雪公主等卡通人物，并对垃圾屋进行了更为细致的垃圾分类：再生循环垃圾、不可回收垃圾、有毒有害垃圾、可容可分解垃圾 4 类。

以此为契机，学校开展了系列环保活动：学生设计海报，提醒投放垃圾的学生在倾倒垃圾时不遗撒；各班成立环境保护宣讲小组，给同学们普及垃圾分类知识；大队部专门成立卡通垃圾站志愿维护小队……

垃圾桶被改造成垃圾屋一段时间之后，垃圾倾撒的现象大大减少，但有时候仍然会有碎纸片、餐巾纸之类的掉落在垃圾屋旁边。志愿小队的同学们通过观察发现，原来是因为低年级同学个子矮，有时候踮起脚也够不着垃圾屋的投放口，对此学校又专门辟出低年级垃圾屋，将其倾斜放置，方便低年级同学使用。

垃圾站的第三次改造是将垃圾屋改在学校北墙，这样清洁工人可以直接将垃圾装到回收车中，解决了运送的问题。

方便学生，就是要站在学生的角度、从学生的视角来看问题。只有这样，我们才能掌握学生最真实的需求，从而营造一个让孩子们感到舒适满意的环境。

让老师们参与决策过程

教师素养是影响学生学业成就的重要变量之一。教师的专业成长离不开持续不断的个体学习与反思、真诚自如的同伴支持与沟通、扎实有效的实践平台与机会等。"对话校长"教师座谈会正是教师同伴群体之间思维的碰撞与心灵的沟通。

每月第四周的周四下午，老师们与校长一起围绕学校发展、学生成长、课程建构等核心工作，共同探讨学校未来发展的关键成功因素、如何有效建构自主课堂、为期待成功的学生制订学习方案、课堂教学中和谐师生关系的再认识等。

这项工作已开展三年有余，从2012年新学期开始，教师座谈会呈现了一个新的变化：原来由中层干部和学校科研人员承担的会议主持、板书梳理、电子记录乃至新闻稿撰写等角色全部换成了教师，会务工作、研讨内容和流程控制都由教师承担。教师座谈会本来就是激荡教师心灵与智慧的平台，把教师座谈会还给教师，把教师推向表达的前台，能够为教师营造更为自由和轻松的表达环境，这也是学校实行民主管理的重要举措。

负责这项工作的干部在值班日志里谈到了教师座谈会转变带来的深切感触。

又到了学校例行的"对话校长"教师座谈会的时间。我按时赶到会议室，清点人数，主持会议。今天座谈会的主题是"做葵园最美教师"，匆匆作了个简单的开场白后，我就把"球"抛给了老师，虽然相信这个话题每个老师都有自己的思考，但是老师们的发言并不踊跃，于是校长提出了几个问题引导大家共同探讨，会场上的气氛才渐渐热烈起来。我一边主持，一边忙着做电子记录。会后，校长和我谈起了教师座谈会，校长说："教师座谈会一定要让老师们自己来组织管理才是真正的教师座谈会，才能使老师们以主人的身份参与进来。老师们谈大家真正关心的事，更要让老师们参与组织和筹备，把座谈会还给老师。"在校长的提醒下，我开始提前策划，倾听和汇总老师们感兴趣的话题，提前向老师们发出邀请，征集主持人、会务人员。令我惊讶的是，当我把座谈会"还给"老师们的时候，老师们回赠我的是主动与热情，座谈会的气氛也从"行政味"回归了它应有的轻松自然。

其实，不只是教师座谈会，学校的各项管理事务都呈现出了教师广泛参与和"当家做主"的主体地位，如新学期工作计划研讨会上，教师代表建言献策；全校教师论坛中，教师自主组织小组讨论和汇报；学校每年的 10 件实事出自教职工代表大会；首届葵园戏剧节的筹办与开展由教师进行演员招募、剧本选择、组织排练和汇报演出。这，正是现代学校管理制度所倡导的。

"听听老师们的想法！""让老师们参与决策过程！"已经成了我们每一位中层干部的口头禅，我们正在努力把它真正落实到每一个管理细节上。

我们需要房子还是房子需要我们

一群旅行者兴高采烈地享受着在路上的快乐，忽然暴风雨来了。荒郊野外没有避风躲雨的地方，大家一起向前跑去，看到前方有一个草棚，旅行者赶紧冲了进去。刚一进去，大雨倾盆而下，旅行者们非常高兴："哇，今天运气不错，刚下雨就看到了这个草棚，这下可淋不着了。"可是，不一会儿，在暴风雨的冲击下，破旧的草棚摇摇欲坠，即将倒塌，怎么办？

"扶住它，不能让房子倒塌！"

是的，这时候，需要每一位避雨的旅行者举起自己的双手，共同用力支撑起这座风雨飘摇的草棚。倘若有一人未曾尽力，草棚缝隙之中飘进的暴风雨淋湿的将不只是一个人，而是草棚内的所有人。

这时候，是我们需要房子，还是房子需要我们呢？

毫无疑问，房子需要我们，但是我们更需要房子。如果将这座房子比作我们的学校，那么对于学校与师生个体之间的关系，我们应当有新的思考。

学校和个体发展之间是"唇齿相依""唇亡齿寒"的关系。教师实现职业理想，学生的健康成长，都离不开一个蓬勃兴旺、让人有归属感的学校。一个健康生命的成长，并不是纯粹的专业知识和专业技能培训能达到的。一个能够不断激励和感动教师的环境，一个有着强烈归属感的校园，更能够最大限度地激发生命个体对于成长的热情与激情，更能够培养出师德高尚、富有创新精神的优秀教师，培养出会学习、能生活、敢负责、能担当、能够改变世界的未来公民。

同样，学校要想常立潮头，也离不开每一位师生的成长与努力，每一个人都应当尽自己最大的力量去发展、去思考、去实践，做到自己生命量度之内的最好。二者的契合，强调的是相互的寻找与共同的成长，是深耕细作式的关注与规范，是彼此之间的欣赏与愉悦，是相互的肯定与期待，是共同的提高与发展。如此，方能为彼此的共同成长提供用之不竭的动力源泉。

基于这样的思考，我们提出以"最好"成就"大家"。"最好"指向的是每一个生命最独特的需求与发展、每一位师生自身生命量度之内的最好；"大家"指向的是每一名师生都有贡献和引领的机会，每一个生命都有成长为独特自我的舞台，没有一个人会为别人的成长牺牲，人人都能成长为"名师""大家"。

因此，我们秉行"人人皆可为领导"的管理理念，通过多种方式帮助教师成长为领导者，如推行执行校长制、学科协理制、年级小校长等，提升教师的教育现场思考力、学习力与解决问题的能力，使教师成为有思想的先行者；召开以"数字化校园建设""学校发展中的国际视野""自主教育60条"等为主题的"对话校长"系列座谈会，让每一位教师都能说话，每一位教师都敢提意见，重视每一位教师的心声，引导教师参与学校管理和决策过程；

成立葵园名师屋，发挥名师的示范和带动作用，鼓励并带领更多教师的专业发展；开展葵园学术坊"伙伴互助工程"项目,志同道合的教师可以结成研伴,共同研究教学，共同进步，在对话、合作中共享教育智慧。

我们不放弃、不选择每一个人，为每一种性格特点、每一个发展阶段，乃至不同学习习惯、不同性别的学生提供大量可以选择、自主成长的机会和平台，如升旗仪式的班级轮换制为每一位渴望登上主席台的学生提供了展示的机会，菜单式自主选择课程为学生每一项兴趣的发展提供了深入学习的机会，葵园志愿者协会为每一位学生的自我管理、服务他人提供了思考与实践的平台，"跟爸爸妈妈看社会"职业生涯规划引导学生开展研究性学习并尽早确定自己的职业兴趣点，基于儿童立场的系列节日课程让儿童站在了学校的圆中央。

我们重视人的价值与尊严，着力于创造一种易于滋养师生成长的校园环境，打造师生心目中理想的科技校园，使每一面墙壁、角落都能说话；如教师风采墙、教师摄影展、教师书法作品展、教师绘画展、校长推荐、有益颈椎的横梁、绿意葱茏的道德角等，发挥和展示人的最大才智和创造力；下放管理权限，建立较为充分的决策、协商机制，满足师生参与学校管理与自我实现的需要。

我们期望在这样一种思考与实践中，每个人都能培养出一种同舟共济、齐力向前的精神，每一位师生都能成长为可以撑起"房子"一角天地的独立的生命；同时在我们共同撑起的这座"房子"中，在我们共同的"家"里，不但能够遮风避雨，更能够自育并育人，培养出对知识的热情、对自我成长的信心、对生命的珍视，以及更乐观的生活态度。

生命需要相互支撑，在这种共同的支撑中，我们渐渐地追寻心目中理想的学校—— 一所具有儿童立场、首都特质、国际视野的、师生互相学习的"最好"的学校。

云时代的数字化校园建设

这是一堂不一样的班本研究课。

四年级（2）班教室里，在班主任老师的指导下，孩子们自发组建的琥珀研究小组、动物研究小组、抗病毒研究小组、植物研究小组、大气污染研究小组和矿物研究小组 6 个小组的成员每人手持一台 iPad，神情专注地用互联网平台查阅着相关的研究资料。没有文

本性的教材、没有厚重的工具书，孩子们在手指轻触之间浏览并筛选着海量的相关信息：七彩玫瑰的生长过程、恐龙的生活习性及灭绝原因、大气污染的根源探究、岩石和水晶等矿物质漫长的形成过程、H7N9 的细菌构造等。

2012 年，以 iPad 教室为标志的云课堂的建立为中关村一小云校园的建设添上了浓墨重彩的一笔。至此，一个以 iPad 为媒介，充分利用计算机技术、网络技术和现代通信技术对学校的教学、科研、管理、服务等工作相关的信息资源进行全面的数字化处理，师生可以通过终端设备随时随地进行移动办公或学习的云校园已相对成熟。

当今社会，信息技术进入到新的发展高峰期，移动互联、物联网、社交网络等技术的涌现和日趋成熟，正在改变着信息化生态环境。特别是近几年 3C（电信、计算机、消费类电子）技术和智能技术在生活中的广泛应用，标志着我们已踏进了一个崭新的数字化时代——云时代，云计算技术成为资源共享的守护者。从 2009 年开始，"云计算"开始改变全球 IT 领域发展的格局，也改变着中国教育信息化发展的格局。在学校教育场域内，信息系统的开放共享正在成为常态，硬基础设施建设逐步发展为软基础设施建设，海量优质教育资源的推送、共享和管理服务成为校园信息化建设的重中之重，个性化、扁平化和社交化等特性正从数字空间逐渐延伸到物理空间。

拥有快速处理信息优势的云课堂从技术上更有利于教师及时关注每个学

生的知识水平、学习情况，并实施个性化指导。"我首次尝试使用平板电脑进行随堂测评，发现 iPad 进入教室实在是方便极了。随堂练习的难度分为 5 个星级，学生可以选择适合自己的习题来做，提交之后，系统不但能够自动判卷，而且还可以快速整理和分析出学生对某一知识点的掌握程度。我不用走到学生身边，就能掌握学生的答题情况，并及时根据不同学生的需求开个小灶。"四年级的郁老师在利用 iPad 教室上完《找骆驼》之后这样说道。

不仅如此，强大的信息技术和海量的优质教育资源为 iPad 教室搭建了充满活力的资源交互平台。除了在每个 iPad 上安装用于云存储和分享的教学平台之外，受无线网络支持的 NBC 协同办公网、个人网络存储空间、多媒体网络直播平台、班级网络论坛等都成为教师顺利开展教学、学生进行自主学习的有力助推器。

这种零距离的信息沟通与共享连通了传统学校中的"信息孤岛"，个性化的学习资源、网络课程、备课资源以及专业的教研资源等，经过分类整合与管理，有序地呈现在师生们的面前，原来的"孤岛"渐渐连成一片，师生们开始互通有无。教师们制作的课件、习题和教案等，不但可以在第一时间上传到终端服务器，也可以在第一时间通过检索、在线浏览、下载等方式传播到其他师生的手中。

新技术中的很多功能也成为有效的学校管理和班级管理工具。比如在日常班级管理中，班主任老师利用飞信平台第一时间发布通知，通过 QQ 讨论小组和飞信平台召开远程家长会，就班级近期发生的事情与家长进行及时沟通和探讨；在打造主题教室的过程中，各学科教师利用 QQ 群和班级论坛等平台缔造性格教室，沟通和整合班级之间的相关课程；在教师专业发展的过程中，教师同伴之间利用博客信息发布平台和博客链接功能，进行教学经验、管理智慧的互动与分享；在科学课上，师生们利用 iPad 中的照相、摄像等功能，及时记录孩子们进行科学实验的影像证据，让孩子们的学习过程更加清晰可感。某一个感人的成长瞬间、某一次活动的激动场景、某一段难忘的学习历程等都可以以照片为证，让孩子亲手记录和梳理成长中的点点滴滴。

电影《黑客帝国》向人们讲述了一个当人工智能发展至极致，人类由技术的主宰者变成技术的奴隶的故事，这是影片对人们过度依赖技术的一种警示。诚然，如果对新技术过度依赖，在教育教学中无节制、无限度地使用新技术并非明智之举。然而，我们也不必恐惧于技术对人类的所谓"控制"。在这样一个信息化高速运转的大数据时代，技术不仅仅是一种方便生活的技能，更是现代公民的一种必备素养。只要我们在使用新技术时，不忘对人类理性与灵性的诉求和关照，尽力实现技术与人的精神的融合，那么这些新技术必将成为人类美好生活的有益补充，而不会成为终极的追求。正如英特尔总裁克瑞克·贝瑞克博士曾经指出的："计算机并不是什么神奇的魔法，而教师才是真正的魔术师。"

/ 二 / 细节制造感动的流程

很多时候，管理不仅是雄韬伟略的规划设计和科学严谨的规章制度，更多的是体现在日常工作中的一串串充满人性的、深入人心的细节。细节对于学校管理的成败是至关重要的。蹲下身去，用孩子的视角感受他们成长过程中一点一滴的需求，聆听那些隐藏在学生内心深处、有时难以言表的秘密，让孩子远离孤独、无助与恐惧，是实现儿童自由舒展与自我角色确认的重要力量。

满足孩子的心愿

童年时期的孩子会有许多愿望，那些在我们成人眼中微不足道的心愿，可能就是孩子的整个天空。孩子们的愿望如同水晶，虽纯净无瑕却也脆弱。我们要做的，就是蹲下身来，读懂孩子的心，创造一切机会和条件，帮助孩子实现愿望。

2012年底的教师联欢会上，在暖意融融的聚会大厅，尚老师不满6岁的孩子达达闹起了小别扭。原来还在上幼儿园大班的达达也想上台表演一个节目，尚老师觉得这样的场合怎能让一个小孩子随意上场呢？但是，小家伙的拧劲儿犯了，皱着眉头苦着脸，一直懊恼不休，搞得周围的老师不知如何是好。

了解了原委，校长制止了仍在试图劝说孩子的尚老师，蹲下身来温柔地对达达说："可以啊，你想演那就演一个吧。"达达愣了，大概是刚刚听了太多的否定和劝阻，他一脸的不可置信。校长慢慢地向达达伸出了手："如果你有这个心愿，我一定会帮你实现，但机会可需要自己好好把握啊。如果你相信我，就把手伸给我，我们俩拉拉钩。"看到达达略带迟疑地将稚嫩的小手放到校长的手中，在场的各位老师都为之动容。

上台之前，达达小声说出了自己的另一个心愿：希望能穿上中关村一小的校服上台表演！多可爱的孩子呀，他把成为一名中关村一小的学生当成了心中最大的荣耀。校长为达达换上了中关村一小的校服，勇敢的小达达在舞台上一连表演了两个节目，台下的老师们掌声雷动，小达达激动得满脸通红。

就是这样一件小事，这样一件在我们成人看来也许微不足道的小事，带给小达达的却是难以估量的影响，这从孩子那双闪亮的眼睛、那张涨红的脸庞、那种欣悦的神情中可见一斑。

同样，满足孩子的愿望也体现在学校管理的方方面面。学校门口和校长办公室旁都摆放了校长信箱，一个是蔚蓝色的"心"，一个是金黄色的葵花"笑脸"，孩子们可以自由地将自己的想法向校长倾诉。六年级（5）班的想想同学投来了卡片询问校长对幸福的理解，校长看到后丝毫没有怠慢，经过思考后认认真真地给想想同学回了信。

李想同学：

你好！

谢谢你给我写信，收到你的信我很高兴，在信中你写出了自己对于快乐和幸福的理解，看出你对生活、对学习内心充满阳光。你问我幸福是什么？我认为幸福是一种感受、一种心态、一种情感。面对同样的事情，不同的人会有不同的感受，如何去体会幸福？还要看自己是否拥有充满阳光的心态。如果心中灿烂就会有开放、包容、接纳的情绪表达。所以，善于欣赏、包容不同、懂得感恩的人就会感到快乐与幸福。希望李想同学，在今后学习成长的道路上，保持乐观心态，做一个快乐女孩。期待来自于你的好消息。

盼望你们健康快乐成长的校长

六年级（3）班的诸葛同学更是趁着课间来找校长讨论"钓鱼岛"的问题。

"校长，我认为现在一部分人对钓鱼岛问题的态度、言论都太过偏激。他们是爱国没错，但是全面抵制日货，或直接派军队灭掉日本，都是不现实的。"

校长笑着拍了拍诸葛的肩膀："真是个爱思考的孩子。我基本同意你的观点。钓鱼岛问题是一个历史遗留问题，其中关系复杂，不是一时半会儿能够解决的，它牵扯到大国间的博弈。我们还是发展中国家，保持和平的发展环境对我们十分重要，要相信我们的政府有能力妥善解决这个问题。"

最后，校长对小姑娘说道："我很高兴能和你一起讨论国事，有时间我还希望能跟你一起讨论其他的问题呢。"

为及时了解并满足孩子的心愿，我们还鼓励学生勇敢发出自己的声音，包括通过学生提案建言献策、校园志愿者自主申报、每月一次的学生座谈会等，学校为培养敢说话、会思考、有见地的孩子搭建了许多自我展示的平台。"人人都有想法，人人都能创造，人人都会成功"，这是我们对学生最大的期望。

让学生感到舒适、方便

让学生感到舒适、方便是学校一直强调的工作准则。

2012年6月的一天，天气异常炎热，虽然是大清早，太阳火辣辣的热力已经初露锋芝。各个班级陆续整队来到操场参加每周例行的升旗仪式。因为主席台是坐西朝东，孩子们面向主席台的方向正是太阳升起的地方，刺眼的阳光在斜前方，许多孩子不由自主地眯着眼或者拿手遮在额头上艰难地仰望主席台。

发现了这一细节之后，我们马上就这个问题开展了讨论。经过实地感受和研究，干部和体育组的老师们一起对升旗仪式的队列进行了调整。

又一次升旗仪式，当各班同学像往常一样排好队时，主持升旗仪式的老师发出了口令："六年级的同学向左转45°，一年级的同学向右转30°，请班主任帮助检查站队。"听到这些指令，同学们有些新奇又有些意外，但很快在班主任的指导下站好了方向。站定的孩子们感觉到灼热的阳光一下子跑到了脑后，很快明白了此番安排的苦心，不禁露出灿烂的笑容。当然，学生队列变化的方案由于各种原因后期没有很好地坚持，还需要管理的进一步跟进和基于这个问题的更彻底的解决方案。

让学生们的站位方向多元起来，让学生感到舒适、方便，这样的事例在学校中屡见不鲜。为了让学生舒适，阶梯教室的无背圆凳换成了带靠背的椅子，楼道的小书架旁边放上了一把把小矮凳，洗手池的冷水龙头改造为热水龙头，图书阅览室铺上了软软的坐垫。为了让学生方便，我们降低了一、二年级洗手间的洗手台，在每个教室里增加了供孩子随时查阅资料的电脑，增加了洗手间的卫生用纸。

让学生舒适、方便，我们的老师也在做。有的老师为了防止扎伤孩子而用布条裹了扫帚把儿；有的老师专门为高个子学生准备了适合孩子身高的课桌与椅子；有的老师在教室里准备了一次性纸杯以备不时之需；有的老师有意识地蹲下身子与孩子们讲话；有的老师准备了简易药箱以备孩子小外伤的应急之用等。

家，是每一个人最温暖、舒适、方便的港湾。如果让学生处处感到舒适方便，学校也就会成为学生真正的家。

毕业感言中读出的感动

在人生很多重要的阶段，我们应该教会孩子们盘点感动、梳理成长，为新的路程整理行囊。在六年级毕业前夕，学校鼓励学生写毕业感言，讲述六年的小学生活中最令学生感动的人和事，这就是一种关于成长的盘点。

薄薄的一页纸，不少学生深情地记述了六年来与老师、同学相处的点点滴滴。

六年级（4）班的依宁同学在她的毕业感言中讲述了一个她和刘老师之间的温暖故事。

那是发生在前年的一件事。有一天课间操时间，我看到一个一年级的小同学鼻子流血了，她明显不知道怎么处理，只是不断地用手擦拭滴下来的鼻血。

我急急忙忙带她到卫生间去处理，先是用水把脸上的鼻血清洗干净，然后卷了一条卫生纸棒塞到鼻孔里，但是血就是止不住。我有点儿慌张了，不知所措。这时，正巧刘老师经过，听到声音便过来帮忙。刘老师一边告诉我用凉水帮她拍拍脑门，一边用手指紧压那个孩子的鼻翼上方，一边还问小同学家里住哪儿、父母是做什么的之类的问题以转移她的注意力，血终于止住了。刘老师笑着对那个小同学说："你应该谢谢这个大姐姐呀！"小同学特响亮地对我说了声谢谢，弄得我都有点儿不好意思了。

最令六年级（1）班泽寰同学感动的是教科学的章老师，在2011年北京市航海模型竞赛准备过程中，章老师的耐心负责、善于思考给泽寰留下了深刻的印象。

这次我要做的是一艘可乐瓶船，刚开始，我以为把可乐瓶开个口子，装上马达，再安个舵就万事大吉。可一下水才发现不是这回事：我的船总是偏离航道撞向池壁，章老师指点我用扳子调整船后面的舵，果然好多了。但不久后，船又开始向另一个方向偏离。章老师说这是因为船的平衡性不好。我们讨论了半天，试着找了两个塑料管绑在两侧，呀！船直直地开向了前方！就在我为胜利欢呼的时候，章老师提醒我说："赵泽寰，别骄傲，你的船速太慢了！再动动脑筋吧！"

于是，章老师和我一次次地调整、试航，当时正值暑假，酷热难当，章老师一直站在大太阳底下帮我调试船，最后我们终于找到了最快的方法。当天晚上我回到家中，突然又收到章老师的一条短信：如果还不平衡，可以在管里放铁丝。

哎呀！原来老师还在想我们的事呀！

在六年级的毕业感言中，有学生对老师感恩的师生情，也有洋溢在同学之间的同伴情和对母校的深深怀念之情。六年级（7）班的雨桐同学最难忘"小先生"念虞同学一次次耐心地为她解答难题的友爱与热情；六年级（4）班的云飞同学感动于"午餐小管理员"鹤阳同学每天中午组织大家有序分餐，总是最后一个用餐；六年级（8）班的子怡同学说最值得回忆和想念的地方是小花园，她经常和同学在美丽的小花园里促膝畅聊，静静读书；六年级（5）班的松如同学最怀念学校的图书馆，在温馨的阅览室里，他遍览群书，学到了许多知识；六年级（4）班的嘉弘同学最喜欢的地方是顶楼平台，那美丽的花的海洋、有趣的昆虫之家、神秘的海底世界给学生留下了快乐的回忆。

这些在学校生活的点点滴滴，充满了温暖和感动。事情虽小，却都在孩子们的心中留下了难以磨灭的记忆，成为他们走向新的学习旅途最宝贵的心灵财富。

关注"重量级"的天使

每周一的早晨，所有的学校领导都会早早地静候在校门口，用笑脸和问候迎接每一个孩子。我们相信，这种迎候会带给孩子们一份投入新学习生活的从容与快乐，同时也为干部们提供了关注孩子的新视角。

2012年初春的一个早晨，如往常一样，干部们一起站在校门口迎接可爱的孩子们。这时，一个身材有些"特殊"的五年级男孩小曹走进了大家的视野。这个孩子很胖，走起路来不像其他孩子那样轻快，和老师打招呼的时候也一直在喘粗气。每个孩子都是天使，"胖"并不一定是不好，更何况，胖胖的小曹也是一副憨厚的可爱模样，只是如果肥胖影响了健康，我们就必须为孩子

做点儿什么了。

年级主任把这件事记在了心上，立刻去找小曹的班主任尚老师了解情况。原来，经过医生诊断，小曹确实患有"库欣氏综合征"，俗称"肥胖症"。医生建议他适当减肥，尚老师也一直特别关心小曹的状况，鼓励他减肥。但小曹和他的爸爸妈妈因为尝试后效果不显著就渐渐放弃了。

得知这一情况，年级主任让尚老师再找小曹谈一谈，只要能鼓励帮助孩子减肥，后续的减肥行动如果需要其他方面的帮助，学校一定全力支持。

"小曹，这次咱们体检，你的血压已经有点儿高了，这样咱们可得注意锻炼身体啊！咱们可以做'重量级'天使，但一定要是健康天使啊！"尚老师的话说中了小曹的心事。其实，过胖引起的行动不便和身体不适，早已令小曹深感烦恼，只是因为方法不当才没有坚持减肥。感受到尚老师善意的关怀，小曹用力地点点头。

孩子减肥的动力有了，还要有科学的、易于坚持的计划。年级主任找到负责小曹班级体育课的张老师为他制订有针对性的减肥计划，督促他每天中午和放学后进行体育锻炼；尚老师也每天关注小曹，中午值饭班时都先给小曹盛汤，并提醒他先喝汤再吃饭，科学进食。小曹的家长得知学校如此重视孩子的瘦身行动，十分感动，开始积极配合。在学校、教师和家长三方的督促与监督下，小曹的减肥计划循序渐进地进行着。过程尽管艰难、疲累，但小曹咬牙坚持了下来。经过近半年的科学饮食与合理运动，孩子的体重得到了一定的控制，体力和精力较以前有所提高。

干部们在校门口值班，是了解、观察学生的平台，更是守望学生成长的窗口。关注每一名学生身体和精神成长的需求，这是我们全部工作的重心。

走上主席台的食堂工人们

雷锋精神有很多内涵，它既是奉献、友爱、团结、互助的代名词，又是一种庄严的责任感的象征。同学们，你们知道吗？雷锋就在我们身边。当我们每天午餐品尝色鲜味美的饭菜时，你是否想到食堂工人叔叔和阿姨的辛苦？是否懂得应该珍惜他们的劳动成果？正是他们默默无私的奉献，使我们的午餐更加丰富而富有营养。

　　这是 2012 年 3 月 26 日学校学雷锋活动中的一次升旗仪式。随着小主持人的话语，大屏幕上开始播放食堂工人师傅们辛苦工作的视频。工人师傅们从清晨就开始工作，摘洗切炒、蒸炸煮烩，一直忙碌至中午。学生用餐结束后，

又开始一系列清洗、消毒、码放工作，直到下午三点左右才得以休息。视频结束，学校把食堂34位工人师傅请上了主席台。当他们身着整齐的白大褂走上主席台时，师生们的心底都多了一层平时没有过的感动，他们身着的整齐的白大褂也有了更多的内涵。当同学们把手中鲜红的红领巾系在工人师傅们的胸前时，他们感动得流下了热泪，在场师生也无不为之动容。

让食堂工人师傅们走上主席台，学校主要基于两方面的考虑。

一是引导学生懂得珍惜，珍惜粮食和别人的劳动。现在学生生活条件大都比较优越。在家中，他们享受祖父辈和父辈的双重爱护；在学校，他们习惯于老师和工作人员无微不至的服务。他们不知道，为了让他们吃到既营养又可口的饭菜，食堂管理员和工人师傅们付出了多少辛苦。了解了饭菜背后的辛苦，他们才会更加珍惜盘中的饭菜，减少浪费现象。

二是引导学生懂得感恩。当工人师傅搬着沉甸甸的饭箱来到教室时，有些孩子以为一切都理所应当，从不会主动道声"谢谢"！只有让学生体会到工人叔叔对工作的默默奉献，任劳任怨，学生才能自觉关注到身边这些默默无闻的劳动者，理解尊重他们，也认识到自己享受到的服务背后有他人的汗水和智慧。

升旗仪式后，学生们怀着激动而沉重的心情回到了教室。一个同学说："对比我们和食堂工人叔叔的一天，真是大不相同。六点钟我还在床上呼呼大睡时，叔叔们却已经换上工作服，精神抖擞地工作了。我们每天上下楼两三趟，而叔叔们却需要搬着三十多斤重的箱子上下十多次。我们有着如此好的环境，如此好的条件，为何不好好珍惜呢？再一次诚心地感谢叔叔阿姨们。"另一个同学的话则充满了浓浓深情："从酷暑到严冬，您从不抱怨一声，不埋怨一句，'任劳任怨'这几个字从您们身上充分地体现出来。中关村一小'做最好的我'核心价值选择也在您们身上得到最好的印证。"

还有比这更直观、更动人的教育吗？对他人的宽容理解之心，对事情的敦厚处理之道，对生命的虔诚尊重之意，使人性向善，使人胸襟开阔，使人唤起自己身上的美好"善根"。独特的升旗仪式带给学生终生难忘的教育，这既是学校教育与"北京精神"牵手的出发点，也是践行学校核心价值观的体现。随后的图书管理员升旗、双胞胎学生升旗、国际学生升旗、少数民族学生和家长升旗等一次次特色升旗活动触及了学生心灵，学生人格得以升华，人性逐步完善，这不正是我们教育的初衷吗？

让我们的教室更有性格

走在中关村一小的教学楼走廊里，放眼望去，我们会发现每个教室门口都贴有自己班级的个性班名：蓝色彼岸、刀雪城、紫藤之春、春暖屋、金色葵花园、杰出少年等，或浪漫，或阳光，或温馨，或帅气，张扬着不同班级的个性特征。如果你愿意走进每个教室再深入感受一下，便会发觉，每个教室不只是有自己的特色班名，更有与班名深度契合的特色班级文化。

有的教室墙上贴着许多来自父母的信件，封封溢满了暖暖亲情；有的教室里藏书颇丰，充满了浓浓书香；有的教室里学生当家做主，在午休时严肃地讨论班级的管理问题。还真是各有一番风景。而这些风景的起源，源自于校长的一份"礼物"——《第 56 号教室的奇迹》。

2011 年底，校长将这本书推荐给每一位教师，并由此发起了"寻找校园里的第 56 号教室"的倡议。在很长一段时间里，阅读这本书的热潮一直在持续。该书的作者雷夫在艰苦的环境下，在很多看似平凡的实践中，创造了教育的奇迹。"终身阅读""亲手劳作""以运动为本"等简单而有效的教育方法带给了教师很多思想上的共鸣，雷夫·艾斯奎斯（Rafe.Espuith）渐渐成为教师们熟悉和喜爱的同行。

在不断地学习、交流、思考与实践中，学校的教室里悄然发生着变化。松瑜老师的教室颇富有"家"的味道，人人都是小主人，人人都有责任；刘老师的教室开展对手组竞赛，帮助学生建立了一种良性竞争的关系；董老师的教室充分体现了分层教学，不同孩子的作业要求和评价标准各不相同；赵老师的教室设置了个人目标墙，不光关注学业，还引导学生关注生活、学习习惯；田老师的教室贴满了奇怪的脸，这些来自孩子的手笔弥漫着浓浓的快乐、协作与创造；张老师让音乐教室变成一个感受美的地方，在这里音乐变成一道道快乐的"小甜点"……

2012 年 5 月，学校组织班主任团队赴上海参加"润泽的教室"教育研讨会。借着这个契机，校长又把佐藤学先生的著作《静悄悄的革命》推荐给每一位老师，鼓励大家把视野放得更高远，及时了解国际教育的最新动态，感受不一样的"海外来风"。班主任教师们带着学习归来的收获继续打造着属于自己的个性化教室：更多的教室座位开始从排排坐变成小组合作学习形式，更多的教室大门开始向同事、家长敞开，更多的认真倾听与自由交流发生在学生身上，温暖、开放、民主的教室文化悄然而生。

2013 年 2 月，新学期一开学，校长又向教师们推荐了《每个孩子都爱学》《教师的挑战》《我不是完美小孩》《在与众不同的教室里——8 位美国当代名师的精神档案》《芬兰教育——全球第一的秘密》《教育的真谛》等书籍。这些书籍中内蕴的教育智慧引领着教师们不断打造出一间间温暖美丽的教室，更多润泽的教室陆续出现在校园里。

这是一场静悄悄的革命，这些点滴的改变或许琐碎，并不宏大，也不惊人，但其中却蕴含着一种强大的力量，那里有学生在成长过程中关于健康、幸福和快乐的诉说，有教师对教育事业的不懈追求和无私付出，更有学校管理者民主科学、悄无声息地传递先进教育理念的管理诉求。

学校仪式学生做主

从学理上来说，仪式是人类建构自身生活空间的一种基本形式。当人类将自己的某种姿势、姿态或活动赋予某种意义，彰显其作为沟通和交流的手段，弱化其功能性的价值之时，这种姿势、姿态或活动就已经仪式化了。可以说，每一个仪式都是一个充满意义的世界，一个用感性手段创造意义符号的象征体系。

剧本化的流程设计、最具代表性的学生作品展示、最优秀的学生代表发言、以主席台为焦点的直线形空间排列，这是目前学校仪式教育的最突出特点，同样也是最大的问题所在。这样的仪式教育充满了一种成人化的视角和价值取向，没有以一种期望和关怀的态度来关注学生个体的发展需要，学生始终是作为仪式的局外人而存在。为此，我们对学校现有的各种仪式进行了变革。

议程设计上"放权"。学生是学校仪式的教育对象，这就意味着，学校仪式的内容选择和议程设计不应当是学校管理者一厢情愿的产物，而应该适当地放权给学生去讨论、去设计、去展示、去呈现。所以我们尽可能地在各种仪式主题中体现学生的研究性学习与主体性汇报，如美境行动小组的同学在国旗下讲话中与全校同学分享如何测量树高与树龄，葵园戏剧社的同学在艺术节上表演小学生版的《威尼斯商人》精彩片段，入队仪式上教师退居幕后，由高年级学生与一年级小朋友共话成长的烦恼与收获等。这些改变尽可能地考虑到参与各项仪式活动的学生的认知水平、兴趣重心，真正实现不同层次的仪式参与者的各有所得。

仪式空间排列上"去中心化"。我们改变了仪式空间的排列形式，从直线形和阶梯形的学生列队变为椭圆形的空间组合，主席台虽未转移或取消，但台上却以学生的主持为主角，学校领导分布在学生群体的各个角落，站在学生的方位去体验、观察并改善不当之处；大操场的正中央被布置为另一个舞台——一个无台阶的平面舞台，节日庆典中的各种展示、表演和互动都在这个舞台上进行，学生以此为圆心团团围坐，相互之间守望互动。这种去中心化、趋平等化的仪式空间排列不但加深了学生与领导之间的交流互动，更增加了学生之间面对面相遇的机会，在学生群体中形成一种共同关注的成长焦点。

情境设置上的"儿童立场"。我们鼓励学生尽可能地参与到充满意义生成的情境设置之中，如森林动物运动会上让每班学生自己讨论制定班级吉祥物，并在入场式中用服装、头饰和语言等符号展示出各班吉祥物的精神内核；圆梦童年艺术节中让每一名学生装扮成自己喜欢的童话人物，并向伙伴展示这

个童话人物背后所承载的教育意义；橱窗板报和学校大厅的圆柱子上贴满了来自不同学习阶段、不同兴趣爱好、不同展示方式的学生作品，不选择、不放弃任何一个孩子，让学生在外显的情境布置中看到自身成长的痕迹，感受到被尊重与认可的幸福。

角色扮演上"无选择性"。教育没有选择，我们提出要让每一名学生都获得入场券，不让一个孩子当观众。以升旗仪式的改革为例，我们承诺每个孩子在小学阶段至少有一次登上主席台参加升旗仪式的机会，升旗仪式中的任何一项任务，只要学生有意愿和兴趣，都可以自主申报。

改革之后的学校仪式构建了一种基于儿童立场的意义世界，学生开始作为一种局内人的身份发出自己的声音，强化了学生作为独立个体的存在。学生从充满自身成长印记的仪式符号之中，感受到作为主角的积极情感体验，学生的话语权得以复归，维护自身成长与权益的权利意识逐渐增强，学生的成长更趋近于自我的解放与实现。这种来自真实自我的意义世界建构，使得教育更加生动为人，也使得学生更加完整成人。

/ 三 / 一股新教育力量的汇入

陪伴儿童成长，离不开教育的合力，让儿童成长的每一位相关者都参与到学校教育中来，能够为儿童的成长营造更具生命力与创造性的学校公共生活。因此，在构建儿童健康快乐成长的改革坐标系上，我们吸纳优质的家长、社区、社会乃至国际教育资源，并将其作为推动改革的重要力量，不但可以拓展学生的课程体验空间，为学生的研究性学习提供专业支撑，更可以增进学校与家长、社区乃至社会之间的理解与包容。

走进秘鲁若望学校

2012 年 7 月 22 日，在新华网上有这样一则新闻。

新华网利马7月22日电：7月，地处南半球的秘鲁正值冬季，学校的孩子们又将迎来一个快乐的寒假。利马若望二十三世中秘学校（简称若望学校）师生更为惊喜的是，寒假前夕北京市海淀区中关村第一小学的10名师生来学校做客。若望学校和中关村一小因北京奥运会"同心结"项目结为姐妹学校。2009年，中关村一小60周年之际，若望学校12名师生应邀前往中国交流，取得非常好的效果，今年时值若望学校50周年校庆，中关村一小的学生们前来回访，将进一步增进两校之间的友谊。

这张图片是新华社驻秘鲁记者张国英欣闻中关村一小师生到访的消息匆忙赶到若望学校，在音乐课上拍摄的。在这节音乐课上，两国学生分别用鼓、镲、笛子等乐器共同演奏了一曲《茉莉花》。熟悉的旋律迅速拉近了孩子们的距离，也成为中秘学生交流中最感兴趣的话题。在与若望学校的交流中，孩子们还学习了西班牙语、秘鲁民族舞蹈、特色乐器卡洪鼓等课程。

为了适应教育全球化发展的趋势，推进学校国际化战略，充分利用国际优质资源，我们于2005年成立了国际部，陆续招收来自美国、芬兰、加拿大、苏丹和土耳其等国家的外籍学生和我校学生一起学习生活；组织我校学生到中国香港、新加坡、美国、英国、加拿大、秘鲁、澳大利亚等国家和地区友好互访，增进国际理解与交流；与英国剑桥教育集团、美国俄勒冈州西北中文书院、新加坡南洋小学、圣婴女子学校、秘鲁若望学校等国外研究机构和学校展开深度合作，组织教师到国外学校教育现场进行学习，开展不同学科的国际教研合作；并邀请国外教育名家来校开展专题讲座并与我校教师互动研讨，极大拓展了学生的视野，也有效拓宽了教师专业发展的路径。

在办学实践中，学校国际部坚持"以国际视野培养全面人才"，为不同语言水平的外籍学生提供个性化中文辅导课程，并为他们开设了中国文化知识概述、中国古典诗词、旅游文化、面塑、乒乓球、陶艺、剪纸、编织、书法、武术等一系列体现中国文化的特色校本课程。在这样的实践中，学校的国际理解教育课程也逐渐发展起来，从专为外籍学生开设的留学生课程，逐步发展为在四年级至六年级开设的选修课。如今，国际理解教育课程更加多元化，融合了学校英语节、升旗仪式、贴吧、广播站等各种方式，培养了一个又一个小"中国通"。

来自荷兰的艾琳（Aileen）从一年级起就在学校住宿。虽然语言不通，但是学校的很多老师和同学都热心帮助她。现在四年级的她最喜欢语文课，因为中国的方块字让她着迷。来自土耳其的 Fuken 也深深喜欢上了中国文化，你只要和他打上一局乒乓球，或是跟他聊聊《三国演义》里的诸葛亮，就会很快成为他的好朋友。来自美国的凯文（Kavin）在学校的升旗仪式上，用流利的中文主持了一把，赢得全校同学由衷的赞叹。

以明天的视角培养今天的孩子，就意味着交给了孩子一把适应未来的金钥匙。进入 21 世纪，经济全球化、社会信息化进一步消弭了国家和民族的界限，使不同文化背景下的人们的交往更加频繁而深入，教育国际化的趋势也日益明显，培养具有"全球意识"和多元文化理解能力的国际型人才成为各国教育的重要目标。这一切都要求我们将促进教育的国际化提到议事日程上来。

如今，学校每两年召开一次国际理解教育论坛，为中外学生创设了基于思考的专题对话平台，让不同文化区域和教育背景下的孩子们学会多元对话，并在对话中逐渐学会沟通与接纳，真正成长为具有国际视野、能够与世界对话的未来人才。

外教也来啦

汤姆（Tom）有生以来第一次被这么多中国人团团围住，面对前来咨询的家长，他镇定地用标准的中文介绍自己："我叫 Tom，现在是北京大学的一名研究生，我开设的是英语口语课。"

"Tom，你的课主要讲哪些方面的内容？"一个二年级的家长问道。

"讲孩子们最喜欢的，比如外国的节日和美食。我希望孩子们通过我的课能够知道发生在世界其他地方的事情，希望他们能够爱上不同肤色的人。"

"你的课需要孩子必须会英语吗？"家长有些担心。

"那倒未必，我认为通过和我这个外国人接触，孩子们提高口语水平是次要的，更重要的是教会孩子如何与不同国家的人交往。"

这是发生在2010年9月菜单式自主选择课程现场会上的一幕，这一年的选课方式采用社团招新的方式，学校为家长和孩子们准备了一次"菜单课程游园会"。选课当天，所有开设菜单课程的老师都会得到一个"摊位"，或使用宣传海报，或播放视频资料，在校园里"招徕"家长。

Tom是学校特意从北京大学研究生部请来的"外援"，是英语口语菜单课程的外教义工。请专业外教来给小学生上课，首先是想让学生通过与外教的零距离接触，在更为真实的语境中提高口语水平，更重要的是想培养学生与外国朋友见面时沟通交往的技巧和自由表达的勇气。据此，学校先后聘请了来自英、美、加等国的6位留学生担任一二年级英语口语课程的老师，并

将口语课定位于以交流为主，不涉及语法和单词记忆，通过主题研讨和辩论等形式，增加学生练习口语的兴趣与热情。有时外教老师还会即兴教一些颇有异域风情的英文歌曲。

另外，学校每年都会接待来自马来西亚、新加坡、印尼、加拿大、美国、英国等不同国家的短期研修团和学生访学。为了给学生创设更多与外国朋友面对面交流的机会，学校不但邀请外国老师为学生授课，还就孩子们关注的话题组织了系列中外学生论坛，并积极鼓励学生与外国小朋友交笔友，保持长期联系。

开放的意识，平等交流的心态，国际化的视野，这三者是未来人才的重

要特征，也是国际理解教育的重要内容。外教义工为孩子们开启了解世界的一扇窗，他们在与外国朋友的接触中，逐渐由胆怯到勇敢，由仰视到平视，不但提高了英语学习能力，也培养了平等、自信、从容的现代少年精神风貌。

中美英课堂教学对话

近年来，在基础教育的课程改革中，中国向西方学习的力度前所未有地深入。我们先是大量阅读国外教育理论与实践的书籍，继而开始到国外学校参观、考察、互访、听课观课，进而举办和参与中外教育对话的各种研讨会等，中西方的交流与分享更加全面而深入。西方课堂不拘一格、自由民主的教学形式和课堂氛围令许多人激动不已，进而对自身的优势与传统产生了怀疑。

事实上，在与西方对话的过程中，一味拒绝和排斥固然不可取，但摒弃自我一味模仿同样有问题。任何建构都是在自我规定性基础上的建构，如果没有自己的基本定位和取向，任何的学习都将是不得要领的。如果将中外教师聚在同一方讲台上，选择同样的学科，进行一场跨越大洋的深度教学对话，我们的老师能否从横向的国际比较中，更清醒、更真实地关注中国传统课堂教学的优势和西方课堂中真正能够借鉴的因素呢？

基于这样的思考，2013 年 7 月 9 日上午，我们召开了"关注儿童，促进学习——2013 年中美英小学课堂教学研讨会"。来自美国芬顿特许公立学校的盖比·阿罗约老师执教的五年级数学《分数、小数、百分数之间的关系》、香港地区英基清水湾小学副校长特雷西·索尔特老师执教的五年级综合《思考的力量》、香港地区英基毕架山小学劳拉·费舍老师执教的五年级《古代文明与现代发展》、美国芬顿特许公立学校安吉·卡斯特拉纳·法瑞老师执教的五年级语文《通过阅读培养学生的推理判断能力》与来自北京市海淀区中关村第一小学唐春璐老师执教的四年级数学《平行四边形面积》、北京市西城区北京小学张军老师执教的一年级科学《探究两种新液体》、北京市东城区第一师范学校附属小学韩玉娟老师执教的二年级数学《掷一掷》、北京市朝阳区实验小学苗铀琳老师执教的二年级《小小音乐剧》，以一中一外组合的方式分别在四个分会场为我们带来了 8 节精彩的研究课。

我们把北京四所名校的教师聚在一起，又将海外教师请进来一起授课，让我们的教师看到不同风格、不同文化背景的课堂对于同一学科内容的不同处理技法，为教师们提供一个中西方课堂参照的全新视角。在这面中外对比的镜子中，中美英不同国家的教师可以清晰地照见自己，学校与学校之间、教师与教师之间可以找到许多可资学习借鉴的经验。

以盖比•阿罗约老师和唐春璐老师的两节研究课为例。阿罗约老师根据她所在州的课程标准，先是借助生活中常见的例子为学生建立了初步的分数、小数和百分数的抽象概念，之后通过电子课件，用了将近 25 分钟的时间向学生详细演示了分数如何转化成等值小数和百分数的方法，如可以用分子除以分母，也可以把小数乘以 100 再加一个百分号，或直接把小数点往后挪两位再加一个百分号。最后，阿罗约老师引导孩子们计算手中不同颜色彩虹糖在总体中的比例。下课铃声在孩子们紧张的计算中响起，阿罗约老师并未检查和订正学生的计算结果。唐春璐老师以孩子们熟悉的童话故事——阿凡提向巴依老爷租地作为导入，引导学生以小组为单位，尝试用图形割补的方法计算平行四边形的面积，并推导出计算公式：$S=a \times h$。当学生对平行四边形的面积有了一定认识之后，唐老师进一步激发学生的探究热情："阿凡提和巴依老爷打赌，如果能将平行四边形这块地面积变小就不收租金。这时候，阿凡提应该怎么做？"不少孩子都提出可以通过压缩平行四边形底或高来改变面积，这时，一个学生提出："老师，可以改变其中一条边，使平行四边形变成一个凹四边形，面积也会减小。"这令在场的每一位教师，包括唐老师都深感惊讶：凹四边形不在教学设计之内，也不在学生的学习范围内，但学生通过动手实践居然想到了。

中美两位教师不约而同地选择了精讲、多练，但令人震撼的是在美国教师的课堂上，教师的主导性贯穿始终，这正是在国内屡遭诟病的课堂教学方式，而中国教师的课堂上呈现的小组合作学习、师生互动探究，却是西方国家课堂上的普遍做法。这告诉我们，东西方课堂教学正在相互的学习和借鉴中面对面地靠近。

然而，质疑也蜂拥而至。阿罗约老师用了将近三分之二的时间向孩子们详细演示了自己如何将每个分数转化成等值小数和百分数的"进化"过程，对于一群即将进入五年级的孩子而言，对其数学能力的要求，仅仅限于如此显而易见的数学知识和方法，难度岂非太弱，效率岂非太低？

　　不少教师都认同上述观点，除了观课中看到的美国四年级数学知识难度太低、作业太浅之外，最有力的证据是每年国际数学竞赛名列前茅的都是中国学生，美国的中小学教育简直无法和中国的相比。美国中文报纸上还曾出现过这样的大标题："数学比一比，美国只能算发展中国家！"

　　这一观点无疑戳中了中西课堂差异的关键点。事实上，西方学者普遍认为："所有真正的学习都是主动的，不是被动的，它需要运用头脑，不仅仅要靠记忆。它是一个发现的过程，在这个过程中，学生要承担主要角色，而不是教师。"因此，在实际的课堂教学中，西方教师常常使用"有声思维"的教学方法，即教师在讲课的过程中大声说出"我"作为一个解题者是如何解题的，"我"的思考和运算过程是怎样的。当学生知道教师是如何解题时，自然而然地就会跟着教师的思维步骤一步一步走下去。在英美教师看来，这种将教师大脑中进行的思维活动有声化的教学方法是培养学生创造力的一种极其有效的方法。因此，在课堂教学中，英美教师并不注重向学生传授过于繁复深奥的知识点，而更重视让学生明晰简单的解题步骤和运算步骤。

　　有意思的是，当阿罗约老师引导孩子们分别计算各自手上持有的不同颜色彩虹糖在总体中的比例时，一节课已经临近尾声了。学生最后并没有全部计算出不同颜色彩虹糖的比例，阿罗约老师也没有要求学生写出正确答案，课就这样结束了。阿罗约老师这样解释道："这节课我主要呈现的是把我思维的过程转化为声音表达出来，在我大声说出来的同时，我还借助了手上的白板来演算我的计算和思考过程。让学生了解我是如何进行思考的，这非常重要。"

　　我们往往侧重的是学会了什么，而美国教师更注重教会学生如何进行学习，明白了这其中的差异，或许我们就会理解为什么西方的学生会更具创造力。众所周知，在美国的研究生院凭成绩拿奖学金，美国人常常不是中国留学生的对手。但一到实践领域，做些研究性的课题，中国人往往不如美国人富有创造性。等到了工作岗位，中国人大多只能做技术，最多升到技术部门的总管，很少有人能做到大公司的总裁。而那些让中国人瞧不起、不服气、技术不过硬的"非优等生"，却常常可以做到总裁的位置。他们的本事到底在哪里？了解公司里员工们的特长，并让他们把各种特长发挥到极致；员工和部门之间协调配合；把自己公司的核心价值展示给投资商和客户，不断地拿到投资，不断地销售产品……这，就是他们的本事。

由此，重新审视我们的课堂教学，我们在关注学生需求、小组合作学习、学生自主探究、个性化的课程体系建构等方面已经思考并实践了很多，然而要构建一种充满生命力和创造力的课堂，我们需要做的还有很多。在中西方相互的学习和借鉴中，双方都在努力吸取对方的优势，如具体的教学方式和学习组织形式，并反观修正自身，这是非常良好的开始。

但我们需要深思的是，很多具体方法是产生于特定的文化土壤和思维背景的，如果只是学习表面，往往只是机械地搬用，而无法学习到内质。正如阿罗约老师创造足够的情境让学生清晰地了解问题思考和解决的具体过程，而不像我们的老师那样特别关注教学任务是否完成，课堂环节是否完整，是因为她对教学有着基于西方文化的坚守和秉承，就是让学生明白如何学比具体学到什么更重要。

这也在另一个角度提醒我们，其实并没有放之四海而皆准的教学方法，所有的方法都是相对的。在某种境况下，探究式学习是适宜的，但在另一种境况下，讲授的方式可能就是最适宜的。因此，在与西方教师的沟通中，我们不必自大自负，也无需妄自菲薄，而应该以一种更为理性的态度来学习和借鉴，既知其然，也知其所以然，相信我们的教育教学会在对话和交流中走向一个新的境界。

中学特级教师走进小学课堂

小学毕业升入初中，这是孩子人生旅途中一个重要的里程碑。不少孩子在经历这个转变时，都会有一个从不适应到适应的过程。如何帮助学生提前了解这个变化过程，做好充分的思想准备，尽快适应中学生活，这是学校继"别样的新生第一课"——解决幼小衔接问题之外面临的另一个新课题。

王老师，您最近好吗？我最近很烦恼，想跟您说说。进入初中学习已经一个月了。最开始的新奇劲儿过后，我觉得真是累啊。从来没想过初中的学习压力和学习任务一下子重了这么多，几乎每一门都是新课，每一门都有作业。真是不适应。有时候实在太忙，偷懒少交些作业，偶尔老师也发现不了。不过心里还是很有罪恶感。我现在既不想学习，又觉得自责。

不知道该怎么办才好。

在一次对话校长的座谈中，王老师念了这样一封来自毕业生的信。孩子诉说的烦恼引起了在座老师们的共鸣。不少老师都说，以前教过的学生在升入初中之后都曾遇到类似的情况，或课目增多应接不暇，或学习方法欠缺，或课程内容吃力等，这些都是小初衔接过程中容易遇到的问题。作为学校，在小学学段的最后阶段，我们能为学生做些什么来缓解这些压力和问题呢？

带着这个疑惑，我们访谈了部分初一、初二的学生。通过与孩子们的交谈，我们发现，进入初中以后，应考课程增加至八九门，内容增多，难度也大大提高，再加上初中学习对于学生自主性要求较高，一部分学生在学习和人际交往方面都处于茫然和被动的状态，不能主动适应。如果让学生在六年级时提前感受一下初中课程的授课内容，体会初中更为自主的学习方式，对即将到来的学习生活有一定的认知，将会有助于他们在心理和认知上做好准备，更好地适应中学的学习和生活。

基于此，学校开展了"迈好人生第一步——六年级学生学业规划"系列主题活动。我们陆续请来北京四中、人大附中、北大附中、清华附中、十一学校等中学的特级教师，为每届六年级学生开设一些有利于他们适应小初衔接的趣味课程，"观察与探究生活中的数学问题""怎样学数学""到十一学语文""语文也疯狂""time&school day""让学生在特色课程中快乐成长""探究碰撞中物体质量与速度的关系"等。除此之外，他们还为学生做了以"有梦才有远方"为题的励志讲座，为学生们打气加油。

经过这些课程和讲座的浸润和洗礼，学生们收获颇多，他们开始感受到初中课程学习方式的特点：鼓励质疑探讨、注重问题发现、注重主动探究、强调知识应用。同时，他们在心理上对中学学习有了初步的认识。

听了周老师的讲座，我明白了，要从生活中了解数学，真正理解数学其中的趣味。

——六年级（1）班 许汇文

张老师别开生面的语文课，不仅让我了解初中的语文课，还让我学会了学习语文的方法。语文是无处不在的，我们要用一颗聪明求知的心去学习。

——六年级（7）班 史睿盈

今天，清华附中的老师为我们上了很重要的一课。其中印象最深的是如何学习数学。老师举的几名同学的例子也让我深知成功是站在刻苦钻研的基础上，哈佛大学凌晨3点的学习场景，清华大学深夜图书馆前那一排排错落有致的自行车。他们刻苦学习的精神着实打动了我。

——六年级（5）班 杜佳林

今天十一学校的教师来到我们中关村一小，给我们介绍了他们学校的学习和生活情况，我感到我"参观"了一次十一学校。我很喜欢他们的教学理念，我感触很深的是语文学科的理念。他们语文学习崇尚"大量阅读、大量写作、大量实践"。

——六年级（9）班 冯悦平

上星期十一学校的老师来我们学校主持讲座。讲座非常精彩，一张张美丽的图片，一句句精彩的介绍，让我历历在目……印象最深的是老师告诉我们为自己的将来做安排。"大家看，这位学哥为自己做的安排！"那张表上写了从现在到40多岁的安排。好长远、好有志气的目标。有了这些目标，就会有信念，朝着目标努力，坚持不懈就能成功！

——六年级（1）班 李丛郁

2013年，我们又增加了"六年级引桥课程"，为准毕业生和社会大课堂之间建立"桥梁"。阳春三月，六年级引桥课程的第一课——"国图体验课程"之旅开始了。学生们在老师的带领下来到国家图书馆，听讲解员讲解国图的历史，感受读书的乐趣，并意识到"吾生有崖而学无涯"，要学会管理时间充实自己。接下来我们还会进行引桥课程的第二、第三课……

教育无界限。学校没有拘囿于小学与中学的区分，没有局限于眼前的一时一事来做教育，而是着眼于未来，着手于现在来解决学生毕业后可能面临的问题，表现了教育者为学生未来负责的视野和态度。中学特级教师走进小学课堂，实现了中学课程与小学生之间的有意义的牵手，通过师与生、教与学的全方位、多层次地相互了解、相互适应，引桥课程也在积极引导学生走进社会大课堂，汲取营养。这些措施都是为实现中小衔接的平稳过渡进行的有益的尝试。

神奇的宇航在我身边

在中关村一小，有这样一个令人羡慕的班级。他们从 2005 年开始，多次到航天城体验和观摩航天员刻苦训练的场景；他们曾亲眼目睹"神舟"五号返回舱，切身感知吃苦奉献的航天精神；也曾在"神舟"六号发射之前，在航天城与航天员叔叔们一起举行奥运搭载物的呈送仪式，并将自己写的信交到航天员的手中。2008 年 9 月，在"神舟"七号发射前，国家博物馆等单位发起征集"太空家书"活动，他们也积极参加，将自己对航天员的崇敬写在了"家书"中。

他们，就是 2003 年在航天英雄、也是学生家长的杨利伟的帮助下成立的向航天英雄学习的宇航中队。10 年来，宇航中队的队员不断体验着"特别能吃苦、特别能战斗、特别能攻关、特别能奉献"的航天精神，并将这种精神转化为日常生活中的优秀品质：学习上更加自觉，遇到困难总是自己想办法克服，积极参加各种公益活动，多次在升旗仪式上面向全校师生发出自信的声音……

2011 年 9 月，全球瞩目的天宫一号飞向太空之后，学生家长、"中国太空行走第一人""航天英雄"翟志刚来到学校升旗仪式上，为全校师生讲述了"天宫"一号背后的感人故事。宇航中队的孩子们在日记里激动地写道：

我相信，杨利伟、翟志刚、聂海胜这些光荣的名字将会一直陪伴着我！

与偶像的零距离接触使我们更深刻地明白了，任何成就的取得都不是偶然的，成功的路上洒满了辛勤的汗水。

长大以后我也想当一名航天员，今后我要用航天员的刻苦精神来严格要求自己。

时隔一年，在"神舟"九号即将飞天之际，学校举办了以"与神九同行·与世界对话"为主题的宇航中队活动，请来国际太空学校教育基金会主任克里斯·巴伯（Chris Barber）等9位国际友人参加活动。曾有两次飞往太空经历的美国亚特兰蒂斯号航天员肯·汉姆（Ken Ham）与宇航中队的队员们进行了面对面的交流，小队员们热情地向远道而来的客人们展示了他们从2003年到2012年在宇航方面的一些小小的研究成果，双方的交流精彩极了。

就这样，宇航精神的种子一点点地在孩子们心目中生根、发芽并逐渐壮大，逐渐凝练出"特别有恒心、特别有信心、特别有耐心、特别有专心"的

神气天地书

宇航中队的"太空家书"

神七发射前，国家博物馆等单位与本报联合发起征集"太空家书"活动，以表达首都市民以及全体中国人民对中国航天和航天人的无比崇敬之情。今天，中关村一小宇航中队的孩子们将自己对航天员的崇敬写在了"家书"中。因为中关村一小部分学生的家长就在航天城工作，所以这些孩子对航天有一份特殊的感情。

敬爱的航天员叔叔：

你们好！

我是您们的小航迷，虽然我是个女孩子，但我很喜欢飞船，航天的知识。航天员叔叔您知不知道，在我心中早就有一个梦想，那就是能和您们一起去宇宙旅行一次！我真羡慕你们有！我做梦都想同叔叔们一道去太空漫游，看看那美丽而神奇的宇宙，探索神秘的太空。我还想，去太阳周围转转，感受一下太阳的炽热。去月亮上走走瞧，散散步。去木星做做客，在那里吃一顿美味的晚餐。去别的星球和宇宙人见见面，和机器人说说话。再去……只可惜，我还只是一名小学生，现在的主要任务是学习，暂时还不能跟你们一起去太空遨游。

敬爱的航天员叔叔，我知道，你们虽然在他人面前很风光，但在背后你们却付出了比常人多好几倍的汗水与艰辛。

工作的时候，你们比别人多付出一倍；休息的时候，你们仍在不辞辛苦地工作；然而，在节假日，合家团圆，甚至是在生日的时候，你们都坚守自己的岗位上。当你们工作到深夜时，你们只是用凉水洗一洗脸，之后就继续没白天、没黑夜地工作起来。当你们家人过生日时，你们由于工作，只能在电话中真诚地祝福上一句……

航天员叔叔，你们是我们的榜样。我们一定会学习你们的优秀精神和崇高品质，将它们用于我们现在的学习生活中去，为祖国作贡献！

中关村一小 六(3)张瑞君 J063

神气天地书

宇航中队的"太空家书"

42

神七·太空行走

与众星共舞

我一直有个梦想 遨游在广袤的宇宙中

多么希望再找个 适合人类居住的星

读秒

我当小小航天员

宇航中队精神，并影响和带动了全校师生共同学习、践行宇航精神。学校适时地推出了《宇航》校本课程，受到了学生的热烈欢迎。

时至今日，宇航精神已成为学校文化的重要组成部分。我们的宇航中队也会继续发扬宇航精神，与未来的"神舟"十号、"神舟"十一号同行，与同学们共同进步，在金色葵园中结出更加丰硕的精神果实。

体育节上忙碌的家长

现代社会倡导学校民主管理、开放办学，让学校发展的每一位利益相关者都能参与到学校管理中来。家长与教师是孩子成长的共同见证人，在孩子的成长与发展中两者不可或缺。因此，在学校管理过程中，我们尽可能让家长更多地亲身参与到学校活动课程和管理现场中来，为学生的成长提供切实而有针对性的服务与帮助。

2012年4月初，在体育节举办前夕，学校校园网的"家校合作"栏目挂出了一份招募启事。

中关村一小体育节家长义工招募

亲爱的家长朋友们：

大家好！中关村第一小学第九届体育节"森林运动会"将于2012年4月28日上午8:00—11:30在美丽的葵园举行。为了使您更好地融入孩子们的校园生活，我们提供了运动会义工岗位，欢迎您的加盟。

有意报名的家长可以下载义工岗位报名表，根据自己的意向选择填写。我们还将在活动前举行家长义工培训会，请报名的家长做好准备。

招募启示一出，报名申请义工的热线几乎被热心的家长打爆了，体育节原定 74 个岗位，报名人数达到 230 人。这些热心的家长义工还将在之后举办的科技节、读书节和英语节等活动中继续为学生服务。

体育节当天，家长义工们以"萤火虫"的身份统一身着白色 T 恤，在各个服务岗位上与老师们团结合作、尽心尽力。他们承担了摄像照相、安全保障、应急事故处理、秩序维护、裁判员等多种服务工作，74 只"萤火虫"在现场来来往往，与数千只"小动物们"一起，构成一幅热闹欢快的森林运动会场景。

有家长的参与，学生们参加比赛的热情异常高涨。很多学生自豪地指着一只只"萤火虫"说："这是我妈妈""那是我爸爸""那个岁数大点儿的是我奶奶"。家长们也纷纷表示，希望以后有更多这样的活动。也有家长建议，如果下次多增加一些家长和孩子之间的比赛，或是家庭之间的比赛就更好啦！

森林运动会过后，学校召开了"家长义工答谢会"，精心为家长义工们设计了感谢信，并把家长和孩子们合作的照片印成海报，贴在会场中央。辛勤付出的爸爸妈妈们感受到了家校之间暖融融的情谊。

为了进一步深化家校合作，形成家长参与学校活动的长效机制，学校成立了"家长资源中心"，为志愿参与学校活动的每位家长登记备案，记录他们的个人专长、服务形式及方便的时间段等，以便让更多的家长以义工的身份参与到学校管理中来。家长义工的服务内容也不断延伸，除了 10 月的科技节、11 月的读书节、12 月的英语节之外，学校还将尝试设立交通协管员、午餐管理员、考试监督员等义工岗位。

家校合作在孩子成长中有着不可估量的作用。联合国教科文组织在《教育——财富蕴藏其中》的报告中指出："吸收社会各方面参与决策是改进教育系统的管理方法之一，也可能是一个重要手段……应该创造条件，使地方一级的教师、家长与公众之间更好地合作。"英国、德国、法国、芬兰等很多欧洲国家，都将"家校合作"作为教改的重要组成部分。可以说，家校合作是当今学校教育改革的一个世界性的研究课题。

把心打开，教育的力量就会无处不在。开放校门，把家长请进校园做义工，让家长有机会近距离体验孩子在学校的学习、活动情况，有助于打破学校与家庭的心墙，让家长在了解中更加清晰自己的责任，也更加认同学校的文化，真正成为学校发展的同盟军。而义工助人为乐的精神也经过家长的言传身教，逐渐渗透到孩子内心深处，对孩子成长大有裨益。因此，推行家长义工制，建立良性的家校互动机制，有效引导家长和社区成员参与学校管理，这是家校合作过程中的一项有益探索，也是现代学校发展的一个重要方向。

小学生职业生涯规划课程

看到这样的题目，可能很多人都会心生疑惑：职业生涯规划应该从何时开始？小学阶段是否适合做职业生涯规划？其实，早在 1989 年，美国国家职业信息协调委员会就在《国家职业发展指导方针》中提倡职业生涯规划教育要从 6 岁开始，并根据不同的年龄段为学生设计不同的职业生涯规划分工。在我国，虽然有关人士也在呼吁从小学开始做职业规划，但各方对于如何开展活动却从未达成共识。我们在实践中对之进行了有益的探索。

在最初制订课程方案时，我们就提出，学校开发的综合实践课程要紧紧围绕每一名学生的职业生涯展开。中关村一小拥有十分优质、丰富而独特的家长资源，如来自 19 家中国科学院各院所的研究员、北大清华人大的教授、中关村高科技核心园区的科研技术人员、各大企业高级管理人员、国家航天员等，把就职于不同领域的家长请到学校来，为学生讲解与其所从事的行业相关的知识，让学生从小就了解到各行业和领域的特点、现状与不同，有助于学生找到自己的职业兴趣点。

因此，从 2011 年起，学校就开设了每月一课的"跟爸爸妈妈看社会"职业生涯规划课程，活动得到了家长们的支持与帮助，在 2012 年春季一学期就有 58 位家长进入课堂开设专题研究课程，内容涉及牙科、农业、建筑设计、环境保护、心理辅导、礼仪教育、航天知识等多个领域。

2012 年"跟爸爸妈妈看社会"职业生涯规划课程（中关村校区）

时间	班级	主讲人	课程内容
2012.3	一年级（1）班	李长涛妈妈	爱牙护齿从我做起
2012.3	二年级（1）班	张淏铭爸爸	向解放军叔叔那样成长

2012.3	二年级（2）班	赵一俊妈妈	校园安全小常识
2012.3	二年级（3）班	缪舢爸爸	中华璀璨的农业技术
2012.3	二年级（4）班	朱思安爸爸	卫生小常识
2012.3	二年级（5）班	杜华妈妈	微软的故事——让世界变不同
2012.3	二年级（7）班	赵晓鹏妈妈	神奇的石头
2012.3	二年级（8）班	李宏俊妈妈	走近大熊猫
2012.4	三年级（3）班	郭效熙爸爸	树立理想
2012.6	四年级（1）班	廖得凯妈妈	卫星导航原理
2012.6	四年级（2）班	王得民爸爸	人体解剖与疾病预防
2012.6	四年级（3）班	刘行健爸爸	我们距离火星还有多远
2012.6	四年级（4）班	钟思宇爸爸	奋战在地震一线的医护人员
2012.6	四年级（5）班	李逸飞爸爸	植物激素与绿色革命
2012.6	四年级（6）班	宋北辰妈妈	奇妙的微观世界
2012.6	四年级（7）班	刘玉珊妈妈	识别真假人民币
2012.6	四年级（8）班	王思路爸爸	鸟的种类
2012.6	四年级（9）班	陈明佳姑姑	保护环境
2012.6	四年级（10）班	王思橘爸爸	时间管理与理财小知识
2012.6	五年级（1）班	赵天一爸爸	北京地铁建设
2012.6	五年级（2）班	蒋艺瑶妈妈	计算机知识
2012.6	五年级（3）班	任健达奶奶	中国交通的发展和辉煌
2012.6	五年级（4）班	韩家冀爸爸	空间碎片
2012.6	五年级（5）班	吴思汗叔叔	电视节目是如何制作的
2012.6	五年级（6）班	王可莹妈妈	古埃及的灿烂文化
2012.6	五年级（7）班	孙傲然爸爸	卫星导航
2012.6	五年级（8）班	赵厚德妈妈	数学的集合问题
2012.6	五年级（9）班	高一博爸爸	民用机场建设及配套项目
2012.6	五年级（10）班	赵泽辰爸爸	提高英语听力的方法
2012.6	六年级（3）班	倪甜甜妈妈	礼仪教育

2012 年"跟爸爸妈妈看社会"职业生涯规划课程（天秀校区）

时　间	班　级	主 讲 人	课 程 内 容
2012.11	寄五（1）	赵纳川爸爸	走进五彩的世界
2012.10	寄五（2）	李泽缘妈妈	千里之行
2012.11	寄五（3）	杨睿哲爸爸	素描
2012.11	寄五（4）	杨梓妈妈	我们眼中的世界
2012.11	五（1）	王刚妈妈	机器人的世界
2012.11	五（2）	郭子元奶奶	多彩的童年
2012.10	五（3）	赵婉晴妈妈	成长的乐趣
2012.12	五（4）	范荣琦妈妈	培养多种课外兴趣
2012.12	五（5）	周一纯爸爸	培养孩子良好的习惯
2012.11	寄六（1）	王雨轩妈妈	环保知识讲座
2012.11	寄六（2）	邱靖懿妈妈	音乐活动彩排
2012.11	寄六（3）	郭莉莉妈妈	做有文化底蕴的青少年
2012.11	寄六（4）	李治爸爸	把不可能变成可能
2012.11	六（1）	江林妈妈	科学启迪心智
2012.11	六（2）	唐怡妈妈	成就未来的基础
2012.12	六（3）	王伟爸爸	在妈妈的目光中走向成功
2012.12	六（4）	许静妈妈	做好减负的准备工作
2012.12	六（5）	汪子含妈妈	科学环保做未来的主人
2012.11	六（6）	闫妮妈妈	走近科学

2012 年"跟爸爸妈妈看社会"职业生涯规划课程（党校校区）

时　间	班　级	主 讲 人	课 程 内 容
2010.5	一年级（1）班	熊可妈妈	走进博物馆
2011.10	一年级（1）班	刘子衿爸爸	美丽世界
2011.10	一年级（2）班	范奕彬妈妈	认识我自己的身体

2011.12	一年级（2）班	刘禹成妈妈	如何写好作文
2012.11	一年级（5）班	巫锦城妈妈	动手又动脑
2012.12	一年级（5）班	张梓萱爸爸	雪花与圣诞树
2012.12	一年级全体学生	刘嘉夫爸爸	地震来了
2010.11	二年级（1）班	李炳辉爷爷	爱眼护眼

聆听完课程之后，我们还引导学生结合自己感兴趣的行业和领域开展研究性学习和社会实践活动。有的学生对植物感兴趣，我们就鼓励他走进学校的空中小农庄，研究植物的嫁接方式和无土栽培；有的孩子希望将来成为经济学家，我们就建议他从小学生理财入手确定研究性学习的专题，并为他聘请北大经济学专家进行指导；有的孩子希望成为杨利伟式的国家航天员，我们就带他到航天城体验一日航天员生活；还有的孩子的理想是当一名科学家，我们就让他加入"葵园学术会客厅"院士采访团，零距离接触中科院的科学家。

对于小学生来说，也许并不十分具备开展职业生涯规划的条件和基础，但是从小接触并初步了解不同行业和领域的工作，有利于充分发挥职业目标的导向性作用，让学生尽早地认识自我、了解职业，逐步明确自己感兴趣的职业目标，更有针对性地找到适合自己个性和才能施展的领域。

当然，这种目标有可能会随着年龄的增长和兴趣的改变而有所变化，但孩子在扬弃的过程中进一步增强了职业选择和取舍的能力，从长远来看，更能够帮助学生提升未来职业竞争力。这对学生的健康成长而言，无疑将是一笔成就他们一生的宝贵财富。

我 们 的 小 花 园

媒体眼中的中关村一小

和孩子们一起"做最好的我"

"让特别的孩子更特别""靠群体运动，让校园灵动起来"……日前，北京市中关村一小新一期的葵园教师研讨会上，十几位来自教学一线的教师们以讲故事的方式分享各自的心得体会。

中关村一小成立"葵园教师研究院"，是为了深入开展教师团队学习，激励每一位教师成为最好的自己。"做最好的我"是中关村一小的核心价值观。学校的教师不仅帮助学生"成为最好的我"，也在教学相长的过程中成就最好的自己。

"成就最好的男孩儿、女孩儿，让每一个孩子都不一样，让每一个孩子的人生都精彩。"研讨会上，美术老师田春娣用这句话同各位老师共勉。田老师说："这样的思考源于美术课上，男孩儿和女孩儿的作画风格的差异。"田老师带来两张小学生的图画给老师和专家们传阅，一张是典型的女生画作——画面唯美、温暖细腻；一张是典型的男生画作——画面混乱、线条粗犷。

唯美是一种美，粗犷也是一种美。

田春娣说："我曾经喜欢女孩儿们唯美构图和色彩搭配，还因为对男孩儿们的战争图提不起好感，试图用成绩吓唬过那些顽固的'战争派'。后来，课堂上一个在画战争图的学生的躲闪，让我忽然意识到自己忽略了这群孩子的感受，意识到了自己的狭隘，这也让我意识到现代教育中忽视性别的一个问题。"

"教学过程中，我们不必和评价较真儿，学会耐心等待孩子的成长，学会尊重孩子在拐弯处遇到的风景。孩子成功的道路有很多种，如果我们将每一个孩子的成长扭到既定的道路上来，那我们就培养不出爱迪生，也培养不出作家三毛。"田春娣深有感触。

中关村一小的刘畅校长表示：成立一小的葵园教师研究院，是为了实现一小人的共同愿景，办一所卓越的学校；是为了成就一批好老师，成就每一个好老师；是为了成就包括学生、教师、家庭、社区在内的这个大家庭。

（光明日报 2013 年 10 月 16 日 刘卓荣 / 文）

东西方正相向而行

——一场跨越大洋的基础教育课堂对话

假如您是一名中国的小学六年级数学教师，当您打开教材即将要给孩子们讲授"分数、小数和百分数之间的关系"时，您准备怎样把这些知识巧妙地教给那些还没有完整建立数理概念的孩子们，并使他们能轻松听懂？

在日前北京中关村第一小学举行的 2013 年中美英小学课堂教学研讨会上，当从教 17 年的美国芬顿特许公立学校教师盖比·阿罗约嘱咐孩子们整理彩虹糖学具走下讲台时，中美英基础教育领域围绕儿童学习和成长展开了一场跨越大洋的时间对表。

两堂教学设计"撞衫"的数学课

我很震惊，也感到很奇怪，美国老师和中国老师的讲课思路都是精讲、多练，练的过程中把难点突出出来。这就是典型的中国传统教育理念。我甚至怀疑我还能否清晰地分辨出中美两国的数学课堂了。

晚清以来，受五千年东方文明熏陶的中国人开始了"向西看"的漫长思维旅行。今天，在中国不少中小学课堂上，我们透过教师一言一行，以及各种眼花缭乱的教育流派注入的活跃因子，依然可以发现西方教育理论的影子。今日之中国，俨然成了世界各种教育理论最为集中的检验场。

在日前北京中关村第一小学举行的 2013 年中美英小学课堂教学研讨会上，同样的数学课，面对同样肤色的中国学生，站在同一方讲台上的中美英三国教师却让参与观课的数百名专家、学者、院士、校长和教师大脑临时"短路"，感到时空错位。

面向中关村第一小学五年级学生时，美国芬顿特许公立学校教师盖比·阿罗约根据她所在州的课程标准，先是借助商场购物、体育比赛中用到的分数、小数和百分数，为孩子们建立初步的分数、小数和百分数的抽象概念，并引导学生回忆，让他们说出各自生活领域中广泛接触到的分数、小数和百分数，帮助学生理解。

有了对数的初步理解后，盖比·阿罗约借助中国课堂上早已广泛运用的电子课件，以"有声思维"方式，向孩子们详细演示了自己如何将每个分数转化成等值小数和百分数的"进化"过程——对于 1/2，如果你用分子 1 除以分母 2，分数 1/2 立刻就变成了小数 0.5；如果你把小数 0.5 先乘以 100，然后再加一个百分号，或者直接把小数点往后挪两位再加一个百分号，小数 0.5 就马上变为 50%。

"平时，你们玩过这样的魔术吗？"盖比·阿罗约的话音刚落，助教将一袋袋事先备好的彩虹糖和答题白板发给孩子们。盖比·阿罗约取出一袋彩虹糖，按颜色不同进行分类，并一边演示，一边和孩子们分享自己如何计算红色糖果在整袋彩虹糖中所占百分比的思考过程。演示结束后，盖比·阿罗约吩咐孩子们分别计算各自手上持有的不同颜色彩虹糖在总体中的占比。

记者发现，在短短 40 分钟的课堂上，盖比·阿罗约设计了 6 次检查理解环节。

作为此次中方数学课教师代表，中关村一小教师唐春璐讲授的是"平行四边形面积计算"。上课伊始，唐春璐以孩子们感兴趣的阿凡提和巴依老爷两个动漫人物租地为切入口，激发学生兴趣。

当学生迅速比较出正方形与长方形面积后，课堂陷入激烈的争执——学生们对于长、宽分别为 6 米和 4 米的长方形与底、高分别为 6 米和 5 米的平行四边形面积大小众说纷纭：二者面积相同；长方形小、平行四边形大……

争执不休之下，唐春璐引导学生以小组为单位，动手尝试用图形割补的方法计算平行四边形的面积，并推导出平行四边形面积的计算公式。最后，唐春璐跳出教材，以阿凡提和巴依老爷打赌如果能将平行四边形这块地面积变小就不收租金为引子，再次引发学生的探究热情。

正当孩子们将目光盯在通过压缩平行四边形底或高来改变面积时，一个学生提出——"老师，可以改变其中一条边，使平行四边形变成一个凹四边形，面积也会减小。"

这让事先备好课的唐春璐感到震惊：凹四边形是此前教学设计中没有想到的，孩子们自己动手实践后，居然想到了！

对比中美两堂数学课，让孩子们动手，通过实践获得认知并从中提炼出干瘪的运算公式，是美国教师阿罗约和中国教师唐春璐不约而同的选择。

课堂教学设计上这种事先没有预约的"撞衫",使得在场观课的院士、校长、专家、教师无不为之感叹。假使这两堂课的课堂是在一块幕布之后,美国教师阿罗约能流利地运用汉语授课,受众恐怕很难准确分辨出站在讲台上的,究竟哪位是美国教师,哪位是中国教师。

听完中美教师讲授的两节数学课后,全国政协委员、民进中央副主席、中国教育学会副会长朱永新兴奋地说:"我很震惊,也感到很奇怪,美国老师和中国老师的讲课思路都是精讲、多练。练的过程中把难点突出出来。这就是典型的中国传统教育理念。我甚至怀疑我还能否清晰地分辨出中美两国的数学课堂了。"

中国孩子们的学具去了哪里

在中外课堂教学对比中,"中国孩子们的学具去了哪里",是观课专家、学者和教师反思最为集中的问题之一。美国教师在课堂教学尤其是数学课中往往会大量使用学具,让孩子们借助学具,顺利完成由具象思维向抽象思维的过渡。

在同一时空维度上,将不同国家的课堂呈现在中国学生面前时,不论学生,还是观课者,他们看到的不只是文化差异。

"作为此次中美英小学课堂教学研讨会的组织方,中关村第一小学安排的数学、音乐、思维训练、科学等8堂'样本课'分布在4个分会场,其中,美国、英国、中国香港教师讲授4堂课,并作为中关村一小、北京小学、北京东城区一师附小、朝阳实验小学教师主讲的另4节课的对照组。每个分会场都设置了一个独立观察主题,比如,如何促进课堂交流与互动、如何促进小组合作学习、如何进行有效反馈、如何更好地提问。"中关村第一小学校长刘畅说,"这种有意识的对照式安排,是希望通过更直观的中外比较,给观课教师提供一种反思,使双方都能取长补短,最终促进各国儿童学习和成长。"

在中外课堂教学的对比中,"中国孩子们的学具去了哪里",是观课专家、学者和教师反思最为集中的问题之一。

"比如，我所听的中外两堂数学课，中国和美国教师都强调师生的课堂交流与互动。"听完两堂数学课后，东北师范大学附属小学校长熊梅说，在当下的中国，有一个被许多教育工作者普遍忽视的现象——孩子在幼儿园时期，有大量玩具陪伴，借助这些玩具，孩子慢慢学会了许多生活技能，同时也积累了许多学习体验。但是，这些孩子进入小学后，玩具退出了他们的视线，课堂上学具也没有了。这，或许是当前许多中国孩子在小学阶段遭遇数学学习困难的重要原因之一。而美国教师在课堂教学尤其是数学课中往往会大量使用学具，让孩子们借助学具，顺利完成由具象思维向抽象思维的过渡。

与熊梅的感受相似，旁听完英国教师讲授的综合实践课"思考的技能"和北京小学教师张军讲授的一年级科学课"探究两种新液体"后，北京大学教育学院陈向明教授说，对于两堂课在学具运用上的差异，感受颇深。在英国老师特蕾西·索尔特的课堂上，6顶不同颜色的思考帽成了学具。一个孩子若戴上黄色帽子，就要谈一个问题好的方面；戴上红帽子，就要谈自己的感受；戴上黑帽子的孩子，就要谈问题。就是这样一个极其简单的学具使用，使得"思考的技能"这堂原本很抽象的课，变得气氛非常活跃。相对于特蕾西·索尔特，张军讲授的科学课是通过提勺实验、蜡纸实验、滴落比赛和与水混合实验，把课堂还原到学生的生活实际中，使他们在生活情境中去探究玉米糖浆和洗发水两种液体的不同特性。在整个探究过程中，学生自然产生了一系列疑问和对新事物探究的心理需要，然后踊跃参与思考和辩论。

事实上，在中外8堂观摩课中，英美教师讲授的4堂课几乎都使用了辅助性学具。比如，美国教师安吉·卡斯特拉纳·法瑞在五年级语文课"通过阅读培养学生推理判断能力"上，使用了思维图、问题袋等学具。现实生活中孩子们普遍熟悉的色子，成了北京第一师范学校附小韩玉娟老师在二年级数学"掷一掷"课上的学具。

但是，部分专家认为，现实中对于学具和教具的选择和使用，并非都恰如其分。

对于在数学课上老师引导学生使用剪刀割补图形来计算面积，中国科学院数学与系统科学研究所林群院士认为，数学讲究的是精确，不能追求"差不多"或"大致相等"，虽然课堂上用剪刀作为学具可以帮助学生加强对抽象概念的理解与把握，但这种类似游戏的课堂教学，不但不能解决数学问题，还可能给学生以误导，以为数学只要"差不多"就行了。历史上，曾因数学计算失误出现过不少重大科技事故，"这也是我们今天开展数学教育需要反思和正视的问题"。

一枚小竹签给我们怎样的启示

英美教师课堂上展现在学生面前的那一枚小小的竹签，虽然重量不足10克，但正是这一枚小竹签，使超过总数80%的那些在课堂上反应相对迟缓、学业基础较弱的学生获得了同等的锻炼机会。

一个问题提出后，当讲台上中国老师寻找教室内举起手准备应答的学生时，几乎所有观课者都发现了中外课堂一个很小的细节——在英美教师讲授的4堂展示课上，每位教师都事先准备了一个小盒子，盒子内装着标注了数字的竹签，每一枚竹签代表的是一名学生。

在讲授"通过阅读培养学生的推理判断能力"课时，安吉·卡斯特拉纳·法瑞的课堂组织形式是小组学习，但每次与学生进行简短交流后，她检测学生对知识理解和掌握程度时，都是握住装着竹签的小盒摇一摇，以抽签方式，邀请与签号对应的学生分享自己的想法。

与安吉·卡斯特拉纳·法瑞的做法相似。向学生宣布上课开始后，盖比·阿罗约并没有像中国近几年课堂比较流行的以一个极具吸引力的"导语"方式切入主题，而是花了1分钟的时间，向学生讲解摆在学生面前的答题纸、彩虹糖用法，并示范抽签答问的具体形式。

"今天，我们将用彩虹糖来学习辨别等值的分数、小数和百分数。大家知道什么叫等值吗？"盖比·阿罗约话音刚落，随手拿出小盒子摇了几下，并从盒子里取出一根竹签，"请2号同学回答！"

在短短40分钟的数学课上，盖比·阿罗约从盒子里随机抽出15根不重号的竹签。而同样是40分钟的一堂中国教师主讲的课上，记者注意到，在近30名学生中，直接发言回答问题的学生只有8人，其中3名在课堂上比较活跃的学生被老师邀请回答了两次，1名学生回答了3次。

一枚小小的竹签背后，传导出中外教育思想怎样的差异？它给中国教师提供了什么样的启示？

"我有个疑问：我们的学生在小组讨论结束汇报交流时，到底是在汇报他个人观点，还是在汇报小组共同的学习结果？"中关村第一小学教师陈成军说，"小组学习确实能使孩子在互动中培养社会性，但通过什么样的方式，实现学生与自己的交流对话，学生与学生之间、老师和学生之间的多元交流对话，这恐怕是我们今后课堂教育教学需要反思和不断探索的新领域、新课题。"

透过中美英8堂展示课，记者发现，讲台上的几乎每位教师，不论来自中国，还是大洋彼岸，他们都在试图借助各种技术手段尽可能使课堂"互动"起来。但在现实的每堂课上，总有几位学生是课堂"头脑风暴"的中心，大多数学生则处在"风暴"的边缘。

英美教师课堂上展现在学生面前的那一枚小小的竹签，虽然重量不足10克，但正是这一枚小竹签，使超过总数80%的那些在课堂上反应相对迟缓、学业基础较弱的学生获得了同等的锻炼机会。或许，这就是英美课堂自然折射出的学生公平观。

中美两节数学课让中关村第一小学同样是教数学的刘锌老师感慨万千。她说："从美国教师课堂，我不仅看到教学的每个环节设计都紧紧围绕课程标准，而且教师教学的每个环节都是把目光集中在每个学生身上。"

虽然中美英教师存在不同的文化背景、不同的肤色以及不同的语言表达形式，但在面对相同的授课对象时，教师对于教学对象不同的关注视野不仅刺激着数百名中国观课者敏感的神经，而且引发了观众对于中国式学生公平观的反思。中国教育科学研究院基础教育研究中心主任陈如平认为，英美教师借助竹签等教具，以一种随机抽检的方式及时检测了学生对于知识掌握的程度和水平，同时教师的关注落在了每个孩子身上。

东西方课堂教学正面对面靠近

目前中国努力要学习的西方的东西，恰好是西方人要改变的东西。而东方教育想要抛弃的传统，正成为西方教育想要努力学习的东西。这说明世界各国的教学改革都是从自身问题出发的。

"身处一个封闭环境里，中国很多地区名校像是一座座一家独大的山头。这次中关村一小把北京 4 所名校的老师聚在一起，又把海外老师请进来，大家在一起上课，让学生、老师能看到不同风格、不同文化背景的课堂对于不同教材、课程的不同处理技法。不管这些处理成功与否，它至少给我们提供了一个中西方课堂参照的全新视角，在这个镜子里面，中美英不同国家的教师可以清晰地照见自己，在山头与山头之间找到许多可以相互学习借鉴的经验。"原北京教科院副院长文喆说。

目睹了中西方教师不尽相同的课堂表现后，北京市教委专职委员李奕说，如何真正关注学生和尊重学生是当前各国教育最为迫切的问题。过去，国内很多的课堂教学改革都是专家引领的自上而下的改革，至于孩子到底能否接受，是否符合教育规律，缺乏系统的实证研究。从中美英课堂对比中，"我发现了一个东西方共性特征：老师对学生深层次资源的捕捉、利用和积累。实际上，真正的优质教学资源并非某一位名师或某一组专家加工制造出来的，而是在课堂教学的过程中，生生互动、生师互动中产生的深层次资源"。

此次国际课堂教学研讨会给坐在"观众席"上所有专家、学者、校长、教师震撼最大的，不是各国教师课堂教学技巧，而是在同一个时间剖面上观察中美英基础教育课堂时，中西方都能从对方课堂上看到各自的"影子"，东西方基础教育课堂教学正在面对面走来。

陈如平说，美国和英国教师的交流课课堂上师生、生生之间的互动比较充分，但教师在课堂的主导性贯穿始终，而且课堂教学全程有很多学习效果检测的环节，老师以此作为决定下一个教学环节进度的重要依据。这正是被中国许多学校摈弃了的课堂传统。

过去，在西方国家课堂上盛行的以学生兴趣为价值皈依的互动探究式教学，不仅正在成为中国课堂的新宠儿，而且已成为一种时尚。

到底是什么让东西方基础教育在相互靠近？这种相向而行的背后，究竟是巧合，还是人类教育的发展规律使然？

"目前，我国基础教育已从'有学上'过渡到了'上好学'阶段。提高课堂教学效率、提高教育质量成了学校教育当前重要而迫切的任务。"教育部基础教育一司司长王定华认为，提高质量既要转变观念、促进教师专业成长、改造课堂教学、减轻学生负担，还要把关注点放在关心学生、尊重学生、理解学生上，促进学生主动发展，健康成长，变"要他学"为"他要学"。

与中国基础教育发展的状况相似，质量危机是当前世界各国教育发展中的一个交集问题。国家教育咨询委员会委员、国家总督学顾问陶西平认为，目前世界各国对质量的关注都从自身的问题出发来提出解决思路。所以，出现了中国努力要学习的西方的东西，恰好是西方人要改变的东西；而东方教育想要抛弃的传统，正成为西方教育想要努力学习的东西。这说明世界各国的教学改革都是从自身问题出发的。中国传统教学方式的问题，在于比较僵化、死板，太注重知识传授。而西方的教育传统就是要让学生独立发展、独立思考。

在课堂教学的创新探索上，国内已有很大改变，不少学校教师都能拿出许多极具创意的展示课，但是作为常态课，还没有发生根本性改变。陶西平说，尽管世界各国都在推进教育改革，但教育改革的指向并不完全相同。比如，东方的教育改革更强调解放学生，给学生提供更多的自主学习空间。而西方许多国家由于存在的问题不同，它们正在模仿和借鉴中国传统教育中一些被实践证明富有成效的做法，比如，统一考试、以教学考试成绩评价老师业绩等办法。

"将中美英三国的教师聚在一起交流，并非要对比中外课堂教学形式本身，而是让中国老师在横向的国际比较中，认识到中国传统课堂教学的优势和缺点，然后实现教育自觉，坚持我们传统中的好东西，不是盲目地模仿和追随西方课堂光鲜靓丽的外在形式，而是要学习西方教育的民主观、公平观，学习他们对于认知起点不同学生的尊重，学习他们对于学生平等受教育权的尊重，学习他们对于学生个体差异的尊重。"中关村第一小学校长刘畅说。

（中国教育报 2013 年 7 月 20 日 柯进 / 文）

让每一个学生动起来、学进去、感兴趣
——记北京市海淀区中关村一小自主教学的研究与实践

日前，中关村一小第十届"春华杯"自主教学课堂研讨活动在全校各学科中展开。通过课堂观察、专家点评及教师研讨等环节，深入探讨了"自主教学"在各学科教学中如何深入实施。这只是该校例行的围绕"自主教学"

主题开展的多种形式的研讨活动之一，而类似的研讨在中关村一小已经成为一种坚持和常态。

所有的研讨，刘畅校长都会参与其中。观摩研究课、倾听教师与专家的想法和建议、把握课堂改革的进展、寻找新的问题及解决方案。作为一所在北京市颇受瞩目的优质小学，从 2009 年起，他们把目光投向了课堂教学的改进。校长刘畅领衔，他们以课题研究的形式开始了一边研究、一边推进的课堂教学改革之路。这样做的目的只有一个：构建更有利于学生自主成长的理想课堂，让每一个学生都动起来、学进去、感兴趣。

自主教学：践行学校价值理念的必经之路

由于地处中关村自主创新核心区，社会、家长和学生都对学校教育提出了高要求。学校的核心价值是"做最好的我"，办学理念是"自主发展、主动适应、自我超越"，在价值理念中，自主是一个关键词。但是，当他们把目光转向课堂，却发现虽然教师们对新课程理念理解越来越到位，对教材的把握也变得越来越灵活，但学生学习的主动性、积极性却不高。说到"自主教学"研究探索，刘畅校长说："我们的培养目标是'品德成人，学习成才，做事成功'。成人是一切教育的基础，成才的重心是学习力的培养，成功是一种综合素质的体现。帮助学生成人、成才、成功，需要我们的课堂在思路上更开放，方法上更灵活，内容上更丰富，形式上更具挑战。我们的教学必须更多了解研究学生的特点，从本质上改变学生的学习方式，更好地调动学生学习的主动性。"

培养学生自主学习能力是"自主教学"研究的目的。他们心中的自主学习能力，是学生自觉确定学习目标，自主选择学习内容，自我调控学习进程，自我评价反思学习结果，从而保证学习目的实现。自主学习更需要激发学生的学习动机，提供合理的学习方式和方法，提高学生认识自我的反思意识以及自我调控的能力。可实际情况如何呢？ 2009 年，"自主教学"研究起步之初，学校曾在低中高三个年级中各抽出两个班进行了一项调查。调查从学生的自主学习意识、自主学习行为和自主学习策略三个方面的实际状况进行了分析，结果显示：学生学习目标超五成都是家长和教师确定的，能够运用小结学习的学生只占五成，学习反思意识薄弱等问题很突出。

"学生学习中的问题实际上反映的还是我们的教学问题"，刘畅校长对此十分清醒。教学设计与实施的过程中不能很好地关注学生，不能调动学生主动真实地参与，教师缺乏对学生学习策略方面的有效引导是问题的根本所在。那么"自主教学"的课堂到底应该是什么样的？他们的共识是：应当是温暖、朴素、灵动的。"温暖"要从师生关系的改善入手；"朴素"强调科学严谨的态度，通过课程构建和学习资源的丰富激发学生的学习潜能，通过课堂设计视角的转变培养学生的自主学习意识，通过丰富的活动形式让学生主动经历学习的过程；"灵动"强调对学生想法的充分尊重，对课堂问题的灵活应对，对课堂生成的有效利用。

行动研究：让教师走出经验的藩篱

"自主教学"研究的推进最重要、最艰难的过程也正是引导教师主动改变的过程。

"做了这么多年教师，从来没有思考过自己在教室里的站位对学生的影响"，这是四年级数学教师石永丰的感慨。为了更好地研究课堂中教师的作用，四年级数学教研组开展了主题为"课堂上发言次数和教师站位"的课堂观察研究，石永丰老师的课被选为观察对象。课后他认真看了课堂观察记录和老师们的建议，明白了教师站位和行走路线习惯会造成课堂上的关注死角，教室中学生座位有必要定期轮换，备课时应根据学习活动和学生学习能力预设自己的站位和行走路线。

研究改变思路，思路决定出路。四年级（1）班和（2）班的语文、数学、英语老师基于学生小组合作低效的问题，联合进行了"小组合作评价方式的研究"，一起设计小组评价的要素和组织形式，统一的评价方案简化了不同学科间关注点的分散和操作上的烦琐。围绕"自主教学"研究倡导的理念，学校引导每一位教师从关注自己工作中的问题入手，关注教育教学中的痛点，然后确定主题或课题进行研究。为此，学校确立了校级课题申报、评审、奖励机制，并鼓励老师们跳出学科界限，跨组、跨学科开展团队研究。

随着研究的逐步深化，在教师团队发展的高需求下，2012 年 7 月，学校"葵园教师研究院"应运而生。研究院作为学校开展团队研修活动、支持教育教学研究、促进教师专业发展的学术社团，组织了多种形式的伙伴、团队间的学习交流活动，通过整合教育科研机构、文化媒体、高校资源、社区等多种资源，为教师的课题研究提供了多种渠道和形式的支持和帮助。

2013 年初，在"自主教学"实践研究新的发展阶段，课题组带领老师们对好课的标准进行了重新定义：一节好课的标准就是让学生动起来、学进去、感兴趣。动起来是基本形式，学进去是内在思考，感兴趣是投入后的坚持和持续。简简单单的九个字，直接指向的是学生从课堂行为到学习本质的变化。一节好课的标准更加明确了课堂教学转变的具体路径，即教学要从讲授转变为交流、从使用教材转变为提供学材、从培养学生只会"接球"到鼓励学生更多"发球"，即关注学生的问题意识。三个"转变"成为学校持续推进"自主教学"的实践指导和方向引领。

落点策略：让理念落地生根

构建能够很好体现教师主导与学生自主的课堂教学结构，是自主教学研究关注的策略之一。从最初让学生牵着走，到导学环节的加入，再到关注教师导学与学生自学的比重，从理念到实践，每一位教师都经历了一个不断自我否定、不断发现改进的探索历程。

在"自主教学"研究的起步阶段，传统课堂的束缚也曾经让教学改革举步维艰。为此，学校首先从最显性的落实着手，提出每节课至少安排 10 分钟学生自主学习时间。然而，10 分钟给学生了，如何让学生在 10 分钟的时间里学得更有效呢？于是有了 10 分钟自学策略：如"一二三"分享策略，即一分钟自学，两分钟交流，三分钟全班反思性交流与讨论；"小先生助教"策略，等等。随着"自主"意识的不断增强，10 分钟自主学习从硬性的执行逐步变成教师个性化的创造：有的教师鼓励学生充分表达，激发思维的互动和碰撞；有的教师支持学生自己发现问题和解决问题，衍生更多新的问题；有的教师设计不同的任务，通过隐性分层让学生能够找到适合自己的学习活动；还有的教师通过对课堂发言的管理，让最安静的学生也有机会参与到课堂中……越来越多的小策略让课堂一点一滴、不知不觉地改变着。

"老师，您的腰围是多少？"在学习了测量的知识以后，莉莉老师布置了学生回家测量自己腰围的任务，正打算继续讲解其他内容的时候，有个学生突然发问。这完全打乱了原来的教学计划，但是老师却让学生围绕着"老师的腰围"，用纸条量、用绳量、把老师的皮带取下来量等奇思妙想，学生们明白了生活中的测量学。好的教育源自好的师生关系，在中关村一小的课堂上，每一个学生都可以毫无顾虑地与老师交流、与伙伴研讨，因为在他们的眼中，老师是提供帮助的，伙伴是分享智慧的。

经过近五年的研究，有关自主教学的相关成果已经凝练为学校"自主教育 60 条"中的一部分："构建安全的课堂，要用信用和爱让孩子不惧怕老师，将严与爱调和到最润泽的浓度；加大学生学习方法、学习内容、学习途径的选择，成就每一个不一样的个体；只有差异，没有差生；不一样的学生，不一样的学案；要符合现代社会孩子的成长规律、身心发展就必须要把世界当教材；在课堂教学研究中，宁愿有真实的遗憾，也不要虚假的完美。"

"自主教学"从理念到实践，现在已经由实践又升华为了学校价值理念的一部分。

自主课堂：帮助学生"成为最好的我"

"我不愿意，我做错了"，三年级数学老师井兰娟想把一个学生的错题拿上来展示时，却遭到了孩子的拒绝。

"老师，如果是您，您愿意让别人看见自己的错误吗？"就是这样的一问，让井老师开始思考：学生为什么不愿意面对错误？于是她开始了课堂上学生错误的研究。"课堂上出错是学生的权利，帮助学生不再犯同样的错误是老师的义务。"在教学中，她开始树立错误是学习资源的意识，每次对学生的错误分析后，都要真诚地说一声："谢谢你的这个错误带给我们的启发。"井老师说，引导学生面对自己的错误，并对错因进行分析，使学生根据分析进行针对性的复习和练习，这种反思学习的方法可以促进学生自主学习能力的提高。

"这样的景色，真可谓是'风吹水面层层浪，光照塘面点点星'。我也来改编一句诗：'欲把荷塘比西子，淡妆浓抹总相宜'。"这是语文老师荣霞记录的学生课堂"论语"。因为课堂上让学生说得多了，精彩的语言、个性化的独立思考，往往令她吃惊，于是学生的课堂发言也变成了一种教学资源。

英语课上，老师把"小先生助教"延展成为"互助小学伴"，带动一批学生开展互助性英语学习，让提供支持和寻求帮助成为学习中的权利和义务。美术课上，面对学生对教材内容的质疑，老师大胆地带领学生一起通过研究性学习着手改造教材……

"动起来、学进去、感兴趣"已经变成每一位教师在不同学科、不同内容课堂上的共同标准。把学生放在主动的位置，教师要做的就是引导学生学习，帮助学生学会学习。

"今天你学到的重要的内容是什么？你如何知道你学会了呢？"这是品德与社会学科王琰老师研究探索的"单元教学即时贴自我评价"方法。这个评价从思考收获、寻找证据、与他人合作、克服障碍、任务调整四个维度着眼，每一个维度又从想法、感受和行为三个方面提出一个问题，让学生对自己进行评价，以此帮助学生了解单元目标达成的状况，从而促进学生自我观察、自我判断、自我反思、自我矫正、自我完善。

用有温度的评价温暖学生的学习体验。随着"自主教学"研究的深入，教学评价从更重视结果转向激励学生学习、明确学习目标并为之努力、在学习过程中发现问题和解决问题、看到自己的进步并受到鼓舞、获得持续学习的方向和激励的评价。评价更注重学习习惯养成、兼顾学生的选择，评价的过程变成学生反思、发现和解决问题的过程。

自主教学的实践研究，让每一个学生获得了参与的机会和被关注的心理感受，每一个学生都能找到自己的学习起点，课堂上孩子们能够表现不同，也乐于接纳不同。

在刘畅校长看来，"自主教学"研究一路走来，最大的收获是让教师不但眼中有自己，更重要的是心中有学生了。她说："教师自主了，学生才能自主。只有每一个人能够基于自身的需要，主动整合和利用资源，主动提供和寻求帮助，才能够成为最好的'我'，才能够打造最好的教师团队，从而成就最好的学校，向着我们的共同愿景'建立一所具有儿童立场、首都特质、国际视野的师生相互学习的最好的学校'不断前行。"

（中国教育报 2013 年 10 月 30 日 赵小雅／文）

解码骨干教师成长基因

——专家解读北京海淀中关村第一小学教师怎样"做最好的我"

"大家有着同样的教育激情，心心相依，这种'归家'的感觉激励我'做最好的自己'。"日前，北京市海淀区中关村第一小学举行"分享'葵园'故事，提取'最好'基因"系列研讨活动，结合学校的办学理念，学校骨干教师与现场嘉宾和全体教师分享了自身的成长故事。

学校的发展，教师是核心动力。那么，如何激励优秀教师、骨干教师带领团队进步，保持教师队伍的高水平发展呢？这是很多学校面临的困境。"但是，我们已经找到了破解难题的密码。"中关村一小校长刘畅欣慰地说，密码就是激发教师自我发展的内心需求，让所有人都学会学习，学会不断反思自己和分享他人的经验，不断践行"做最好的我"，追求卓越。

为此，学校于 2012 年 6 月，成立了"葵园教师研究院"，定期组织"每周一得""教学故事交流和分享""教师论坛"等主题研讨活动，引导教师从研究的视角发展自己，实现从匠向师转变、向研究者转变、向教育专家转变。

同时，学校领导干部淡化行政色彩，学会及时发现、认可和欣赏教师的智慧，努力营造"大气、雅气、灵气"的教师文化，鼓励教师之间协商、对话、分享、共享。这些活动令教师们学会了学习和反思，学会尊重和理解他人，学会珍视每一个人的贡献。

如今，"做最好的我"成为学校全体教师一致认同的文化基因，每位教师都在思考和践行"如何做到最好的我"，而这种基因已经发展为教师自身"自主发展、主动适应、自我超越"的精神和价值追求。

"从研究的视角发展教师是为了更好地成就学生。"老师们的变化让刘畅倍感欣慰，她认为，引导教师从研究的视角发展自己，不但提升了教师的专业素养和专业水准，同时带动教师把教育的美好情感、教育智慧传递给学生，让生活在中关村一小的每一个学生都能够健康快乐，都能够获得积极的学习体验。

"最不可估量的就是人的创造能力，中关村一小这种有温度的研讨方式，营造了一种'家'的氛围，教师们在家的温暖中共同体验着心灵与精神之旅。"北京师范大学教育学部教授吴国珍说，"'葵园教师研究院'为教师成长提供了一个平台，每个人都快乐地参与其中，分享自己的发现。它是教师专业成长的'加油站'，不断提供学术滋养，帮教师创造属于自己的教育知识和教育智慧。"

相关链接

"葵园教师研究院"小档案

"葵园教师研究院"是中关村一小开展团队研修活动、促进教师专业发展的学术社团。其主要职能是发现和总结优秀教师成长的路径，传播学校的文化，激发教师发展的内动力。主要活动包括，图书漂流、大学"菜单"、名师讲堂等。

（现代教育报2013年7月1日 韩莉/文）